JN081691

深掘り！
関係行政論
産業・労働分野

公認心理師必携

髙坂 康雅 [編著]

尾崎 一浩／若井 貴史／岡部 雅枝
岩野　卓／坂井 敬子 [著]

北大路書房

はしがき

　2018 年に心理学界念願の心理職の国家資格「公認心理師」が誕生した。公認心理師は，心理の専門的な知識と技術をもって国民の心の健康の保持増進に寄与することが求められており，保健・医療，福祉，教育，司法・犯罪，産業・労働という主要 5 分野を中心に，広く活躍することが求められている。現在（2022 年 10 月時点）では，35,000 人を超える者が，公認心理師として登録され，心の健康に関する支援を行っている。本書は，公認心理師が企業内や外部 EAP 機関などで活躍する際に知っておいてもらいたい法律やガイドラインについて説明するとともに，産業・労働分野の現状を把握するためのデータの紹介，事例を通した産業・労働分野における支援の方法などについて説明したものである。

　産業・労働分野は，保健・医療，教育に続いて，心理職の活躍が期待される「第 3 の領域」とされている。しかし，実際に心理職が産業・労働分野で活躍することには，いくつかの困難がある。

　1 つ目は，産業・労働分野に関わる法律が多岐にわたり，しかもこれらが他の分野の法律に比べ，頻繁に改正される点である。特に近年は，長時間労働是正やワーク・ライフ・バランスなどに向けた働き方改革が進められており，それに伴って法律も改正されている。このような法律の改正はよほど関心をもって情報収集しない限り，見落としてしまう。しかし，その改正によって，これまでダメだったものがよくなったり，これまで A という方法をとるべきであったものが B という対応をとらなければならなくなったりすることもある。常に他の分野以上に，産業・労働分野で働いている／働きたいと思っている者は法律についてアンテナを張っておかなければならないのである。

　2 つ目は，産業・労働分野といっても，その対象者が非常に広いことである。企業で働いている労働者はもちろん，精神疾患などによっ

て休業した労働者，障害者や精神疾患を有している者などへの就労支援，学生などへのキャリア支援，それらに関わる家族への情報提供など，産業・労働分野と一括りにできないほど対象者の幅は広い。当然，それぞれによって支援の内容や方法も変わってくる。心理職としては，自分が働いている場（企業や支援組織など）が主に対応する対象者を中心に理解を深めていくことになるが，直接対応することが少ないものについてもある程度の理解が必要となってくる。

　そして，3つ目は，心理職を目指す者が，一般的な就職活動や就労を知らないという点である。公認心理師を目指す者の多くは，大学・大学院で法定科目を履修することになる。そのため，一般就職などを行う学生がインターンシップや就職活動をしている間，このような学生は大学院入試に向けた勉強をすることになる。そして，大学時代の同期が企業で2〜3年勤めて，ある程度の経験を有したころに，大学院を修了し，国家試験を経て，公認心理師となっていく。この時点で，就職活動や企業で働くことについての理解や経験は，圧倒的に一般就職をした学生のほうが多いのである。そのような，理解や経験の乏しさは，労働者の悩みや相談などへの理解・共感を妨げたりする恐れがある。そのためにも，産業・労働分野で働く心理職は，一般的な就職活動や就労について，最低限の知識を有していなければならないのである。

　本書では，各章において，法律やガイドラインを詳細に解説している。また，各章に掲載されている各種統計は，現在の就労・働き方を理解する手助けとなる。これらを読み込むことで，産業・労働分野で働きたいと考える公認心理師（あるいは公認心理師を目指す大学生・大学院生）が，上記のような困難を乗り越え，産業・労働分野で心理職として活躍できることを期待している。

　各章には事例を示し，事例を通して実際の支援の在り方について解説している。また，法令やガイドラインなどだけでは足りない支援に必要な知見や考え方も示している。

　支援の在り方については，ここで示したものが「正解」というわけ

ではない。また，解説のように常に支援がうまくいくわけでもない。むしろ，うまくいかなかったり，順調に進まなかったりするほうが多いかもしれない。そのようななかで，どのように考えればいいのか，誰と連携協働すればよいのかなどを柔軟に考え，積極的に関わりをもつことが求められる。

　各章の最後には，「ワーク」を設けた。「ワーク」は事例を示し，〈①考えてみよう！〉〈②話し合ってみよう！〉〈③ロールプレイをしてみよう！〉という3つの課題で構成されている。〈①考えてみよう！〉は自分で調べたり考えたりするための課題である。〈②話し合ってみよう！〉は，グループでディスカッションするための課題である。〈③ロールプレイをしてみよう！〉は，要支援者（労働者など）やその家族や上司，企業内の産業保健スタッフなど，示されている人物になりきって，実際に演じてみる課題である。いずれも，大学・大学院の授業や各種研修会で活用することも想定して作成したものであり，活用していただければ，産業・労働分野における支援について理解が深まると考えている。なお，ロールプレイについては，以下のルールを徹底して行うことが有効である。

【ロールプレイのルール】

①性別・年齢・立場・気持ち・言葉づかいなど，できる限りその役割になりきる。
②役割になっている相手のことを笑ったりせず，相手をその役割そのものとして扱う。
③前提条件・設定には従い，勝手に変えたりしない。
④前提条件・設定に書かれていない部分は想像をもって補う。ただし，その想像は，前提条件・設定に照らして妥当な範囲で行い，過剰な想像（妄想）は行わない。
⑤前提条件・設定には書かれておらず，また想像することも難しければ，「わからない・不明」という判断をしてもかまわない。
⑥ファシリテーター（授業担当教員，研修担当講師など）の判断で，事例をより詳細に設定したり，役割を増減させたりしてもかまわない。

なお，これらの事例はすべて仮想のものであり，人名や内容などは実在したものではない。

　筆者は，もともと教育分野を専門としており，他の主要4領域については決して明るいわけではない。そのなかでも，産業・労働分野は最も不案内な分野であり，またこの分野を専門とした方もあまり存じ上げない。そのような筆者が本書を編集・執筆するにあたり頼ったのがYouTubeとTwitterである。前書『深掘り！関係行政論　教育分野　公認心理師必携』を上梓し，その宣伝を兼ねたYouTube Liveで，本書を一緒に執筆してくれる方を募集したのである。その募集に手をあげてくれたのが，本書の執筆陣である（坂井敬子先生は，大学の同僚であり，筆者から直接お願いをした）。大学教員，公認心理師，精神保健福祉士，弁護士など多様なメンバーが揃い，本書を執筆してくれた。このような募集の仕方には賛否があるかもしれないが，少なくとも，本書に限っては，この方法をとらなければ，充実した内容にはならなかったであろうし，もしかしたら上梓することさえできなかったかもしれないと考えている。今の時代ならではの方法によって，読者にとっても有益な一冊となったと自負している。

　本書を通して，習得した知識などを活用して，産業・労働分野で活躍できる公認心理師がいっそう増えること，それにより，労働者などのメンタルヘルスが向上することを心より願っている。

日々暑さを感じる夏の初めに
髙坂康雅

公認心理師と産業・労働分野

公認心理師法

　現在，メンタルヘルスに関する問題は，どの分野・領域においても重大な関心事となっている。産業・労働分野でいえば，被雇用者・勤め人の自殺者数は 6,000 人強で推移している（厚生労働省自殺対策推進室・警察庁生活安全局生活安全企画課, 2022）。また，2022 年の調査では，事業所の 10.1％には連続 1 か月以上休業した労働者または退職した労働者がおり（厚生労働省, 2022），およそ 213 万人が何らかの理由で休業している（総務省統計局, 2023）。これらの背景には，長時間労働や男女差別，障害者差別のような差別，セクシュアル・ハラスメントやパワー・ハラスメントのようなハラスメントなど，さまざまな問題が横たわっている。

　このような状況のなかで，心理職初の国家資格である公認心理師について定めた公認心理師法が 2015 年 9 月に制定，2017 年に施行された。2022 年 6 月末時点で 54,649 名が公認心理師となっている。ここでは，公認心理師とはどのような資格なのかを公認心理師法について説明するとともに，産業・労働分野で働く公認心理師について紹介していく。

1．公認心理師とは何か

　公認心理師は，公認心理師法に規定された国家資格である。公認心理師法第 1 条では，「この法律は，公認心理師の資格を定めて，その業務の適正を図り，もって国民の心の健康の保持増進に寄与すること

を目的とする」と規定している。ここから，公認心理師には，精神疾患や障害を有した者への支援だけではなく，精神疾患や障害を有することがないようにするための予防的対応や，そのような兆候がみられる者の早期発見・早期対応などを行い，国民の心の健康の保持増進に努めることが求められている。

公認心理師の具体的な職務（業）については，公認心理師法第2条に4つが規定されている。

第2条　この法律において「公認心理師」とは，第28条の登録を受け，公認心理師の名称を用いて，保健医療，福祉，教育その他の分野において，心理学に関する専門的知識及び技術をもって，次に掲げる行為を行うことを業とする者をいう。
一　心理に関する支援を要する者の心理状態を観察し，その結果を分析すること。
二　心理に関する支援を要する者に対し，その心理に関する相談に応じ，助言，指導その他の援助を行うこと。
三　心理に関する支援を要する者の関係者に対し，その相談に応じ，助言，指導その他の援助を行うこと。
四　心の健康に関する知識の普及を図るための教育及び情報の提供を行うこと。

（公認心理師法　第2条）

第2条第一号は，心理的アセスメントと呼ばれるものである。アセスメントとは，観察や面接，心理検査，関係者などからの情報の聞き取り・収集などを通して，心理に関する支援を要する者（以下，要支援者）の心理状態を把握・分析・解釈し，それらを整理することである。単に，何ができて何ができないかを明らかにしたり，平均や一般に比べて優れているか劣っているかを明らかにするだけでなく，そこから要支援者自身の自助資源や援助ニーズを見いだしたり，どのような支援を行ったり環境を提供すれば要支援者がいっそう生活しやすくなるかなど，今後の支援計画を立案するために行われるものである。

第二号は要支援者に対する相談や助言，第三号は要支援者の関係者に対する相談や助言である。必ずしも「カウンセリング」や「心理療法」など狭義の支援だけではなく，情報提供や環境調整，適切な他の相談機関などの紹介（リファー），コンサルテーションなどを含めた広義

の支援を意味している。要支援者の関係者とは，要支援者が子どもであれば保護者・家族や教師などが含まれるであろうし，大人であれば配偶者・家族や勤務先の上司・同僚，施設などを利用している場合にはその施設の職員などが含まれる。公認心理師がこれら関係者に対して一方的に助言をするというよりは，それぞれがもっている情報を共有し，要支援者に統一的な方針をもって対応できるようにするなど，チーム援助を念頭に行われるべきである。

　第四号は，心理教育や心の健康教育などと呼ばれるものである。心の健康に関する講演や研修を行ったり，ソーシャル・スキルズ・トレーニング（SST）やアンガーマネジメント，リラクセーション法など具体的な方法を伝え，また実践したりすることなどが含まれる。このような心理教育などを行うことで，国民が心の健康に意識を向け，精神疾患や障害などを予防するための行動をすることで，結果として，心の健康の保持増進につながっていくのである。精神疾患や障害などについては，正しく理解されず，偏見をもっている者もいる。公認心理師がエビデンスに基づいた正確な知識を伝えることは，精神疾患や障害を有する当事者だけではなく，関係者にとっても当事者を正しく理解することにつながり，それによって当事者も生活しやすくなるのである。

　公認心理師には，このような職務（業）を行うなかで，以下の4つの義務が規定されている。

第40条　公認心理師は，公認心理師の信用を傷つけるような行為をしてはならない。
第41条　公認心理師は，正当な理由がなく，その業務に関して知り得た人の秘密を漏らしてはならない。公認心理師でなくなった後においても，同様とする。
第42条　公認心理師は，その業務を行うに当たっては，その担当する者に対し，保健医療，福祉，教育等が密接な連携の下で総合的かつ適切に提供されるよう，これらを提供する者その他の関係者等との連携を保たなければならない。
2　公認心理師は，その業務を行うに当たって心理に関する支援を要する者に当該支援に係る主治の医師があるときは，その指示を受けなけれ

> ならない。
> 第43条　公認心理師は，国民の心の健康を取り巻く環境の変化による業
> 　　務の内容の変化に適応するため，第2条各号に掲げる行為に関する知識
> 　　及び技能の向上に努めなければならない。
>
> (公認心理師法　第40条・第41条・第42条・第43条)

　第40条は，信用失墜行為の禁止と呼ばれるものであり，公認心理師の信用を傷つけるような言動を禁じたものである。人事院が作成した「義務違反防止ハンドブック―服務規律の保持のために―」では，信用失墜行為には，職務上の行為だけではなく，勤務時間外の私生活上の行為も含まれるとされている。また，暴行，窃盗，横領など犯罪行為だけではなく，セクシュアル・ハラスメントなどの行為や，SNSにおいて職務遂行に支障を来しかねない不適切な内容や差別を肯定するような内容を投稿することも信用失墜行為に含まれる。このハンドブックは国家公務員の服務について解説したものであるが，このような信用失墜行為の考え方は，公認心理師にも適用されると考えられる。公認心理師が信用失墜行為を行った場合には，登録の取り消しや名称使用の停止のような行政処分が科せられることがある（公認心理師法第32条第2項）。

　第41条は秘密保持義務（守秘義務）である。秘密保持義務は公務員や医師，弁護士，精神保健福祉士，各福祉施設職員，学校の教職員など多くの国家資格や職種において求められ，また義務とされているものである。秘密保持義務が守られなければ，要支援者は安心して公認心理師に秘密を話すことができなくなり，結果として要支援者や国民全体にとっても不利益となる。特に公認心理師をはじめとした心理職は，要支援者のプライバシーや秘密など，他者には打ち明けない／打ち明けたくないことを知る機会が多いため，秘密保持義務を厳守することは，心理職の基本であり，最も重要なことである。なお，公認心理師が秘密保持義務に違反した場合は，1年以下の懲役または30万円以下の罰金に処せられることがあり（公認心理師法第46条），公認心理師の登録の取り消しまたは名称使用の停止のような行政処分が科されることがある（公認心理師法第32条第2項）。

第42条は，多職種との連携に関わる規定である。公認心理師は，医療分野や福祉分野，教育分野などで働くことになり，そこにはそれぞれの専門職がいる。そのような専門職と連携・協働することは，要支援者に対する理解を深め，支援をより効果的に行うことができるようになる。特に，医療との連携は重視されており，第2項では主治医の指示を受けなければならないとされている。連携を行わなかったことによる罰則や行政処分は規定されていないが，主治の医師の指示を受けなかった場合には，公認心理師の登録の取り消しまたは名称使用の停止のような行政処分が科されることがある（公認心理師法第32条）。

第43条は資質向上の責務と呼ばれるものである。公認心理師資格には更新制度がなく，公認心理師試験（国家資格）に合格し，登録簿に登録されると，登録取り消しにならない限り，ずっと公認心理師のままである。しかし，心の健康に関わる状況は刻々と変化し，また心理支援に必要な知識や心理支援で用いられる技法は次々と新しいものが生み出されている。要支援者に対して適切な支援を行うためには，そのような情報のアップデートや技術の研鑽などが必要なのである。

公認心理師は，「名称独占資格」である。診断や手術のような〈医行為〉は医師しか行うことができず（医師法第17条），このようにある資格を有する者にしか特定の行為を行うことが認められていない資格を「業務独占資格」と呼ぶ（他に，弁護士，公認会計士，美容師など）。一方，理学療法は，理学療法士でなくても行うことはできるが，理学療法士ではないものが「理学療法士」と名乗ることはできない。このようにその資格の名称を使用することはできないが，その資格をもたない者であってもその資格を有する者と同等の行為を行うことが認められている資格を「名称独占資格」と呼ぶ。公認心理師は名称独占資格であるため（公認心理師法第44条），公認心理師の資格をもっていなくても，心理検査を実施したり，心理療法やカウンセリングを行ったりしても問題はない。しかし，公認心理師が国家試験を経て得られる国家資格であることから，公認心理師資格を有していない者よりも心理学や心理支援に関する知識，心理検査や心理支援に関する技術などを有しており，また少なくとも，有していることが期待されている。そうするこ

とで，公認心理師が国民の心の健康の保持増進に努めることができるとともに，社会的な信頼を得て，責任を果たすことができるようになるのである。

2. 産業・労働分野で働く公認心理師

産業・労働分野で働く公認心理師は実際にはどのような形で働いているのであろうか。日本公認心理師協会 (2021) が 2020 年に実施した調査では，公認心理師の専門性に基づく活動を行っていると回答した 13,000 人のうち，産業・労働分野を主たる活動分野と回答したものは 779 名であり，回答者のうちの 6.0% しかいなかった。

また，産業・労働分野で働く公認心理師 (兼務含む) の 50.5% は「組織内の健康管理・相談室」で働いており，33.8% は「組織外で労働者等の『心理支援』を行う健康管理・相談機関」で働いていた。また，4.9% は「障害者職業センター・障害者就業・生活支援センター」で働き，11.2% は「(上記) 以外の就労支援機関 (ハローワーク等)」で働いている。

「組織内の健康管理・相談室」での働きは，内部 EAP とも呼ばれる。内部 EAP は労働者等に対して心理検査を含めたアセスメント，カウンセリングなどを行っていく。また，産業医や保健師，看護師などの事業場内産業保健スタッフなどと連携・協働をして，職場復帰支援やストレスチェックの補助的面談なども行う。カウンセリングでは，単に悩みや相談ごとに対応するだけではなく，労働者の働き方やキャリアについて労働者とともに考え，労働者が生き生きとしたパフォーマンスを発揮できるように支援することも含まれる。近年では，ワーク・ライフ・バランスや働き方改革が叫ばれ，個々の労働者のキャリアを企業が決める (あるいは企業に委ねる) のではなく，労働者一人ひとりが自身の問題として捉え，考えていくことが求められている。キャリアについて，労働者に寄り添って考え，成長を支援・促進することも組織内で働く公認心理師に求められる。さらには，心の健康に関する啓もう・啓発活動や研修を行い，労働者自身が自分の心の

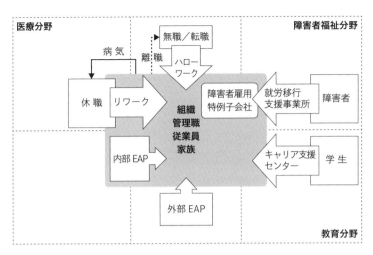

図 0-1　産業・労働分野における支援の場の全体像（坂井，2020 を一部改変）

健康について考えるきっかけを提供したり，管理職が部下の心の健康について気を配れるようにすることも，公認心理師の仕事に含まれる。

「組織外で労働者等の『心理支援』を行う健康管理・相談機関」は外部 EAP と呼ばれる。外部 EAP については，第 2 章に詳しく記載されている。

他にも，精神疾患を有する者や障害者，不就労者・無職者に対する就労支援，大学などでの学生に対するキャリア支援，刑事施設等入所者や退所者に対する就労支援など，現時点で労働者ではない者に対する支援にも，公認心理師が関わることがある。坂井（2020）は産業・労働分野における支援の場の全体像を示している（図 0-1）。この図のように，産業・労働分野も他の分野（保健医療，福祉，教育など）と密接に関連している。そのため，産業・労働分野で働く公認心理師には，産業・労働分野に関する法律や理論などだけではなく，他分野に関する法律や理論などについても，理解を深めておくことが必要なのである。

第1章
労働とは何か

労働基準法

過重労働や職場の心理的負荷は労働者に疲労やストレスをもたらし，これが脳・心臓の疾患につながり過労死に至ったり，メンタルヘルスの不調から精神疾患を招き自殺に至ったりすることがある。本書の各章の多くはこれらに対する対策を講ずるための法律や制度を取り扱う。過重労働の最も大きな要因は長時間労働である。本章では，労働条件の最低限の基準を定める法律である労働基準法のうち，労働時間法制に関する部分を概観する。労働時間法制については，2018 年の働き方改革で大幅な法改正がなされているので，適宜改正内容にも触れることとする。

1. 労働基準法制定から働き方改革まで

契約の自由を原則とする近代市民法では，労働条件は使用者と労働者との自由な合意によって定められるのが原則である。しかし，使用者は労働者に対して経済力において圧倒的に優位に立っていることから，労働者はたとえ満足のいく条件でなくても雇用契約を締結せざるを得ず，長時間労働などの劣悪な労働条件に置かれることになった。そこで，大正時代に工場法 (1911 年) を皮切りに労働時間の最低限を定める立法が行われた。しかし，アメリカでは同様の法律に対し使用者の自由を侵害し違憲とする判決が出されていた。これに対し，日本国憲法は，労働条件の最低限を国が法律で定めることを容認する立場を

明らかにした。

> 賃金，就業時間，休息その他の勤労条件に関する基準は，法律でこれを定
> める。（日本国憲法　第 27 条第 2 項）

　ここでいう「法律」として制定されたのが労働基準法 (1947 年) であ
る。労働基準法は，当時の国際水準の基本的労働条件を保障する内容
が目指され，労働時間についても性別年齢を問わず当時の国際水準ま
で引き下げられた。しかし，敗戦により疲弊した日本の産業の現状で
はこれを貫徹することは困難であったことから，時間外労働・休日労
働を容易に命じることができる仕組み（後述の 36 協定）が設けられた。
　労働基準法制定時の労働時間制限の仕組みは 40 年間維持されてき
た。その後，バブル経済の最盛期の 1987 年に労働時間の見直しが行
われた。また，バブル崩壊後のデフレ経済の時期の 1990 年代から
2000 年代に，時間外労働・休日労働に上限を設けたり，割増賃金を増
額する見直しがなされたりしたほか，変形労働時間制の拡充やフレッ
クスタイム制を新設，みなし労働時間制の拡充や裁量労働制の新設が
行われた。
　2015 年，長時間労働を抑制するとともに，労働者がその健康を確保
しつつ創造的な能力を発揮しながら効率的に働くことができる環境を
整備することを目的とする労働基準法の改正案が国会に提出された。
その内容は，長時間労働抑制策・年次有給休暇取得促進（中小企業の割増
賃金引き上げ猶予の終了，使用者の時期指定による年次有給休暇の付与など）と，多様で
柔軟な働き方の実現（フレックスタイム制・企画業務型裁量労働制の見直し，高度プ
ロフェッショナル制度の創設）であった。しかし，高度プロフェッショナル
制度が「残業代ゼロ法案」と批判され，改正案は廃案となった。
　2016 年に，労働基準法改正を再度目指すため，政府は働き方改革実
現会議を組織し，2017 年に「働き方改革実行計画」が取りまとめられ
た。このうち立法を要する事項について労働政策審議会労働条件分科
会で審議され，「働き方改革法案要綱」が取りまとめられた。そして，
廃案となった 2015 年の労働基準法改正案の一部とまとめて，「働き方

改革を推進するための関係法律の整備に関する法律案」として国会に提出された。この法案は 2018 年に成立した。その内容は，①長時間労働の是正，②長時間労働に伴う健康障害の防止，③多様で柔軟な働き方の実現，④非正規雇用^{メモ}の処遇と多岐にわたっている。

2．労働基準法・労働契約法

　ここから，働き方改革で大きく変貌した労働時間法制の中身をみていくが，本題に入る前に，労働時間を含めた労働条件がどのようにして決定されていくのかを確認しておきたい。というのは，労働契約は他の契約の場合の契約条件の決定プロセスとは異なる特殊な定まり方をするからである。

(1) 労働契約の成立

　労働契約は，労働者と使用者との合意によって成立する。

> 労働契約は，労働者が使用者に使用されて労働し，使用者がこれに対して賃金を支払うことについて，労働者及び使用者が合意することによって成立する。（労働契約法　第6条）

　労働契約は労働者と使用者の対等な立場における合意に基づいて締結・変更すべきものである（労働契約法第3条第1項）。労働契約の効果として，労働者は労働義務を負い，使用者は賃金支払い義務を負う。労働者も使用者も，労働契約を遵守し，信義に従い誠実に権利を行使し義務を履行しなければならず（労働契約法第3条第4項），権利の濫用は許されない（労働契約法第3条第5項，同法第14条〜16条）。契約の性質上，合意がなくとも当然に使用者は労働者の安全に配慮する義務や労働者の健康に配慮する義務を負う（労働契約法第5条）。

(2) 労働条件

　一般の契約の場合，契約条件は契約の規定（契約書や口約束）によって定められる。契約の規定は，法律のうち強行法規（公の秩序に関する法律規定）に反することはできない（民法第90条）が，任意法規（公の秩序に関しない規定）と矛盾する場合は契約の規定が契約の条件となる（民法第92条）。契約の規定に定めがない部分は強行法規・任意規定が契約条件となる。法律の規定が強行規定か任意規定かについては，法律に明記されていることが多い。

　労働契約の労働条件（労働時間・休憩・休日や休暇・賃金の額，福利厚生や退職・解雇の事由など）も使用者と労働者との間の労働契約の規定によるのを原則とし，法律の強行規定に反する場合は強行規定が労働条件となることや，法律の任意規定と矛盾する場合は契約の規定が労働条件となることは一般の契約の場合と同じである。なお，労働基準法は強行法規とされている。

> この法律で定める基準に達しない労働条件を定める労働契約は，その部分については無効とする。この場合において，無効となった部分は，この法律で定める基準による。（労働基準法　第13条）

　しかし，労働契約の場合，使用者と労働組合メモが労働条件について合意をする場合がある（労働協約）。労働協約は，強行規定に反することはできないが，労働契約の規定と矛盾する場合は労働協約が労働条件となる（労働組合法第14条，第16条）。

✎メモ

労働組合
労働者が団結して，賃金や労働時間などの労働条件の改善を図るためにつくる団体のことである。日本国憲法第28条で団結権，団体交渉権，団体行動権（争議権）という労働三権が保障されており，具体的には労働組合法などによって規定されている。

　また，労働契約の場合，使用者が労働条件や職場の規律などを定めている場合が多い（就業規則）。就業規則は使用者が一方的に定めるものである。使用者が定めたあと，労働者の過半数で組織する労働組合（これがない場合は労働者の過半数を代表する者）の意見を聴くこととされているが（労働基準法第90条），労働組合等が反対の意見を述べても無効となるわけではない。使用者が一方的に定めた就業規則であっても，そこに記載された労働条件が合理的であり使用者が就業規則を周知させてい

た場合は，労働者との間の労働契約の内容となり，労働契約と就業規則が食い違う場合，労働者にとって有利なものが優先される（労働契約法第12条，同法第7条）。たとえば，就業規則で一定の賃金を定めていた場合，労働契約でそれより低い賃金とすることを合意したとしても労働契約は無効とされ，就業規則のみが適用される（最高裁 H15.12.18 判決［労判 866-14]）。もっとも，就業規則は，強行法規や労働協約に反してはならないとされている（労働基準法第92条，労働契約法第13条）。

　このように，労働条件がいかなるものであるか，労働契約書だけではわからないことがある。労働者が労働条件を知らされないまま労働契約を締結し，予想に反した労働条件で働くことになるのを防ぐため，労働契約に際して使用者は労働者に労働条件を明示することが義務づけられている。

> 使用者は，労働契約の締結に際し，労働者に対して賃金，労働時間その他の労働条件を明示しなければならない。（労働基準法　第15条）

　労働条件のうち①契約期間，②契約更新の基準，③就業の場所や業務内容，④就業時間・休憩・休日，⑤賃金，⑥退職・解雇に関する事項の6つについては，使用者は，口頭ではなく書面で明示しなければならない（労働基準法第15条，労働基準法施行規則第5条）。

(3) 労働時間
1) 労働時間
　労働時間には，労働契約や就業規則などで労働しなければならないと定められた契約上の労働時間と，現実に労働をした時間である実労働時間とがある。契約上の労働時間のうち就業規則などにより通常の労働時間として定められたものを所定労働時間という。

　また，所定労働時間の始業時間から終業時間を拘束時間といい，そこから休憩時間を除いたものも実労働時間という場合もある。ここでいう実労働時間は，現実に労働がなされた時間という意味での実労働時間とは異なる（図1-1）。

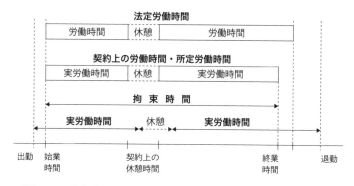

図 1-1　法定労働時間・所定労働時間・拘束時間・実労働時間

2）法定労働時間の原則

　労働時間は，労働基準法制定時に上限が定められたが，その後，労働者の福祉上の理由のほか，さまざまな経済上の理由から上限が引き下げられてきた。労働基準法で定められた労働時間の上限を法定労働時間という。現在，法定労働時間は，下記のように定められている。

　使用者は，労働者に，休憩時間を除き1週間について40時間を超えて，労働させてはならない。
② 　使用者は，1週間の各日については，労働者に，休憩時間を除き1日について8時間を超えて，労働させてはならない。（労働基準法　第32条）

　労働基準法第32条は，第1項で1週間の法定労働時間を規定し，第2項で1日の法定労働時間を規定している。これは，労働時間の規制はまず1週間単位の規制を基本として上限を設定し，1日の労働時間は1週間の労働時間を各日に割り振る場合の上限として設定したものである（昭和63年1月1日基発第1号，婦発第1号1（2））。

　1週40時間1日8時間制は，1987年に週休2日を普及させるため導入されたものであるが，後述の通り法定休日自体は1日のままとされた（労働基準法第35条第1項）。そのため，法定労働時間を守る限り週休1日（週6日勤務）とすることも違法ではない。

　なお，使用者は労働時間を適正に把握する責務を負っており，労働時間の把握に関しては「労働時間の適正な把握のために使用者が講ず

べき措置に関するガイドライン」(平成29年1月20日基発0120第3号)で,使用者はタイムカード,ICカード,パソコンの使用時間の記録等の客観的な記録を基礎として確認し適正に記録するものとしている。

(4) 休憩

休憩とは,労働時間のうち労働者の労働力が使用者の指揮監督下に置かれていない時間をいう。

一定の労働のあと,労働者の精神的肉体的な疲労を回復させ作業能率増進や災害防止を図るため,使用者は休憩を与えなければならない。

> 使用者は,労働時間が6時間を超える場合においては少くとも45分,8時間を超える場合においては少くとも1時間の休憩時間を労働時間の途中に与えなければならない。(労働基準法 第34条第1項)

休憩は,労働者に一斉に与えなければならない。しかし,過半数組合(事業所の労働者の過半数以上で構成される労働組合)またはそれがないときは過半数労働者の代表者との労使協定がある場合は休憩を一斉に与えなくてもよいものとされている(労働基準法第34条第2項)。

使用者は休憩時間を労働者に自由に利用させなければならない(労働基準法第34条第3項)。戦時中の就業規則には休憩時間中に指揮者に従って体操を行うべき旨を規定するものが多かったことから,労働者の疲労回復のために休憩時間を権利として保障するべく規定が設けられた。

(5) 休日

休日とは,労働者に労働契約上労働義務がないとされている日をいう。

労働基準法では,週休1日制の原則が設けられた。

> 使用者は,労働者に対して,毎週少くとも1回の休日を与えなければならない。(労働基準法 第35条第1項)

ヨーロッパ諸国では休日が日曜日に固定されていることが少なくないが，労働基準法は休日を日曜日とすることを求めていない。

　1987年の労働基準法改正で，法定労働時間が1週40時間1日8時間制に改正された。これは週休2日制の普及を目指したものであったが，その際にも法定の休日は1日のままとされた。週休2日制をとる場合，1日は法定休日（労働基準法で必ず与えなければならないとされる休日），もう1日は法定外休日（法定休日以外に使用者が任意に定める休日）となる。

　また，労働基準法は，国民の祝日（国民の祝日に関する法律）を休日とすることも求めていない。したがって，法定休日以外に国民の祝日を休日とする場合は法定外休日ということになる。

(6) 適用除外
1) 管理監督者等

　管理監督者には，労働時間・休憩・休日に関する規定は適用されない（労働基準法第41条第2号）。しかし，年次有給休暇の付与や深夜労働に関する割増賃金の支払い規定の適用はあることに注意。

　ここで管理監督者とは，一般的には，部長，工場長等労働条件の決定その他労務管理について経営者と一体的な立場にある者の意であり，名称にとらわれず，実態に即して判断すべきものであり（昭和22年9月13日発基第17号，昭和63年基発第150号・婦発第47号），労働時間，休憩，休日等に関する規制の枠を越えて活動することが要請されざるを得ない重要な職務と責任を有し，現実の勤務態様も労働時間等の規制になじまないような立場にある者に限って管理監督者として適用除外が認められる。

　なお，機密事務取扱者，監視又は断続的労働従事者，農産・畜産・水産業に従事する労働者で使用者が行政官庁の許可を受けた者も同様に，労働時間・休憩・休日に関する規定は適用されず（労働基準法第41条），年次有給休暇の付与や深夜労働に関する規定のみ適用される。

2) 高度プロフェッショナル制度の対象者

　高度プロフェッショナル制度とは，一定の年収要件（1,075万円を想定）

を満たし，職務の範囲が明確で高度な職業能力を有する労働者を対象として，労働時間・休憩・休日の規定に加えて，深夜労働の割増賃金の規定も適用を受けないものとする制度である（労働基準法第41条の2）。対象者には年次有給休暇の付与に関する規定のみ適用される。

　高度プロフェッショナル制度は，2018年の働き方改革で，創造性の高い仕事で自律的に働く個人が，意欲と能力を最大限に発揮し，自己実現をする労働法制が必要であるとの理由で導入されたものである。ただし，この制度の導入については批判が多かったことから，「時間でなく成果で評価される」のがふさわしく，残業代が支払われなくても支障がないほど収入の高い者（平均年収の3倍以上の収入がある者）に対象が限定されている。

　管理監督者等の適用除外とは異なり深夜労働の割増賃金についても適用が除外されることになるので，長時間労働等に伴う健康リスクが高くなる可能性がある。そこで，この制度の対象者について，健康管理の観点から，健康管理時間（事業場内にいた時間と事業場外で労働する時間の合計）を把握するとともに（労働基準法第41条の2第1項第三号），長時間労働を防止するための措置（①1年間を通じ104日以上かつ4週間を通じ4日以上の休日を与える，②次の4つの措置のうち1つをとる［Ａ：勤務間インターバルと深夜業務の日数制限，Ｂ：労働時間（健康管理時間）の上限設定，Ｃ：年休以外に2週間の連休を与える，Ｄ：残業にあたる労働時間（健康管理時間）が80時間を超えた場合の健康診断受診]）をとる必要がある（労働基準法第41条の2第1項第四号・第五号）。

(7) 時間外・休日労働
1) 36協定

　使用者は労働者を，法定労働時間を超えて労働させたり，法定休日に労働させたりすることはできないのが原則である。しかし，36（サブロク）協定を結んだ場合，協定の範囲内で，時間外労働・休日労働をさせることができる。

> 使用者は，当該事業場に，労働者の過半数で組織する労働組合がある場合においてはその労働組合，労働者の過半数で組織する労働組合がない場合

> においては労働者の過半数を代表する者との書面による協定をし，厚生労
> 働省令で定めるところによりこれを行政官庁に届け出た場合においては，
> 第 32 条から第 32 条の 5 まで若しくは第 40 条の労働時間（以下この条に
> おいて「労働時間」という。）又は前条の休日（以下この条において「休日」
> という。）に関する規定にかかわらず，その協定で定めるところによって労
> 働時間を延長し，又は休日に労働させることができる。(労働基準法　第 36 条第 1
> 項)

　36 協定では，時間外労働をさせることができる時間・休日労働を
させることができる日数を協定しなければならない (労働基準法第 36 条第
2 項第四号)。その際，協定できる時間外労働の時間については，月 45
時間，年 360 時間という限度がある (限度時間) (労働基準法第 36 条第 3 項・第
4 項)。協定できる休日労働の日数については，限度はない。従来から
労働省の告示で限度時間は設けられていたが，法的な根拠として不十分
との批判があったので，働き方改革で限度時間が法律に明記されるこ
ととなった。

2) 特別条項付き 36 協定

　特例として，臨時的な特別の事情があるときに「特別条項付き 36
協定」を締結すれば，年に 6 か月だけ限度時間を超える内容の協定を
締結することができる。

　従来は，協定の内容について，限度時間を超える協定ができるのは
年 6 か月までという制限はあったが，その 6 か月については時間外労
働の上限は定められていなかった。

　しかし，働き方改革で，特別条項付き 36 協定を定めた場合，限度
時間を超える協定ができるのは年 6 か月までであるとともに，協定で
きる時間外労働の上限は年 720 時間で，時間外労働と休日労働の合計
の上限は月 100 時間未満とされた (労働基準法第 36 条第 5 項) (図 1-2)。

3) 罰則付き上限

　また，働き方改革により，(特別条項付き 36 協定に反して) 時間外労働と休
日労働の合計が月 100 時間以上となるような労働をさせたり，時間外

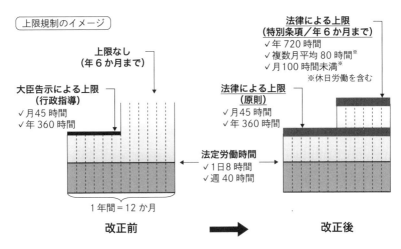

図 1-2　特別条項付き 36 協定による労働時間の上限（厚生労働省都道府県労働局労働基準監督署，2019a）

労働が年 720 時間を超えるような労働をさせたりすることや，（特別条項付き 36 協定の範囲内であっても）時間外労働と休日労働の合計について当該月とその直前の 1 か月・2 か月・3 か月・4 か月・5 か月のどの期間の平均においても月平均 80 時間を超えるような労働をさせたりすることは禁止され（労働基準法第 36 条第 6 項第二号・第三号），これらに違反した場合，罰則（6 か月以下の懲役または 30 万円以下の罰金）が課せられることとなった（労働基準法第 119 条）。

4）適用除外
① 研究開発業務
　新たな技術，商品またはサービスの研究開発にかかる業務については，その業務の特殊性から，36 協定を結んだ場合，時間外労働や休日労働の限度や上限はない（労働基準法第 36 条第 11 項）。
② 建設事業，自動車運転業，医師など
　その他，建設事業に従事する労働者，自動車運転の業務に従事する労働者，医業に従事する医師，鹿児島県及び沖縄県における砂糖製造業に従事する労働者についても，事業または業務の特殊性から，2024

年4月までは，36協定を締結した場合の時間外労働の限度時間の適用は猶予される。猶予期間が経過した後についても，建設事業・自動車運転の業務・医師については特別条項付36協定を締結した場合の上限時間の特則が設けられる（労働基準法第139条から第141条）。

(8) 割増賃金

使用者は，法定労働時間を超えて労働させたり，法定休日に労働させたりした場合，長時間労働に対する労働者への補償として，割増賃金を支払わなければならない（労働基準法第37条第1項）。割増賃金は，超過労働をした労働者への補償であるとともに，時間外労働・休日労働を抑制する手段でもある。

また，使用者は，深夜労働^{メモ}をさせた場合，労働時間の位置が深夜という時刻にあることからその労働が強度となる

> ✎メモ
> **深夜労働**
> 22時から翌5時の時間帯で行われる労働のことである。

ことに対する労働者への補償として割増賃金を支払わなければならない（労働基準法第37条第4項）。

その割増賃金の率は上記の表1-1の通りである（労働基準法第37条第1項，労働基準法第37条第1項の時間外及び休日の割増賃金に係る率の最低限度を定める政令，労働基準法第36条第1項の協定で定める労働時間の延長及び休日の労働について留意すべき事項等に関する指針第5条第3項）。

1か月60時間を超える時間外労働の割増賃金率（50%）について，中小企業への適用は2023年4月1日まで猶予されている（労働基準法第138条，同法平成30年改正附則第1条第3号）。

表1-1　割増賃金率

区分		割増賃金率
時間外労働	原則	25%以上
	1か月45時間を超える場合	25%超（努力目標）
	1か月60時間を超える場合 （中小企業は2023年4月から）	50%以上
休日労働		35%以上
深夜労働（午後10時から午前5時まで）		25%以上

表 1-2　割増賃金率（時間外労働・休日労働が深夜に及んだ場合）

区分	割増賃金率
時間外労働が深夜に及んだ場合	50%（25%＋25%）
1 か月 60 時間を超える時間外労働が深夜に及んだ場合	75%（50%＋25%）
休日労働が深夜に及んだ場合	60%（35%＋25%）

　また，月 60 時間を超えた時間の割増賃金部分については，事業場の過半数組合または過半数労働者の代表との労使協定で有給の代替休暇を与えることができ，労働者が実際にこの休暇を取得した場合は，この部分の割増賃金は支払うことを要しない（労働基準法第 37 条第 3 項）。

　ここで割増賃金の対象となるのは法定労働時間を超えて労働したり法定休日に労働したりした時間である。所定労働時間を超えたけれども法定労働時間内に労働した場合や（法定内残業），休日ではあるが法定外休日に労働した場合について，労働基準法は割増賃金の支払いを義務づけていない。ただし，就業規則などで法定内残業などにも割増賃金を支払う旨の規定を置くことが多く，その場合，使用者は労働基準法ではなく就業規則などに基づいて割増賃金を支払う義務を負う。

　時間外労働が深夜に及ぶ場合や休日労働が深夜に及ぶ場合，時間外または休日労働の割増率と深夜労働の割増率が加算された率がその時間帯の割増率とされる（労働基準法施行規則第 20 条）。これは，労働がなされる時間帯に着目した深夜労働規制と労働時間の長さに着目した時間外労働規制や休日労働規制はその趣旨・目的が異なるため，両者は重畳的に適用されるものと位置づけられているためである。

　これに対し，休日労働が 8 時間を超えても，割増賃金率は休日労働の割増率のままとされる（昭和 22 年 11 月 21 日基発 366 号など）。時間外労働と休日労働は，法定外残業という点で同一の性質をもち，同一の条項によって規制されているため，両者の割増率は合算されない（表 1-2）。

(9) 労働時間の柔軟化

　法定労働時間は，週 40 時間，1 日 8 時間であるが，この枠を柔軟化する制度として，変形労働時間制とフレックスタイム制がある。

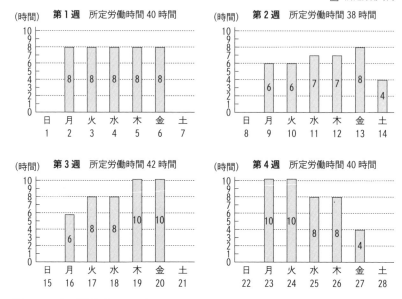

図 1-3 **変形労働時間制の例**（厚生労働省都道府県労働局労働基準監督署，2014 を一部改変）

1）変形労働時間制

　変形労働時間制とは，一定の単位期間について週当たりの労働時間数の平均が週法定労働時間の枠内に収まっていれば，業務の繁閑に応じて 1 週の労働時間が 40 時間を超えたり 1 日の法定労働時間が 8 時間を超えたりするような形で労働時間を弾力的に配分することを認める制度である。

　変形労働時間制は，業務の繁閑の激しい事業や交代制の事業などで，必要な業務の量に応じて労働時間を割り振ることができるように，1947 年の労働基準法制定当時から設けられている。

　たとえば，4 週間単位で変形労働時間制を定める場合，図 1-3 のようなものとなる。

　図 1-3 の例で，第 1 週と第 2 週は週 40 時間 1 日 8 時間以内の原則的な労働時間制限の範囲に収まっている。第 3 週は週の労働時間も 1 日の労働時間も原則的な労働時間制限の枠を超えている。第 4 週は週の労働時間は原則的な労働時間制限の枠内であるが 1 日の労働時間は

枠を超えている。しかし，第1週から第4週の労働時間の合計は160時間でその平均は週40時間であるので週平均時間は法定労働時間の枠内である。このような労働時間を定めても労働時間制限に違反するものとはされないというのが変形労働時間制である。

　変形労働時間制は，もともとは4週間以内の期間を単位とするもののみであったが，現在では，1か月以内を単位とするもの（労働基準法第32条の2），1年以内を単位とするもの（労働基準法第32条の4），1週間を単位とするもの（労働基準法第32条の5）の3種類が定められている。

2) フレックスタイム制

　フレックスタイム制とは，一定の期間（清算期間）の総労働時間を定めておき，労働者がその範囲内で各日の始業および終業の時刻を選択して働くことにより，労働者が仕事と生活の調和を図りながら効率的に働くことを可能としようとする制度をいう（労働基準法第32条の3）。

　フレックスタイム制は，所定労働時間を柔軟な形に変形させる点で変形労働時間制と共通するものである。以前から変形労働時間制の一種として運用上認められていたところ，1987年に今後の望ましい勤務形態であるとして法制化された。そして，2018年の働き方改革で，子育てや介護，自己啓発などさまざまな生活上のニーズと仕事との調

通常の労働時間制度

フレックスタイム制（イメージ）

図1-4　フレックスタイム制（厚生労働省都道府県労働局労働基準監督署，2019b）
注）フレキシブルタイムやコアタイムは必ずしも設けなければならないものではない。コアタイムを設定しないことによって，労働者が働く日も自由に選択できるようにすることも可能。また，フレキシブルタイムの途中で中抜けするなどといったことも可能。

和を図りつつ，効率的な働き方をいっそう可能とするために，清算期間の上限が1か月から3か月に延長された（労働基準法第32条の3）。

実際に行われているフレックスタイム制では，労働者が選択により労働できる時間帯（フレキシブルタイム）や，全員が必ず勤務すべき時間帯（コアタイム）を定めるもの（労働基準法施行規則第12条の3第1項第2号・第3号）が多い（図1-4）。

3) 勤務間インターバル制度

労働時間については，労働基準法の定める最低基準を遵守するだけでなく，その設定が労働者の健康と生活に配慮し多様な働き方に対応したものとなるよう，それぞれの企業やそこで働く労働者の実情に適合した見直しが進められる必要がある。そこで，働き方改革で，事業主が，前日の終業時刻と翌日の始業時刻の間に一定時間の休息の確保に努めるという制度（勤務間インターバル制度）が設けられた（労働時間等の設定の改善に関する特別措置法第2条第1項）（図1-5）。ただし，EU労働時間指令や欧州諸国の立法例と異なり，インターバルの時間の長さについて規定はない。

ある企業で勤務間インターバル制度を導入しても得意先企業の理解がなければ実現することは無理である。そこで，事業主は，他の企業

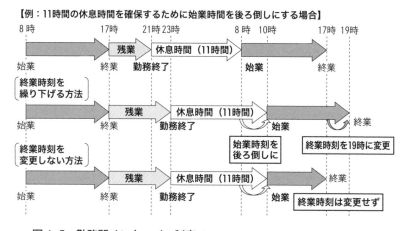

図1-5　勤務間インターバル制度（厚生労働省労働基準局労働条件政策課，2018）

における労働時間等の設定の改善が阻害されることのないよう，取引に際して短納期発注や発注の内容の頻繁な変更を行わないよう配慮するよう努めなければならない（労働時間等設定改善法第2条第4項）。

そして，事業主は労使の代表から構成される労働委員会（労働時間等の設定の改善を図るための措置等を調査審議し事業主に対し意見を述べることを目的とするもの）を設置するなど，労働時間の見直しのための体制の整備に努めなければならない（労働時間等設定改善法第6条）。

（10）労働時間の算定に関する特則

労働者が法定労働時間を超えて働いていないかどうかの判定や，これを超えて働いた場合の割増賃金の計算は，実際に働いた時間（実労働時間）をもとに行われるのが原則である。しかし，実労働時間以外の時間をもとに判定や計算が行われる場合がある。

1）みなし労働時間制

たとえば外回りの営業をしている労働者や報道記者あるいは一般の社員が出張した際など，労働者が事業所外で勤務しているため労働時間を算定しにくい場合に，一定時間だけ労働したものとみなす制度である。通常は所定時間を労働時間とみなすが，その業務を遂行するのに所定労働時間を超えて労働することが通常必要な場合は当該業務に通常必要とされる時間を労働時間とみなす（労働基準法第38条の2第1項）。そのような時間の認定は困難である場合などには，労使協定で定める時間を労働時間とみなすこともできる（労働基準法第38条の2第2項）。

2）裁量労働制

裁量労働制とは，一定の専門的・裁量的業務に従事する労働者について，事業場の労使協定で，実際の労働時間にかかわらず一定の労働時間数だけ労働したものとみなす制度のことである。労働の量によらず質（成果）により報酬を支払うことが適当な職務が増えてきたため導入された。みなし労働制とは異なり労働時間を把握できるのに，一定時間だけ働いたものとみなすものである。

裁量労働制には，研究開発，情報処理システムの分析設計，取材・編集，デザイナー，プロデューサー・ディレクターなどの専門職を対象とする「専門業務型裁量労働制」と（労働基準法第38条の3），事業の運営に関する企画・立案・調査・分析の業務を行うホワイトカラー労働者を対象とする「企画業務型裁量労働制」がある（労働基準法第38条の4）。

　専門業務型裁量労働制は，事業場の過半数代表と労使決定を締結し，行政官庁に届け出る必要がある。企画業務型裁量労働制は，労使半数ずつによって構成される労使委員会が5分の4以上の多数で決議し，使用者がそれを行政官庁に届け出ることが必要である。

　いずれも裁量労働制の下で働き過ぎや制度の濫用を防止するために，健康確保のための措置や苦情処理に関する措置を講じることが，労使協定あるいは労使委員会の決定事項として求められている。

（11）休暇

1）年次有給休暇

　休暇とは，労働契約・労働協約あるいは就業規則上の労働日において労働者が権利を行使することによって労働が免除された日をいう。労働者の心身の疲労を回復させ，また，ワーク・ライフ・バランスの実現にも資するという位置づけから，使用者は「休日」のほかに毎年一定日数の有給の「休暇」を与えなければならない（年次有給休暇）。

> 使用者は，その雇入れの日から起算して6箇月間継続勤務し全労働日の8割以上出勤した労働者に対して，継続し，又は分割した10労働日の有給休暇を与えなければならない。（労働基準法　第39条第1項）

　その後は，勤務年数が1年増えるごとに，一定日数を加算した日数が付与される。1年に付与される日数は表1-3の上部の通りである（労働基準法第39条第2項）。

　また，所定労働日数の少ない労働者の有給休暇の日数は，表1-3の下部の通りである（労働基準法第39条第3項・労働基準法施行規則第24条の3）。

表 1-3 年次有給休暇の日数（厚生労働省労働基準局労働条件政策課，2002）

フルタイム労働者の場合

継続勤務年数	0.5	1.5	2.5	3.5	4.5	5.5	6.5 以上
付与日数	10	11	12	14	16	18	20

パートタイム労働者の場合

①週所定労働日数が 4 日または 1 年間の所定日数が 169 日から 216 日

継続勤務年数	0.5	1.5	2.5	3.5	4.5	5.5	6.5 以上
付与日数	7	8	9	10	12	13	15

②週所定労働日数が 3 日または 1 年間の所定日数が 121 日から 168 日

継続勤務年数	0.5	1.5	2.5	3.5	4.5	5.5	6.5 以上
付与日数	5	6	6	8	9	10	11

③週所定労働日数が 2 日または 1 年間の所定日数が 73 日から 120 日

継続勤務年数	0.5	1.5	2.5	3.5	4.5	5.5	6.5 以上
付与日数	3	4	4	5	6	6	7

④週所定労働日数が 1 日または 1 年間の所定日数が 48 日から 72 日

継続勤務年数	0.5	1.5	2.5	3.5	4.5 以上
付与日数	1	2	2	2	3

2) 年次有給休暇の計画的付与

　年次有給休暇の取得については，労働者に時季指定権，使用者に時季変更権が与えられている。

> 使用者は，前各項の規定による有給休暇を労働者の請求する時季に与えなければならない。ただし，請求された時季に有給休暇を与えることが事業の正常な運営を妨げる場合においては，他の時季にこれを与えることができる。（労働基準法　第39条第5項）

　法律で制度が定められても，休暇をとると業務に支障が出るとの理由から，年次有給休暇の取得はなかなか進まなかった。そこで，1987年に職場において業務との兼ね合いをつけながら，気兼ねなく取得できるようにするため，労働者の年次有給休暇のうち5日を超える部分については労働組合と事業主との労使協定で計画的に付与する制度が

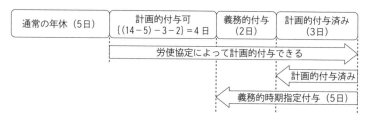

図 1-6　年次有給休暇の計画的付与・義務的付与

創設された（労働基準法第 39 条第 6 項）。

　ところが，その後も年次有給休暇の取得率は低迷を続け，いわゆる正社員の約 16％ が年次有給休暇を 1 日も取得しておらず，また，年次有給休暇をほとんど取得していない労働者については長時間労働である者の比率が高い傾向がみられた（労働政策審議会，2015）。そこで，働き方改革では，年次有給休暇の取得が確実に進むよう，10 日以上年次有給休暇が与えられている労働者については，うち 5 日は使用者が時期を指定して年次有給休暇を取得させることが義務づけられた。ただし，労使による計画的付与がなされた日数は義務的付与をする必要はない（労働基準法第 39 条第 7 項，第 8 項）。

　年次有給休暇の計画的付与と，義務的付与について，年次有給休暇の日数が 14 日付与され，うち労使協定で 3 日を計画的に付与された労働者を例に図にまとめると，図 1-6 のようになる。

3.　労働時間の現状

　我が国では，長時間労働が問題となり，2018 年に働き方改革による労働基準法の改正が行われ，2019 年 4 月から施行された。その結果，長時間労働は是正されたであろうか。

　すべての労働者でみると，労働者の総労働時間はバブル崩壊後減少傾向で推移しているようにみえる（図 1-7）。

　しかし，フルタイム労働者とパートタイム労働者に分けてみると，フルタイム労働者の総労働時間はさほど減少していない（図 1-8）。これ

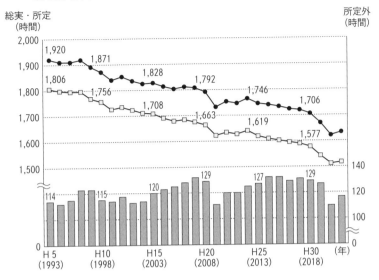

凡例：
●—● 総実労働時間（左目盛）　□—□ 所定内労働時間（左目盛）　■ 所定外労働時間（右目盛）

図 1-7　年間総実労働時間の推移（パートタイム労働者を含む）（厚生労働省，2022 を一部改変）

資料出所：厚生労働省「毎月勤労統計調査」をもとに作成

は当該期間にフルタイム労働者の実労働時間が大きく減少したのではなく，パートタイム労働者の比率が高まった結果と解される。

　長時間労働是正は，全労働者の労働時間を平均的に削減することよりも，長時間労働者の労働時間から重点的に削減していくのが合理的である。そこで，フルタイム労働者のうち長時間労働者の割合をみると，図 1-9 の通りとなる。

　これをみると，長時間労働者の数も割合も着実に減少している。企業側でも「働き方改革の成果によって長時間労働者の減少・総労働時間の減少について改善しているか」との問いに，改善していると回答した企業の割合は，2017 年は 44.7％，2019 年は 62.3％と半数を超えるに至っている（リクルートマネジメントソリューションズ，2020）。

　次に，性別・年代別でみると，30 代男性・40 代男性の労働時間が長いことがわかる（図 1-10）。

　企業規模別でみると，規模の小さい企業ほど労働時間が長くなって

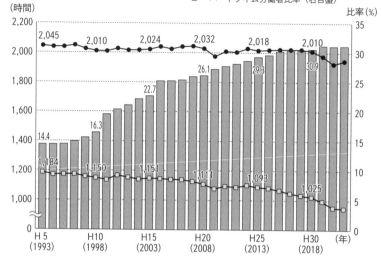

図 1-8　就業形態別年間総実労働時間およびパートタイム労働者比率の推移（厚生労働省，2022 を一部改変）

資料出所：厚生労働省「毎月勤労統計調査」をもとに作成

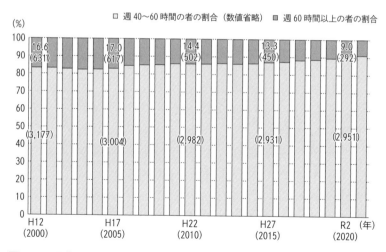

図 1-9　月末 1 週間の就業時間が 60 時間以上の雇用者の割合（週間就業時間 40 時間以上の雇用者に占める割合）と雇用者数（厚生労働省，2022 をもとに作成）

資料出所：総務省「労働力調査」（平成 23 年は岩手県，宮城県及び福島県を除く）をもとに作成

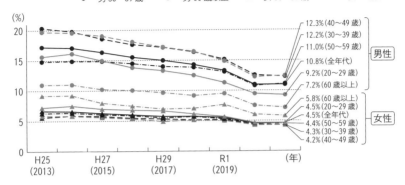

図 1-10　月末 1 週間の就業時間が 60 時間以上の雇用者の割合（週間就業時間 40 時間以上の雇用者に占める割合）（性・年齢層別）（厚生労働省，2022 を一部改変）

資料出所：総務省「労働力調査」をもとに作成

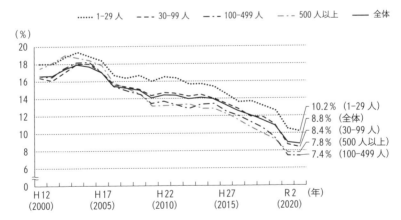

図 1-11　月末 1 週間の就業時間が 60 時間以上の雇用者の割合（週間就業時間 40 時間以上の雇用者に占める割合）（企業の従業者規模別）（厚生労働省，2022 を一部改変）

資料出所：総務省「労働力調査」（平成 23 年は岩手県，宮城県及び福島県を除く）をもとに作成

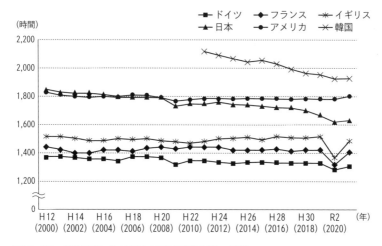

図 1-12　諸外国における年平均労働時間の推移（厚生労働省，2022 を一部改変）
資料出所：OECD Database（https://stats.oecd.org/Index.aspx?DatasetCode=ANHRS）（2022
年 7 月現在）

いる傾向がある（図1-11）。

　業種別でみると，2021 年は，「運輸業，郵便業」（12.5%）「教育，学習
支援業」（10.5%）「建設業」（9.7%）の順に長時間労働者（1 週間の就労時間が
60 時間を超える労働者）の占める割合が高い（厚生労働省，2022）。「医療，福
祉」（2.7%）は長時間労働者の占める割合は低いが，医師は長時間労働
が常態化していると指摘されている。

　諸外国と比較すると，ヨーロッパ諸国より労働時間が長いが，アメ
リカと同程度で，韓国よりも労働時間が短いことがわかる（図1-12）。

労働者の働き方を支援する

　西田さんは，従業員500名規模の企業の産業カウンセラーである。ある日，西田さんのところに企画部の丸山部長が，企画一課の石川課長のことについて相談に来た。石川課長はまじめな性格で，ひとつひとつの仕事も丁寧であり，入社以降着実に実績を積み上げてきた。丸山部長をはじめ上司からの評価も高く，今年度の人事で企画一課の課長に昇進した。これは同期では最も早い出世であり，石川課長には周囲からの羨望と期待が集まった。また，私生活では昨年結婚し，1か月前に第一子が誕生した。

　しかし，最近，石川課長は仕事中にぼーっとしていることがあり，仕事に対する意欲も低下しているようにみえる。また大きなあくびをしたり，うとうとしている様子もみられたりしている。それでも課長としての務めを果たそうと，誰よりも遅くまで残り，本来ならば部下に任せてもよいような仕事も石川課長本人が行っている。

　石川課長の様子を気にした丸山部長が話をすると，「課長になり，また父親にもなって，果たさなければならない責任が増えたが，それがこんなにも苦しいものだとは思わなかった」「やらなければならない仕事がたくさんあり，なかなか帰宅できない。帰宅すると育児に疲れた妻のために食器を洗ったり，洗濯をしたりしている。子どもが夜中に泣くこともあるので，まとまった睡眠時間がとれない」と言ったという。それに対して丸山部長は西田さんに「昇進にしても，子どもが生まれたことについても嬉しいことなのに，どうしてそんなに石川課長がつらい思いをしているのか理解できない」「家事や育児は妻に任せればいい。どうして石川課長が家事をしなければならないのか」と，石川課長の状況を理解できず，石川課長にどのようにアドバイスをすればよいのかわからないようであった。最後には，「まぁ，ずいぶん悩んでいるようだから，今度酒でも飲みに連れていけばいいですかね」と言ったため，西田さんは石川課長が置かれている状況を丸山部長に説明し，一緒に対応を考えていくことを提案した。

STEP1：ストレスを知る

ストレスは一般的・日常的に用いられている身近な言葉である。学術的には，ストレスの原因となるストレッサーと，ストレッサーによって生じるストレス反応（ストレイン）に分けられる。ストレッサーは生体に対して何らかの反応を引き起こす可能性がある外的な刺激と定義され，物理的ストレッサー（寒冷，高温，騒音，振動など），化学的ストレッサー（たばこ，薬物，アルコールなど），生物学的ストレッサー（細菌，花粉，ダニなど），心理社会的ストレッサーなどに分けることができる。さらに，心理社会的ストレッサーは，死別や性的暴行，被災など生命の危機などに関わる出来事であるトラウマティック・イベント，受験や親の死など一生を通して多くの人が経験するライフイベント，満員電車や日々の勉強など日常生活のなかで頻繁に経験する日常苛立ち事（daily hassles）に分けられる。

人がこのようなストレスにさらされると，身体的反応（腹痛や頭痛，不眠，食欲不振，胃潰瘍，高血圧など）や精神的反応（いらだち，落ち込み・抑うつ，意欲低下，無気力など），行動的反応（暴飲暴食，ギャンブル，飲酒など）など，さまざまなストレス反応を示すことがある。また，このようなストレッサーが継続したり，複数のストレッサーが重複したりすることによって，適応障害やうつ病のような精神疾患を発症することもある。

ストレスについて，ストレッサーはネガティブな事象であるという誤った認識をもたれていることがある。確かに，ストレッサーの多くは，人体にとって有害であったり，個人的にみても社会的にみても好ましくない出来事であったりする場合が多い。しかし，就職や昇進，結婚，出産，宝くじに当たるなど，個人的にも社会的にも好ましい出来事がその人にとってはストレッサーになることがある。Holmes & Rahe（1967）はライフイベントをストレスの程度によって得点化した社会的再適応評価尺度を作成している。この尺度では，配偶者の死を最もストレスの程度が高いライフイベントとして 100 点に設定し，他のライフイベントを点数化している。このなかでは離婚が 73 点，夫婦の別居が 65 点，自分の怪我や病気が 53 点などとなっている。また，一般的にポジティブな出来事とされる結婚は 50 点，妊娠は 40 点，新しく家族のメンバーが増えるは 39 点，仕事上の責任の変化は 29 点，優れた業績を上げ

るは 28 点となっている。このように，個人的・社会的に好ましい出来事であってもストレッサーとなり，人によってはストレス反応を生じさせる可能性があることを理解することは重要なことである。

STEP2：ワーク・ライフ・バランス

　石川課長は昇進とほぼ同時期に，子どもが生まれ父親になった。子どもが生まれること，父親になることは喜ばしいことである一方，ストレッサーにもなり得る。また，子どもを生んだ石川課長の妻にとっても，初めての出産・育児は楽しいだけではなく，不安や困惑を伴うものである。ずっと一人で言葉も通じない乳児の相手をしなければならなかったり，慣れない育児をしたりすることは，想像以上に苦しいものであり，それによって日常の家事に手が回らなかったり，睡眠時間が不足したりすることもある。そのような状況のなかで，夫である石川課長に頼る妻の心情，そしてそれに応えようとする石川課長の心情も理解する必要がある。

　近年，ワーク・ライフ・バランスという言葉が定着してきた。ワーク・ライフ・バランスは「仕事と生活の調和」と訳される。内閣府の「仕事と生活の調和（ワーク・ライフ・バランス）憲章」では，仕事と生活の調和が実現した社会を「国民一人ひとりがやりがいや充実感を感じながら働き，仕事上の責任を果たすとともに，家庭や地域生活などにおいても，子育て期，中高年期といった人生の各段階に応じて多様な生き方が選択・実現できる社会」と定義している。バランスというと，仕事と生活（家庭生活，趣味活動，地域活動など）が５：５というイメージをもつかもしれない。しかし，個人が望む形が７：３や２：８の場合もあり，そのような配分でやりがいや充実感を得られるのであれば，このようなバランスでもよいのである。

　しかし，実際に，やりがいや充実感を感じられるように仕事と生活のバランスをとることは容易ではない。本当はもっと家庭のことや子育て，趣味などに時間を費やしたいと思っていても，残業や休日出勤などで十分な時間をとれない人はいるであろう。また特に女性では，育児・子育てを中心的に担わなければならないため，働き方を変えたり，仕事

を辞めたりしなければならない場合もある。自宅に仕事を持ち帰ったり，急な子どもの体調不良で仕事を早退したりすることなどは比較的よくみることである。このように，仕事と生活は調和するどころか，葛藤があったり互いに侵食し合ったりして，アンバランスな状態になっていることのほうが多いかもしれない（このような状態をワーク・ライフ・コンフリクトと呼ぶ）。

　ワーク・ライフ・バランスが実現できず，ワーク・ライフ・コンフリクトの状態になってしまう要因は，本人が望む以上に仕事または生活に時間や労力が割かれていることである。長時間労働が生じているならば，それを是正したり，適切な休養をとらせたりすることが必要である。また生活（たとえば育児）のほうに時間や労力が割かれているのであれば，親の手伝いや保育サービスの利用などによって軽減することができるかもしれない。ワーク・ライフ・バランスが実現せず，やりがいや充実感を感じられない状態もひとつのストレス状態である。この状態が継続することによって，意欲や集中力の減退，効率の悪化を招き，適応障害やうつ病のような精神疾患になることもあり得るのである。

STEP3：具体的な支援を考える

　まずカウンセラーがすべきことは，丸山部長にストレスやワーク・ライフ・バランス／コンフリクトに説明をし，現在，石川課長は強いストレス状態にあることを伝えることである。丸山部長は自身の考えや経験から，昇進や子どもの誕生がストレスになること，男性が帰宅後に家事をやることなどについて理解できないようであるが，そこを理解してもらわなければ，具体的な支援につなげることは困難である。この点について，ストレスの感じ方には個人差があることや，以前に比べて男性も家事や育児に積極的・協力的であることなども踏まえて，丁寧に説明することが求められる。

　そのうえで，石川課長の現在の問題は長時間労働であり，長時間労働を解消することが必要であると考えられる。石川課長はまじめな性格であり，周囲からの期待に応えようとしている。また，初めて人の上に立つ立場になったため，部下にどのように指示をしたらよいか，どの程度

仕事を任せてよいかわからずに，本来しなければならない仕事以上の仕事を抱えてしまっていることも考えられる。

　そのため，石川課長に必要なことは「課長」としての働き方を示すことである。課長はその課に属する部下をまとめるとともに，仕事を振り分け，適切に業務が遂行するように管理するものである。これまでのように与えられた仕事を自分でこなすのではなく，部下に振り分け，また部下の働きを管理したり評価したりすることが重要である。しかし，石川課長は多くを自分で抱え込んでしまい，その結果，長時間労働につながっている。カウンセラーとしては，丸山部長に管理職としてのモデルとなって，石川課長に管理職の役割や働き方を伝えるように依頼することが求められる。また，丸山部長は石川課長の直属の上司でもあることから，石川課長に対して残業時間を減らしたり，適切な休息をとるように促したりすることも必要となることも伝えなければならない。

　反対に，丸山課長自身の考えや経験に基づいて，「課長になったことをもっと喜べ」「家事や育児は妻に任せておけ」のような助言をしないように伝えることも重要である。もちろん，仕事や家事などで睡眠時間が減少している石川課長を飲みに誘うのは，少なくとも現時点では行ってはならないことである。

事 例

　田川さんは現在 64 歳で，あと 1 年で定年を迎える。高校を卒業して現在の会社に就職し，45 年以上この会社で務めている。仕事も人並みにでき，人柄もよいため，他の社員からの人望も厚い。一時は，ある部署の長も務めたが，定年が近づいてきたこと，体力の衰えを感じるようになったことから，田川さんの意向で役職からはずれ，現在は一社員として，日々勤務している。

　ある日，事業所内のカウンセラーの森さんのところに田川さんがやってきて，以下のように話した。定年退職が近づくにつれて，どんどん気力がなくなり，毎朝出勤するのがつらい。長年この会社で働き，その働きを評価してくれていること，他の社員が自分を慕ってくれていること，何よりも自分を働かせ続けてくれたことには感謝の思いをもっているが，自分にはもっと他の生き方があったのではないかと思うと，この会社で働いてきたことに後悔を感じることもある。また，来年定年し，この会社で働いていない自分を想像することができず，今後について不安も感じる。

　森さんは田川さんの話を聞き，ライフサイクルの観点も考慮して，カウンセリングを行おうと考えた。なお，田川さんに身体的な問題はない。また，結婚し子どもが 2 人いるが，2 人とも独立し，現在は妻と 2 人暮らしで，夫婦仲は良好である。

考えてみよう！

　定年期（65 歳前後）に生じる可能性がある身体的・心理的・社会的な問題・困難にはどのようなものがあるか，仕事と生活の両面から考えてみましょう。

話し合ってみよう！

　心理支援の場面では，支援者／カウンセラーよりも年上の人からの相談を受けたり，支援者／カウンセラーが経験していないことを経験している人からの相談を受けたりすることがあります（たとえば，子育てをしたことがない支援者が子育てについて悩んでいる人の相談を受けるなど）。このような相手に対する心理支援の場面では，どのようなところに留意する必要があるか，またどのような工夫や事前準備をすべきか，話し合ってみましょう。

ロールプレイをしてみよう！

　①カウンセラーの森さん，②田川さんになって，ライフサイクルの観点も考慮して，田川さんのカウンセリングをしてみましょう。

医師の働き方改革

　我が国の医療は医師の自己犠牲的な長時間労働により支えられている。最近では医師が過労死することもあるなど，医師の長時間労働は限界に達している。

　本文で説明した通り，働き方改革で，2019年から労働者の時間外労働について限度時間・上限時間が設けられることとなった。医師のうち勤務医は労働者であるので，当然，働き方改革の対象となる。しかし，医師には明治時代から応召義務（医師法第19条）が課せられているなど，医師の業務は一般の労働者とは異なり公共性があり，患者の診察は義務でもあると考えられている。そこで，医師の労働時間を削減し健康を確保するという要請と，必要な医療の確保という要請をどのように両立させるのかを検討するため，2024年1月まで医師には働き方改革によって改正された労働基準法の適用は猶予されることとなった。

　そして，医師の働き方改革に関する検討会の審議が行われた結果，労働基準法は下記のように改正され，2024年1月から施行される。

① 医師も労働者であるので，36協定を締結した場合に事業者が命じることができる時間外労働の限度時間は一般の労働者と同じものとする（月45時間，年360時間）。

② 特別条項付き36協定が発動されるような場面，すなわち「当該事業場における通常予見することのできない業務量の大幅な増加等に伴い臨時的に①の限度時間を超えて労働させる必要がある場合」は，労働時間の削減よりも医療の確保が要請される場面であるので，この場合に事業者は，一般の労働者の場合の上限を超えて長く時間外労働を命じることができるようにする（時間外労働に加えて休日の労働時間を合計した時間は1月100時間未満，時間外労働は1年960時間）。

③ 特別条項付き36協定が発動されるような場面のうち，医療の提供が極めて強く求められる場合には，さらに長く時間外労働を命じることができるようにする（時間外労働時間と休日労働時間の合計は1ヶ月100時間未満，時間外労働は1年1860時間）。これには，1）地域において当該医療機関以外で提供することが困難な医療を提供する病院（特定地域医療提供機関）で勤務する場合や，2）専門的な医療・高度の技能を取得するため研修を受ける場合，3）連携型特定地域医療提供機関（大学病院など）から他の病院・診療所に派遣される場合がある。ただし，1）と3）については，地域の医療体制が整えば特則を設ける必要がなくなるので2036年3月31日を目処に廃止することを目標に3年ごとに見直される。

　これらは，健康確保措置（医師による面接指導や，連続勤務時間の制限，勤務間インターバル制度）とセットで行われるが，特に③については，いわゆる「過労死ライン」の約2倍の時間外労働を容認するものであるとして労働組合などは批判している。

第2章

労働者のメンタルヘルスを守る

職場における心の健康づくり

　本章は，産業分野のメンタルヘルスケアについて，全体像や大枠を示すことが目的である。労働者のメンタルヘルスを守るために，国は職場に対してどのような取り組みを求めているのであろうか。本章では，職場における心の健康づくりの基本となる予防の考え方や各種のケアの内容などについて，初歩的なことから解説していく。また，労働者のメンタルヘルスケアのためには，さまざまな専門職や機関が連携・協働していくことが大切である。どのような専門家がおり，どのような関係機関が存在するのか。このことについても代表的なものを取り上げて，紹介する。

1. 職場における心の健康づくり

　近年，仕事や職業生活に関連する強いストレスを感じている労働者が増えている。業務による心理的負荷を原因として精神障害を発症したり，自殺したりしたとして労災認定が行われるケースも増加傾向にある。このような状況のため，各事業場においてはこれまで以上に積極的に心の健康の保持増進を図る必要性が出てきている。

　国も職場におけるメンタルヘルス対策を推進している。

> 事業者は，労働者に対する健康教育及び健康相談その他労働者の健康の保持増進を図るため必要な措置を継続的かつ計画的に講ずるように努めなければならない（労働安全衛生法　第69条）

　国が事業者に健康増進の措置をとる努力義務を課しても，事業者がその具体的な手法を知らなければ，絵に描いた餅になってしまう。そこで労働安全衛生法は，踏み込んだ規定を置いている。

> 厚生労働大臣は，第69条第1項の事業者が講ずべき健康の保持増進のための措置に関して，その適切かつ有効な実施を図るため必要な指針を公表するものとする。（労働安全衛生法　第70条の2第1項）

　厚生労働省はこの条文に基づき，「労働者の心の健康の保持増進のための指針」（厚生労働大臣平成27年11月30日公示第6号，2006年策定，2015年改正）を定めた。この指針は，事業場において事業者が講ずる労働者の心の健康の保持増進のための措置が適切かつ有効に実施されるように，メンタルヘルスケアの原則的な実施方法を定めたものである。この指針を解説した「職場における心の健康づくり―労働者の心の健康の保持増進のための指針―」というパンフレット（厚生労働省労働基準局安全衛生部労働衛生課・独立行政法人労働者健康安全機構，2020）も作成されている（以下，両者を合わせて「メンタルヘルスケア指針」と略す）。そこで本節では，「メンタルヘルスケア指針」を参照しながら，職場におけるメンタルヘルスケアの基本的な考え方や具体的な進め方についてみていきたい。

(1) メンタルヘルス不調とは

　労働者のメンタルヘルスを考えるうえで，メンタルヘルス不調とは何かを明確にしておくことは大切である。「メンタルヘルスケア指針」ではメンタルヘルス不調について，「精神および行動の障害に分類される精神障害や自殺のみならず，ストレスや強い悩み，不安など，労働者の心身の健康，社会生活および生活の質に影響を与える可能性のある精神的および行動上の問題を幅広く含むものをいう」と定義している。ここでのポイントは，精神障害や自殺の問題だけに限定されて

いないという点である。出勤困難や職場での人間関係のストレス，仕事上のトラブルやミスの多発，それに多量飲酒などの問題もメンタルヘルス不調に含まれる。メンタルヘルス不調は誰でもがなり得るものであり，以下のような言説は誤りである。

- メンタルヘルス不調になるのは精神的に弱い者だけである
- メンタルヘルス不調者は怠けているだけである
- メンタルヘルス不調者は甘えているだけである

　また，「うつ病は心の風邪である」というような喩えから，少し休めばすぐに治ると考えるのも誤解である。メンタルヘルス不調が悪化して，うつ病や適応障害などの精神障害であると診断されれば，十分な休息と適切な治療や環境調整が必要となる。風邪のように1週間も休めばよくなる，というわけにはいかないのである。しかし逆に，メンタルヘルス不調になってしまえば，そこから復帰しても，もう責任ある仕事は任せられない，と考えるのも行き過ぎである。確かに，うつ病になると認知機能が低下して，職場復帰後も集中力や記憶力などが回復しないケースがある。しかし，多少時間がかかっても，適切な治療やリハビリテーション，環境調整や職場のサポートなどによって，発病前のパフォーマンスまで回復させることは可能なのである。

(2) 一次予防・二次予防・三次予防
　職場における心の健康を実現するためには，メンタルヘルス不調となった労働者の治療が重要なのは言うまでもない。しかし，治療は，基本的には医療機関が行うものであって，職場で行うことはできない。職場における心の健康を実現するために職場で行うことができるのは，メンタルヘルス不調の予防である。予防には，一次予防，二次予防，三次予防の3つがある (Caplan, 1964)。
　一次予防とは，メンタルヘルス不調を未然に防止することである。したがってその目的は心の健康の維持・増進にあり，対象者は労働者全員となる。2015年に施行されたストレスチェック制度 (労働安全衛生

法第66条の10）は，この一次予防のための取り組みである（第3章参照）。これまでのメンタルヘルスケアは，メンタルヘルス不調になった個人やその危険性の高い個人に対する支援が中心であったが，今後は，健康な個人を含めた労働者全員に対する一次予防の取り組みも重要になってくる。「メンタルヘルスケア指針」でも，その主眼は一次予防に置かれている。同指針では，一次予防に関して，ストレス要因の除去または低減という環境面のアプローチだけではなく，労働者のストレス対処などの個人のアプローチにも触れられている。

　二次予防とは，メンタルヘルス不調を早期に発見し，適切な措置を行うことである。言い換えれば，重症化予防が目的であり，ハイリスク者が対象となる。ここでは，管理監督者による「いつもと違う」部下の様子に気づくこと，部下からの相談に対応すること（ラインケア）などが重要となる。また，労働者個人がストレスやメンタルヘルスについての正しい知識をもって，自分のストレスに気づき対処するという「セルフケア」も二次予防に貢献するものであるといえる。企業側にとっても，労働者が休業するのを防止することで労働力の損失を防いだり，集中力や注意力の低下による事故やトラブルなどを防いだりするという意味で，二次予防は重要である。

　三次予防とは，メンタルヘルス不調となり休業している労働者の職場復帰の支援などを行うことである。その目的は再発予防にあり，主たる対象者は精神障害の既往がある労働者ということになる。ここでも管理監督者によるラインケアが大切になってくるし，事業場内産業保健スタッフや主治医との連携も必要になってくる。

(3) 心の健康づくり計画

　「メンタルヘルスケア指針」では，メンタルヘルスケアは中長期的な視点に立って，継続的かつ計画的に行われるようにすることが必要であり，その推進にあたっては，事業者が労働者の意見を聞きつつ，事業場の実態に即した取り組みを行うことが必要であるとされている。そのために，衛生委員会等において十分な調査審議を行うこと，そして，「心の健康づくり計画」を策定することが重要だとされてい

る。

　まず，衛生委員会についてみていく。**衛生委員会**は，労働安全衛生法（以下，労安衛）第18条により，一定の規模の事業場ごとに設置することが事業者に義務づけられている。労働者の健康保持増進を図るための基本的な対策は，同委員会の審議事項になっている。衛生委員会を設置しなければならない事業場は，常時50人以上の労働者を使用する事業場である（労働安全衛生法施行令第9条）。衛生委員会は，統括安全衛生管理者等，産業医，衛生管理者，衛生に関し経験を有する労働者などで構成されるため（労安衛18Ⅱ），事業者が労働者の意見を聞いたり，産業医の助言を求めたりする際に活用できる（労安衛18Ⅰ④）。労働安全衛生規則第22条第10号において，衛生委員会の付議事項として「労働者の精神的健康の保持増進を図るための対策の樹立に関すること」が規定されており，「心の健康づくり計画」の策定だけではなく，その実施体制の整備や個人情報の保護に関する規定の策定等にあたっては，衛生委員会においてしっかりと調査審議することが含まれる（平成18年2月24日基発第0224003号）。

　次に，「**心の健康づくり計画**」の策定についてである。これは各事業場において，メンタルヘルスケアの実際体制を確立して，それを効果的に推進するためのものである。「メンタルヘルスケア指針」では，「心の健康づくり計画」に盛り込む事項として，以下の7つがあげられている。

①事業者がメンタルヘルスケアを積極的に推進する旨の表明に関すること
②事業場における心の健康づくりの体制の整備に関すること
③事業場における問題点の把握およびメンタルヘルスケアの実施に関すること
④メンタルヘルスケアを行うために必要な人材の確保および事業場外資源の活用に関すること
⑤労働者の健康情報の保護に関すること
⑥心の健康づくり計画の実施状況の評価および計画の見直しに関すること
⑦その他労働者の心の健康づくりに必要な措置に関すること

「心の健康づくり計画」の実施においては，実施状況を適宜評価し，その評価に基づいて計画を見直し改善していくことによって，メンタルヘルスケアのよりいっそうの充実・向上に努めることが望まれる。

(4) 4つのケア

メンタルヘルスケアは，その実施主体によって4つに分けられている。労働者自身が行う「セルフケア」，管理監督者が行う「ラインケア」，産業医や保健師などのスタッフが行う「事業場内産業保健スタッフ等によるケア」，そして外部の相談機関や専門家が行う「事業場外資源によるケア」の4つである。「メンタルヘルスケア指針」では，これら4つのケアが継続的かつ計画的に行われることが重要だとしている。これら4つのケアについて，順に少し詳しくみていこう。

まず，**セルフケア**である。セルフケアとは，労働者自身がストレスやメンタルヘルスについて正しく理解し，自身のストレスに気づき，そしてストレスに対して適切に対処できるようにすることをいう。そのために事業者は，労働者に対して教育研修を行ったり，情報提供を行ったりすることが求められる。もちろん，セルフケアの対象には，管理監督者も含まれる。管理監督者が自身のメンタルヘルスの保持増進ができなければ，次に触れるラインケアも適切に実施できなくなり，その部署全体に影響が及んでしまうことにもなりかねない。

労働者に対する教育研修・情報提供においては，まず，ストレスとは何かを説明しなければならない。ここでは，ストレスのもととなっているストレッサー（ストレス要因）と，そのストレッサーによって生じるストレス反応を区別することがポイントである。必要に応じて，図2-1の「**NIOSHの職業性ストレスモデル**」を用いて説明してもよいだろう。そして，自分のストレッサーにはどのようなものがあり，自分のストレス反応にはどのようなものがあるのかを，具体的に考えてもらう。特にストレス反応については，身体的，行動的，心理的の3つに分けて，それぞれの注意サインを明確にしておくとよい。このような作業をしておくと，労働者のストレスに対する気づきが高まると考えられる。

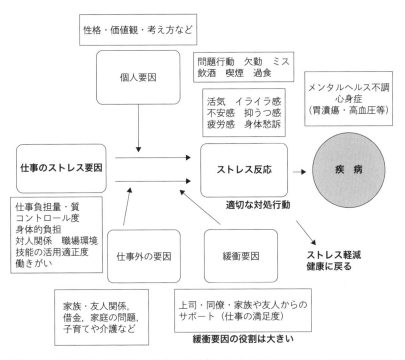

図 2-1 NIOSH の職業性ストレスモデル（厚生労働省労働基準局安全衛生部労働衛生課・独立行政法人労働者健康安全機構, 2019）

注）NIOSH：アメリカ国立労働安全衛生研究所

　そのうえで，自らのストレスを予防・軽減したり，対処したりできるように，その方法を検討していく。そのためには，ストレス対処（コーピング）^{メモ}についての一般的な解説をし，それぞれの労働者が実際に行っているストレス対処法をグループワークなどで交流す

> **📝メモ**
>
> **ストレス対処（コーピング）**
> ストレス対処は，ストレッサーを直接的に変化・解決させようとする「問題解決型」と，ストレス反応として生じる情動の軽減を図る「情動焦点型」に大別される。

れば，ストレス対処のレパートリーが広がり，より上手にストレスと付き合うことができるようになるだろう。また，汎用性の高いストレス対処として良質な睡眠をとることがあるので，快適な睡眠を確保するための睡眠衛生教育を実施するのも，セルフケア研修としては効果的だと考えられる。必要に応じて，考え方を変えることによってストレスを軽減する「認知再構成法」や，瞑想によってストレスを低減す

る「マインドフルネス」など，認知行動療法の技法を紹介して練習することも役に立つ。

　第2に，**ラインケア**である。「ライン」とは，業務上の指揮命令系統に属する立場のことを指す。ラインケアとは，労働者に指揮命令を行う権限のある部長や課長などの管理監督者が，メンタルヘルスに関して，職場環境を把握して改善したり，労働者からの相談に対応したり，休職した労働者の職場復帰の支援をしたりすることをいう。

　ラインケアで求められることとして，まず管理監督者は，部下のいつもと違う様子に気づくことが大切である。たとえば，遅刻・早退・欠勤が増えるとか，残業・休日出勤が増えるとか，仕事のパフォーマンスが下がるとか，表情が暗いとか，服装が乱れているとか，である。このようなことに気づくためには，日ごろから部下をよく観察して，いつもの部下をしっかりと把握しておくことが必要である。いつもの部下をしっかり把握しているからこそ，いつもと違う様子に気づくことができるのである。

　次に，管理監督者は部下からの相談に対応しなければならない。部下から自発的に相談してもらうためには，そのための雰囲気や環境をつくっておくことはもちろん，普段から相談できるような関係性を構築しておくことが大切である。また，いつもと違う様子を示している部下に対しては，こちらから声をかけ，しっかりと話を聞く必要がある。いずれにせよ，部下の相談に応じるときは，普段の指揮・命令を行うときのコミュニケーションとは違って，部下の話を十分に聴く傾聴の姿勢が求められる。事業者は，管理監督者が適切に部下の相談に対応できるように，傾聴のスキルなどを練習する研修の場を用意することが望ましい。部下の話をしっかりと聴いたら，管理監督者は適切な情報を提供したり，必要に応じて事業場内の産業医や保健師に相談することを勧めたり，事業場外の医療機関の受診を勧めたりしていく必要がある。

　このほかに，ラインケアとしては，休職した部下の職場復帰への支援と職場環境などの改善の取り組みがある（職場復帰支援については第7章参照）。職場環境などの改善というと，照明や温度，それに作業スペース

やレイアウトなどを想起する。また，職場環境をもう少し広く捉えて会議の在り方や情報の流れを含めて考えることもできる。もちろん，これらを労働者が働きやすいように整えることは，ラインケアとして大切なことである。しかし，それだけではなく，部下にある程度の裁量権を渡したり，部下の仕事に対してねぎらい，承認したりしていくことも，部下のストレス軽減に貢献する大切な職場環境などの改善の方法であるといえる。

　4つのケアの第3として，**事業場内産業保健スタッフ等によるケア**がある。事業場内産業保健スタッフというのは，産業医や保健師，衛生管理者や公認心理師・臨床心理士などの心理職のような，職場の健康を守る事業所内の専門職のことである。事業場内産業保健スタッフ等によるケアとは，これらの専門職が具体的なメンタルヘルスケアの実施に関する企画立案を行い，セルフケアやラインケアが効果的に実施されるように，メンタルヘルスに関する専門的な知識を提供したり実際に相談に乗ったりすることをいう。また，事業場外資源とネットワークを形成したり，そこへの窓口となったりすることも含まれる。

　最後に，**事業場外資源によるケア**についても簡単に触れておく。これは事業場外の機関や専門家を活用し，その支援を受けることをいう。事業場外の機関には，たとえば，精神科病院やクリニックといった医療機関，私設のカウンセリングルーム，EAP実施機関，それに障害者職業センターなどがある。小さな事業場などでは，必ずしもメンタルヘルスの専門家がいるわけではない。そのような場合は特に，事業場外資源によるケアが大切になってくる。また，労働者が相談内容などを事業場に知られたくないというケースも考えられる。そのような場合にも，事業場外資源によるケアが効果的である。

(5) 安全配慮義務

　雇用契約が成立した時点で，事業者（使用者）には安全配慮義務が発生する。**安全配慮義務**とは，業務によって労働者に健康上の問題が生じないように配慮しなければならないということである。事業者に代わって労働者に対して業務上の指揮監督を行う管理監督者は事業者の

安全配慮義務の履行を補助することになり，労働者の健康状態を把握し，業務負荷による健康状態の悪化を防止するための措置をとることが求められている。安全配慮義務には，危険な作業や有害な物質ついての対策はもちろんであるが，メンタルヘルス対策も当然に含まれると解釈されている。

　安全配慮義務は，以前は，労働基準法や民法などの法令に定められたものではなく，公務災害・労働災害の損害賠償事件における判例（最高裁 S50.2.25 判決［民集 29-2-143］，最高裁 S55.12.18 判決［民集 34-7-888］）で認められてきた概念であったが，2008 年に施行された労働契約法第 5 条で次のように規定され，明文化された。

> 使用者は，労働契約に伴い，労働者がその生命，身体等の安全を確保しつつ労働することができるよう，必要な配慮をするものとする。（労働契約法　第 5 条）

　安全配慮義務不履行に対しては，損害賠償責任が課せられる（民法第 415 条）。近年，事業者に対して多額の損害賠償を命じる判例が数多く出されている。こういった事態を防止するためにも，メンタルヘルスを含めた労働者の健康管理は大切になってくる。

2. 労働者のメンタルヘルスに関わる専門職・関係機関

　労働者のメンタルヘルスに関わる専門職や関係機関は非常に多い。事業場内産業保健スタッフは，事業所の内部で連携・協働しながら労働者のメンタルヘルスケアに当たるだけではなく，必要に応じて外部の専門職や関係機関とも連携・協働していかなければならない。そこで本節では，労働者のメンタルヘルスに関わる代表的な専門職や関係機関を取り上げ，順に解説していく。

(1) 産業医と主治医
　労働者のメンタルヘルスに関わる医師には，大きく分けて産業医と

主治医という 2 種類がある。両者は，業務内容や労働者との関係性などにおいて大きな違いがある。

産業医とは，事業場において労働者の健康管理等について，専門的立場から指導・助言を行う医師のことである。常時 50 人以上の労働者を使用する事業場では産業医を選任する必要がある（労働安全衛生法第13条，労働安全衛生法施行令第 5 条）。労働安全衛生規則第 13 条第 3 項では，常時 1,000 人以上の労働者（一部の有害業務がある場合には 500 人以上）を使用する場合には専属産業医を選任する必要があると規定されている。また，産業医の職務については，労働安全衛生規則第 14 条に，次のように規定されている。

一　健康診断の実施及びその結果に基づく労働者の健康を保持するための措置に関すること。
二　法第 66 条の 8 第 1 項，第 66 条の 8 の 2 第 1 項及び第 66 条の 8 の 4 第 1 項に規定する面接指導並びに法第 66 条の 9 に規定する必要な措置の実施並びにこれらの結果に基づく労働者の健康を保持するための措置に関すること。
三　法第 66 条の 10 第 1 項に規定する心理的な負担の程度を把握するための検査の実施並びに同条第 3 項に規定する面接指導の実施及びその結果に基づく労働者の健康を保持するための措置に関すること。
四　作業環境の維持管理に関すること。
五　作業の管理に関すること。
六　前各号に掲げるもののほか，労働者の健康管理に関すること。
七　健康教育，健康相談その他労働者の健康の保持増進を図るための措置に関すること。
八　衛生教育に関すること。
九　労働者の健康障害の原因の調査及び再発防止のための措置に関すること。
（労働安全衛生規則　第 14 条第 1 項）

規則 14 条 1 項第 2 号は長時間労働者に対する面接指導のことであり，同第 3 号はストレスチェック制度の実施と面接指導のことである。このほかに，産業医の定期巡視についても次のように規定されている。

表 2-1　産業医と主治医の違い

	産業医	主治医
本人との関係性	事業主と労働者に対して中立	本人の立場を尊重
主な業務	健康診断やストレスチェックの実施，休業者に対する復職の可否の意見，就業上の配慮に関する意見，メンタルヘルス対策の企画や教育，衛生委員会への参加，職場巡視など	労働者の疾患の治療
対象	個人と組織	個人
対象となる個人	健康な人も含めた労働者全般	病気を患っている患者
事業主への勧告権	あり	なし

> 産業医は，少なくとも毎月一回……作業場等を巡視し，作業方法又は衛生状態に有害のおそれがあるときは，直ちに，労働者の健康障害を防止するため必要な措置を講じなければならない（労働安全衛生規則　第15条第1項）

　メンタルヘルスに関わる産業医の業務を詳しくみていこう。産業医は事業場の心の健康づくり計画の策定に助言・指導を行い，これに基づく実施状況を把握する。就業上の配慮が必要な労働者については，職務内容の軽減，残業の制限や出張の禁止など，事業者に必要な意見を述べることが求められる。さらに，長時間労働者に対する面接指導，ストレスチェックおよび高ストレス者への面接指導を実施するものとされている。

　このように産業医は，メンタルヘルス対策について中心的な役割を担っている専門職であるといえる。

　これに対して**主治医**とは，メンタルヘルス不調に陥った労働者の疾患の診断と治療に対して主たる責任を有する医師のことである。基本的には，精神科や心療内科の病院あるいはクリニックで労働者を診察する。うつ病と診断すれば抗うつ薬を，不眠症と診断すれば睡眠薬を処方するなど，診断に応じて薬物療法を中心とした治療を行うのが主治医である。産業医と主治医の違いを，表2-1にまとめた。

(2) 衛生管理者

　衛生管理者とは，労働安全衛生法第12条において規定されている，衛生に関する技術的事項の管理を行う者のことである。常時50人以上の労働者を使用する事業場において選任しなければならない。職場において労働者の健康障害を防止するのが目的である。衛生管理者は，毎週1回は作業場を巡視して，設備，作業方法あるいは衛生状態に有害の恐れがあるときは，直ちに労働者の健康障害を防止するため必要な措置を講じなければならない。

　メンタルヘルス対策については，「メンタルヘルスケア指針」で次のような役割を担うとされている。すなわち，衛生管理者は，心の健康づくり計画に基づき，産業医などの助言，指導などを踏まえて，具体的な教育研修の企画および実施，職場環境などの評価と改善，心の健康に関する相談ができる雰囲気や体制づくりを行う。このように，衛生管理者が，セルフケアおよびラインケアを支援し，その実施状況を把握するとともに，産業医等と連携しながら事業場外資源との連絡調整に当たることが職場のメンタルヘルスの向上に効果的であるとされている。

(3) 保健師

　保健師とは，保健師助産師看護師法に基づく国家資格であり，保健指導に従事することを業とする者のことである（同法第2条）。保健所や市町村などの自治体に勤務する者が多いが，企業で社員の健康管理に携わる者もおり，これを産業保健師という。労働安全衛生法第66条の7には，「健康診断の結果，特に健康の保持に努める必要があると認める労働者に対し，医師又は保健師による保健指導を行うように努めなければならない」とある。この規定からもわかるように，保健師は産業医とともに，産業保健において中心的な役割を担うことが期待されている。実際，産業医が非常勤で来社頻度が少ない事業場では，常勤の保健師（あるいは看護師）が産業保健活動の中心となっていることが多い。

　職場におけるメンタルヘルス対策でも，保健師は重要な役割を担っ

ている。まず，労働安全衛生法第66条の10では，ストレスチェック制度の実施者として保健師も規定されている。したがって，保健師は，ストレスチェック制度を運用することが求められる。また，健康診断や保健指導の際に，労働者と面接する機会が多いので，メンタルヘルス不調者を早期に発見するという役割も期待されている。さらに，労働者や管理監督者からの相談対応を行うことも求められる。

　保健師が適切な保健指導を行うためには，企業組織を理解したうえで，社内制度やそれぞれの部署の特徴，管理監督者の個性や職場の人間関係などをしっかりと把握する必要がある。非常勤の産業医は，このようなことを十分には把握していない場合もあるので，保健師が適切な情報提供を行うことが求められる。

（4）心理職

　職場で労働者のメンタルヘルス対策に取り組む心理職としては，国家資格である公認心理師だけではなく，臨床心理士や産業カウンセラーなどがある（公認心理師については，序章参照）。

　臨床心理士は，公益財団法人日本臨床心理士資格認定協会が認定する心の専門家であり，臨床心理学に基づく知識や技術を用いて人間の心の問題にアプローチする民間資格である。指定された臨床心理学系の大学院を修了してから認定試験を受け，合格すれば資格が得られる。

　産業カウンセラーは，一般社団法人日本産業カウンセラー協会が認定する民間資格である。メンタルヘルスの推進，キャリア・カウンセリング，人間関係開発などの専門的知識と技能，これらの根底にある「傾聴」を学ぶ「産業カウンセラー養成講座」を修了後，産業カウンセラー試験に合格すれば取得できる。

　「メンタルヘルスケア指針」では，これらの心理職は心の健康づくり専門スタッフに位置づけられている。心の健康づくり専門スタッフは，他の事業場内産業保健スタッフと協力しながら，教育研修の企画・実施，職場環境などの評価と改善，労働者および管理監督者からの専門的な相談対応などに当たるとされている。従来の心理職は，個人に対する相談（カウンセリング）の業務が中心であったが，産業領域で

働く心理職には，個人に対するアプローチだけではなく，企業組織や職場環境にもアプローチしていくことが求められている。

（5）外部 EAP

　EAP とは Employee Assistance Program（従業員支援プログラム）の略称であり，1940 年代にアメリカで生まれ，1970 年代に発展した仕組みである。日本 EAP 協会によると，職場組織が生産性の問題に取り組む場合や，従業員であるクライエントが健康，結婚，家族，家計，アルコール，薬物，法律，情緒，ストレスなどの仕事上のパフォーマンスに影響を与え得る個人的問題を見つけ，解決する場合に，職場組織と従業員にサービスを提供するとされている。このようなサービスを事業場内のスタッフが行うのが内部 EAP であるのに対して，事業場外の資源からサービスの提供を受けるのが**外部 EAP** である。

　事業場内産業保健スタッフが質的・量的に足りない事業所の場合でも，外部 EAP 機関を利用することによって専門性の高いメンタルヘルスサービスの体制を整備することができる。また，外部に相談窓口を設置することによって，相談者は会社と直接関係のないところで相談できるので，相談に対する敷居が低くなるというメリットもある。しかし，外部 EAP 機関では事業場内産業保健スタッフに比べて，具体的な業務内容や人間関係の把握が困難となることが多く，就業上の配慮につながる介入が難しいというデメリットもある。

　外部 EAP 機関が提供する代表的なメンタルヘルスサービスには，以下のようなものがある。まずはコンサルテーションである。これは管理監督者や産業保健スタッフなどを対象に，対応に苦慮している事例について相談に乗ることである。次にカウンセリングである。心理職が行う通常のカウンセリングと違って，対面形式だけではなく，メールや電話による形式がとられることも多い。相談者が匿名で相談できるサービスを提供している機関もある。第 3 に，メンタルヘルスに関する教育研修である。管理職を対象としたラインケア研修や一般社員を対象としたセルフケア研修などがある。第 4 に，ストレスチェックを含む，従業員の心の問題についての調査・アセスメントで

ある。これよって組織上の問題点を早期に発見し，改善の提案につなげることができる。これらの他にも，適切な医療機関や相談機関への紹介（リファー）や健康問題を生じる可能性のある危機への介入などもある。

(6) 医療機関

労働者のメンタルヘルスに関わる医療機関としては，精神科や心療内科の病院・クリニックがあげられる。事業場内産業保健スタッフは，何らかの疾患の疑いがあるメンタルヘルス不調者に対しては，適切な医療機関を紹介することになる。そのため，普段から事業場周辺の医療機関とはネットワークを築いておき，必要な場合にはすぐに紹介したり連携したりできるようにしておくことが大切である。

医療機関によっては，認知行動療法やトラウマ治療など，専門的な心理療法を提供しているところもある。また，職場復帰のためのリワークプログラムや，労働者を対象としたストレスケア病棟のある医療機関もある。産業保健スタッフはそれぞれの医療機関の特徴を把握しておき，それぞれのメンタルヘルス不調者に合ったところを紹介できるようにしておくことが望ましい。

(7) 障害者職業センター

障害者職業センターは，障害者の雇用の促進等に関する法律第19条に基づき，障害者の職業生活における自立を促進する目的で設置・運営されている施設である。障害者職業総合センター，広域障害者職業センター，そして地域障害者職業センターの3種類がある。障害者職業総合センターは，職業リハビリテーションサービスの基盤整備と質的向上を図るため，職業リハビリテーションサービスに関する研究，技法の開発などを行う。広域障害者職業センターは，隣接するリハビリテーションセンターと密接な連携を図りながら，障害者の方への職業リハビリテーションサービスを提供する。都道府県に設置される地域障害者職業センターについては，同第22条で，次のように業務を規定している。

一 障害者に対する職業評価，職業指導，職業準備訓練及び職業講習を行うこと。
二 事業主に雇用されている知的障害者等に対する職場への適応に関する事項についての助言又は指導を行うこと。
三 事業主に対する障害者の雇用管理に関する事項についての助言その他の援助を行うこと。
四 職場適応援助者の養成及び研修を行うこと。
五 第27条第2項の障害者就業・生活支援センターその他の関係機関に対する職業リハビリテーションに関する技術的事項についての助言その他の援助を行うこと。
六 前各号に掲げる業務に附帯する業務を行うこと。

（障害者の雇用の促進等に関する法律　第22条）

メンタルヘルスケアに関わっては，障害者職業センターが提供しているリワークプログラムを利用することが多い。**リワーク**とは，"return to work"（職場復帰）を意味する言葉で，うつ病を中心とした精神障害で休業している労働者を対象とした職場復帰のための支援のことである。先に触れたように，医療機関でもリワークプログラムを実施しているところはあるが，医療機関であるために，医療費の負担が必要になる。それに対して，障害者職業センターでは財源が雇用保険であるために，民間企業の休業者であれば費用の負担なく利用できるというメリットがある。

　休業した労働者は，リワークプログラムに通うことによって生活リズムを整えていく。また，作業課題を行うことによって集中力や注意力のリハビリテーションを行える。さらに，再発予防のために自己理解を深め，新たなストレス対処法を身につけたり，復職後の働き方を検討したりする。同じような悩みをもち，同じような境遇に置かれている仲間と一緒に取り組むことによって，自分だけではないという思いが強くなり，職場復帰への意欲が高まることも期待できる。

(8) 産業保健総合支援センター

　独立行政法人労働者健康安全機構では，産業医，産業看護職，衛生管理者などの産業保健関係者を支援するとともに，事業主等に対し職

場の健康管理への啓発を行うことを目的として，全国47の都道府県に**産業保健総合支援センター**（さんぽセンター）を設置している。産業保健総合支援センターでは，窓口相談として，産業保健に関するさまざまな問題について，専門スタッフが実地で相談に応じたり，センターの窓口，電話，電子メールなどで相談に応じたりして，解決方法を助言している。また，産業保健関係者を対象として，産業保健に関する専門的・実践的な研修を実施したり，他の団体が実施する研修に対して，講師を紹介したりするなどの支援も行っている。

　他にも，地域窓口である地域産業保健センターの運営を担い，小規模事業場の支援を行っている。すなわち，労働者数50人未満の産業医の選任義務のない小規模事業場の事業主や労働者を対象に，労働安全衛生法に規定された産業保健サービスを提供しているのである。たとえば，労働者の健康管理に関わる相談に対応したり，長時間労働者に対して面接指導を行ったり，個別訪問によって産業保健指導を実施したりしている。必要な事業場内産業保健スタッフが確保できない事業場においては，このような産業保健総合支援センター等の事業場外資減の提供するサービスを積極的に活用することが有効である。

3.　職業生活のストレスとメンタルヘルス対策

(1) メンタルヘルス対策の取り組み状況

　厚生労働省（2022）によると，メンタルヘルス対策に取り組んでいる事業所の割合は2021（令和3）年で59.2％であった。表2-2にみるように，事業所規模が大きくなるにつれて割合が高くなる傾向がある。10〜29人の規模の事業所では49.6％と，メンタルヘルス対策に取り組んでいるのが約半数であるのに対して，100人以上の事業所では95％以上が取り組んでいる。

　また，2016（平成28）年は56.6％であった割合が，年を経るごとに徐々に増えていることもわかる。2020（令和2）年のデータでは，全体で6割を超える事業所がメンタルヘルス対策に取り組んでいる。ただ，最新の2021（令和3）年のデータではやや減っている。

表 2-2　メンタルヘルス対策
に取り組んでいる事
業所の割合（％）（厚生
労働省，2022 をもとに作成）

令和 3（2021）年	59.2
（事業所規模）	
1,000 人以上	98.6
500〜999 人	99.7
300〜499 人	97.9
100〜299 人	97.4
50〜 99 人	92.2
30〜 49 人	70.7
10〜 29 人	49.6
令和 2（2020）年	61.4
平成 30（2018）年	59.2
平成 29（2017）年	58.4
平成 28（2016）年	56.6

　メンタルヘルス対策に取り組んでいる事業所について，取り組み内容（複数回答）をみると，最新の 2021 年のデータ（厚生労働省，2022）では，「ストレスチェックの実施」（65.2%）が最も多く，次いで「職場環境等の評価及び改善（ストレスチェック後の集団（部，課など）ごとの分析を含む）」（54.7%），「メンタルヘルス対策に関する事業所内での相談体制の整備」（50.2%），「メンタルヘルス不調の労働者に対する必要な配慮の実施」（50.2%）となっている。

　2018 年のデータ（厚生労働省，2019）では 56.3%で 2 位であった「メンタルヘルス対策に関する労働者への教育研修・情報提供」は，2020 年（厚生労働省，2021）においては 33.0%，2021 年においては 34.7%と，大きく減少している。これは，新型コロナウイルス感染症の流行により，対面式の教育研修が困難な時期が長くなったことが影響しているのかもしれない。

(2) 職業生活での強いストレス等の状況

　近年，経済・産業構造が変化するなかで，仕事や職業生活に関する強い不安，悩み，ストレスを感じている労働者の割合が高くなっている。そのことは厚生労働省の調査でも明らかになっている。ここ6年間の「労働安全衛生調査（実態調査）」によると，現在の仕事や職業生活に関することで，強い不安やストレスとなっていると感じる事柄がある労働者の割合は，図2-2のように常に50%を超えている。

　ストレスの内容をみてみよう。厚生労働省（2022）によると，ストレスとなっていると感じる事柄がある労働者に主なものを3つ以内であげてもらった結果が図2-3である。強いストレスとなっていると感じる事柄がある労働者を100としたとき，最も多かったのは「仕事の量」で43.2%であり，次いで「仕事の失敗，責任の発生等」が33.7%，「仕事の質」が33.6%，「対人関係」が25.7%となっている。

　就業形態別の調査結果も出されている（厚生労働省，2022）。正社員の結果は図2-3とほぼ同様の傾向がみられる。それに対して，契約社員では，「仕事の失敗，責任の発生等」の割合が一番高く，33.9%である。パートタイム労働者の場合は，「仕事の量」（37.8%）に次いで，「対人関係」が36.0%で2位になっている。派遣労働者においては，「雇用の安定性」の割合が圧倒的に高く，65.0%を占めている。

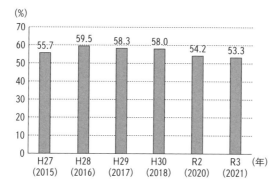

図2-2　職業生活での強いストレス等を感じている労働者の割合（厚生労働省，2022をもとに作成）

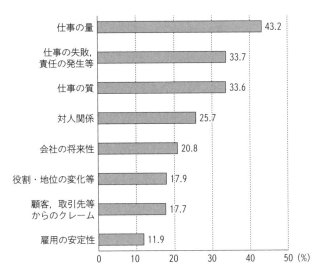

図 2-3 職業生活における強いストレス等の原因 <small>（厚生労働省，2022）</small>

（3）精神障害等による労災認定件数

　近年，業務による心理的負荷を原因として精神障害を発症したとして労災を請求し認定が行われるケースが増加している。厚生労働省労働基準局補償課（2022）をもとに，精神障害等による労災認定件数をまとめたのが図2-4である。多少の増減はありながらも，大きくみれば増加傾向にあり，ここ 10 数年の間に約倍増していることがわかる。令和 3 年度の請求件数は 2,346 件で，前年度比 295 件の増加であったが，そのうち，支給決定件数は 629 件で，前年度比 21 件の増加である。図には含まれないが，このうち未遂を含む自殺の件数は前年度比 2 件減の 79 件である。支給決定件数を業種別でみると，「医療，福祉」142 件，「製造業」106 件，「卸売業，小売業」76 件の順に多い。また，年齢別でみると，「40〜49 歳」200 件，「20〜29 歳」153 件，「30〜39 歳」145 件の順に多い。

（4）自殺した労働者数の推移

　2011 <small>（平成 23）</small> 年までは 14 年連続で自殺者総数が 3 万人を超えてい

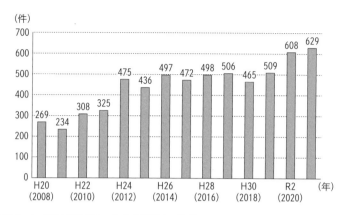

図 2-4　精神障害等による労災認定件数（厚生労働省労働基準局補償課, 2022）

たが，2012（平成24）年からは 2 万人台で推移し，特にここ 6 年の自殺者総数は 2 万人と少しとなっている。そのようななかで，労働者の自殺者数も，ここ 7 年間は 6,000 人台で推移している。厚生労働省自殺対策推進室・警察庁生活安全局生活安全企画課（2022）によると，近年の自殺した労働者数の推移は，図 2-5 のようになっている。

　2019（平成31）年までは，自殺者総数と同じく，徐々に減少している傾向が続いていたが，2020（令和2）年からは逆に数が増えている。これは新型コロナウイルス感染症の影響が出ているのかもしれないが，今後の詳細な調査が待たれるところである。

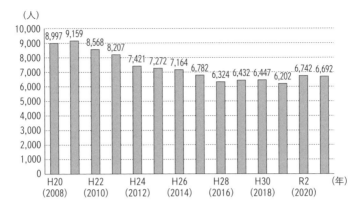

図 2-5　自殺した労働者数の推移（厚生労働省自殺対策推進室・警察庁生活安全局生活安全企画課, 2022）

予防に関する研修とカウンセリング

　EAP 機関で働く公認心理師の三浦さんが担当している企業に，Ａ株式会社がある。三浦さんは週に１回，Ａ株式会社を訪問して，企業内でカウンセリングをしている。また年に数回，Ａ株式会社で管理監督者向けのラインケア研修と，一般職向けのセルフケア研修も実施している。

　ある日，カウンセリングの日程調整を行っているＡ株式会社の保健師である神庭さんから，新規カウンセリングの連絡が入った。クライエントは牧野さん（27歳）。先日，三浦さんが講師を務めたセルフケア研修に参加して，自分のストレスに気づき，このままではメンタルヘルス不調になるかもしれないと考えて，カウンセリングの申し込みをしたということであった。主訴は，直属の上司である原口課長からの指示・命令の言葉づかいが強く，自分だけが理不尽に叱責されているように感じるというものであった。

　１回目のカウンセリングで牧野さんは，もともとコミュニケーションに対して苦手意識があり，職場でも業務上必要なこと以外は，ほとんど誰とも話していないと語った。また，上司の原口課長は，指示が非常に細かくて，会議の議事録を作成しても，何度も何度も修正されるが，何がダメなのか，自分ではよくわからないとのことであった。カウンセリングの継続を約束するとともに，保健師の神庭さんなど，産業保健スタッフと情報共有することについて，許可を得た。

STEP1：セルフケア研修・ラインケア研修の内容

　産業領域で働き，労働者の心の健康を守ろうとする公認心理師は，１対１のカウンセリングだけをやっていたのでは，その使命は果たせない。一次予防や二次予防のために集団に対する教育研修の機会をつくるなどして，組織全体に介入していくことが求められる。ここでは，筆者が企業で実施しているセルフケア研修とラインケア研修の概要を紹介し

表2-3　5コラム

状況 （不快な感情を伴う出来事）	自動思考 （不快な感情を経験しているときの考えやイメージ）	不快な感情 （不安，悲しみ，怒り，落ち込みなどの強さ0～100%）	適応的思考 （自動思考に代わる思想）	結果 （感情の強さ0～100%）
朝，職場の同僚に挨拶したのに挨拶が返ってこなかった。	わざと無視されているのかもしれない。 誰も私のことなんて気にかけてくれない。	悲しみ80	昨日は声をかけてくれたので，私のことを気にかけていないということはないはずだ。 何か考えごとをしていて，こちらに気づいていないだけかもしれない。	悲しみ30

たい。

　まずセルフケア研修である。「メンタルヘルスケア指針」では，セルフケアの内容として「ストレスやメンタルヘルスに対する正しい理解」「ストレスチェックなどを活用したストレスへの気づき」「ストレスへの対処」があげられている。そこでセルフケア研修では，ストレスやメンタルヘルスについての基本的な解説を行っている。具体的には，ストレッサーとストレス反応の区別，「NIOSHの職業性ストレスモデル」を用いたストレッサーとストレス反応，それに疾患のつながり，個人要因としてのストレス対処力などについて解説する。適宜，個人ワークやグループワークを入れて，主体的に理解できるようにしている。また，エゴグラムのような簡易なパーソナリティ検査を行い，自己理解を深め，自己に合ったストレス対処を理解してもらう取り組みを行うこともある。

　ストレス対処法として，認知行動療法の技法を紹介し，それを練習する場を設けることもある。汎用性の高い認知行動療法の代表的な技法として**認知再構成法**がある。これは，状況をどのように解釈し，どのように意味づけるかという「認知」に規定されて特定の不快な気分・感情が生じるという認知モデルに基づき，認知を変えることによって不快な気分・感情の緩和を図ろうとするものである。たとえば，表2-3のような5コラムを用いて行うことがある。

まず，不快な感情を伴った出来事について，「状況→自動思考→不快な感情」のつながりを 3 つのコラムに書く。「**自動思考**」というのは，その状況で自動的に湧いてきた思考のことであり，認知の一種である。不快な感情には必ず，100 点満点でその強さを評価してもらう。この 3 コラムがアセスメントとなる。ちなみに，「状況」欄がストレッサー，「不快な感情」欄がストレス反応ということであり，繰り返し書いていると，自分の思考の癖だけではなく，自分に特有のストレッサーやストレス反応が明らかになることも多い。

　次に，自動思考に代わる，自分が楽になるような解釈や意味づけを「**適応的思考**」の欄に書く。できるだけたくさん出したほうが効果的である。そして最後に，適応的思考の欄に書いたような考え方ができたならば感情の強さがどのように変化するかを記すのである。少しでも下がっていれば成功ということになる。

　他にも，ストレス低減法としてマインドフルネス瞑想を紹介し，実際にいくつかのエクササイズを行うこともある。

　次にラインケア研修についてである。「メンタルヘルスケア指針」では，ラインケアの内容として，「『いつもと違う』部下の把握と対応」「部下からの相談への対応」「メンタルヘルス不調の部下の職場復帰への支援」があげられている。そこで筆者が行っているラインケア研修では，前提知識を解説したあと，二次予防の出発点が「いつもと違う」部下の様子を把握することであること，そのためには「いつも」の様子をしっかり観察しておく必要があることを説明する。さらに，勤怠に表れる注意サイン，仕事に表れる注意サイン，行動に表れる注意サインなどを具体的に紹介して，注意サインを発見したときの声のかけ方を解説したあと，過去に経験した部下の注意サインをグループで交流してもらっている。

　部下からの相談への対応ということでは，話の聴き方の練習が重要であると考えられる。というのは，ラインケアの際のコミュニケーションは，普段のマネジメントの際の指示・命令のコミュニケーションとは大きく異なっているからである。ラインケアでのコミュニケーションでは，部下の話をしっかりと聴く傾聴の姿勢が求められる。そのために，

「うなずき」「あいづち」「1，2語の繰り返し」という傾聴の技法を解説して，実際にロールプレイで練習してもらう。参加者同士で改善点を指摘し合ったり，モデルを示し合ったりすることによって，効果的な練習が行える。

　メンタルヘルス不調の部下の職場復帰への支援については，一般的な復職の流れや，復職者の気持ち，復帰後の接し方などを解説して，事例を通して理解を深めてもらっている。

　企業からのニーズによっては，発達障害を含む代表的な精神障害について解説し，その一般的な対応の仕方を学んでもらう研修も行っている。もちろん，職場では疾病性よりも事例性を重視して対応することになる。**疾病性**とは，問題が精神障害によるものかどうかという医学的診断の観点で事例に関わることである。「幻聴が影響しているのではないか？」「うつ病のために認知機能が落ちているのではないか？」「発達障害の特性のために臨機応変な対応ができないのではないか？」などといった観点から，問題のケースをアセスメントして関わっていくのが疾病性である。これに対して**事例性**とは，問題を本人がどのくらい職場に適応しているのかという観点から見立てて関わっていくことである。「欠席や遅刻といった勤怠状況はどうなっているか？」「仕事のパフォーマンスが落ちていないか？」「周囲とはどのようなトラブルが生じているか？」などという職場内における客観的事実に基づいて関わっていくのが事例性であるといえる。

　職場で実際に問題のケースに関わるのは，精神医学の知見に乏しい直属の上司や同僚などである。また，職場で治療が行えるわけでもない。したがって，職場でケースに関わる場合は，疾病性よりも事例性を優先していく視点が重要である。とはいえ，疾病性が事例性につながることも多く，精神障害についての基礎的な理解があれば，それを踏まえて職場での適切な対応の仕方を検討することができるので，ラインケア研修で精神障害を取り上げることは意味があるだろう。取り上げてほしいというニーズが高い精神障害は，うつ病，睡眠障害，自閉スペクトラム症，ADHD，パーソナリティ障害などである。

　研修を行う際は，事前の打ち合わせでしっかりと企業側のニーズを把

握すること，また研修後のアンケートで，ニーズに合っていたかどうか
のフィードバックをもらうことが大切である。

STEP2：職業性ストレスモデルに基づくアセスメント

　さて，公認心理師の三浦さんは，Ａ株式会社内で牧野さんに対して初
回カウンセリングを実施したあと，アセスメント結果について保健師の
神庭さんに対してコンサルテーションを行った。三浦さんは，NIOSH
の職業性ストレスモデルに基づいてアセスメントを行った。

　NIOSHの職業性ストレスモデルについては，先に少し触れた（図2-1参
照）が，アメリカの国立職業安全保健研究所（National Institute for Occupatio-
nal Safety and Health：NIOSH）で実施された研究によって提示されたストレ
スモデルである（Hurrell & McLaney, 1988）。このモデルでは，職場のさまざ
まな「ストレッサー」と，それらによって生じる「ストレス反応」や
「疾病」への進展が軸となっている。加えて，この進展を助長する可能性
のある「個人要因」と「仕事以外の要因」，さらにストレスを緩和する
ソーシャルサポートなどの「緩衝要因」が含まれている。このモデルの
特徴は，職場のストレスとメンタルヘルス不調を包括的・総合的・多面
的に理解できるところにある。そして，このモデルに従うと，介入方法
がいくつも考案できる。最もシンプルな介入方法としては，ストレッ
サーを減らし，緩衝要因を増やすことである。

　では，このNIOSHの職業性ストレスモデルに基づいた三浦さんによ
るアセスメントをみていこう。まず，ストレッサーは，大きくいえば上
司との人間関係であり，より具体的には，ファイリングのやり方，文書
の作成方法，表計算ソフトの使い方などについて，非常に細かく，繰り
返し指摘があることであった。これは，自分なりの方法で自由に業務が
できないということであるから，仕事についてのコントロール度（裁量度）
が少ないということでもある。また，牧野さんは，自分にだけ細かい指
示が多いように感じており，不公平感を感じていることもストレッサー
であると考えられた。個人要因としては，職場での会話量が少なく，「自
分だけが理不尽に叱責されている」というような認知を修正する機会が
ないことが考えられた。また，休みの日にも特に趣味的な活動をしてお

らず，ぐるぐると仕事のことを考えてしまうという点も，メンタルヘルス不調を助長する個人要因であると認められた。家族関係や友人関係に特にトラブルや問題はなく，特筆すべき仕事外の要因はなかった。緩衝要因としては，上司自身がストレッサーになっているため，上司からのサポートは期待できない。職場ではあまり話さないので，同僚からのサポートも，現時点では受けられていないと考えられた。家族や友人との関係は良好であるものの，あまり仕事のことは話さないということであった。牧野さんのストレス反応としては，興味の喪失，意欲の減退などの抑うつ症状がみられた。

　保健師の神庭さんからは，以下のような情報提供があった。すなわち，直属の上司である原口課長は，かなり責任感が強く，確かに部下に対しては非常に細かい指示をする人であるが，それは牧野さんに対してだけではなく，他の課員に対しても同様であること，牧野さんの同僚の職員には気づかいができて優しいタイプの人間が多いこと，原口課長の部署は，ストレスチェックによって2年連続で高ストレス職場だと判定されていること，特に上司からのサポートが低いという特徴があったことなどである。このように組織内のことは保健師がよく把握していることが多いので，このような情報も加味してアセスメントを行い，介入の方針を決めていく必要がある。

　そこで牧野さんに対しては，現在のアセスメントを踏まえて三浦さんによるカウンセリングをあと数回行うこととし，原口課長については，翌月行われるラインケア研修に参加してもらうように神庭さんから促すこととした。

STEP3：本事例への対処

　三浦さんは2回目のカウンセリングで，まずは牧野さんの過去のストレス対処法について聞いた。数年前までは，友人と食事に行ったり，神社仏閣をめぐって趣味の写真を撮ったりしていたという。そういった活動をしていると，職場で嫌なことがあったりしてもリフレッシュでき，現在ほど落ち込むこともなかったという。ところが，感染症が流行し始めてから，外出すること，特に電車に乗ることを控えるようになったた

め，友人との食事や写真撮影にはほとんど行っていないということであった。現在は感染症の流行も少し落ち着いているし，食事に誘ってくれる友人もいるので，近々，外出したいと語られた。また，セルフケア研修で，ストレス対処法について意見を交換するグループワークを行った際，自分と同じメーカーのカメラを持っている人がいて，カメラの性能についての話で少し盛り上がったという。そういうこともあって，神社仏閣をめぐりながらの写真撮影も，また再開したいと語られた。

　次に，セルフケア研修で使用した3コラムによって，ストレスを感じる場面を整理することを提案した。セルフケアに認知行動療法を活用したいと考えていた牧野さんは賛同し，いくつかの場面を3コラムで整理した。表2-4はその一例である。

　他の場面でも「自分だけが理不尽に叱責されている」に類する自動思考が多かったので，この認知の妥当性を検証することを次回までの課題とした。三浦さんがどうすればこの認知の妥当性を検討できるかを尋ねると，牧野さんは「課長が他の課員とやりとりしている場面をよく観察する」「できれば，同僚にこの件を相談してみる」と答えた。そこで，可能な限りそれらの課題に取り組んでもらうこととした。

　一方，神庭さんからラインケア研修に出るように言われた原口課長は，2年連続で高ストレス職場と判定されていたこともあり，もともと参加したいと思っていたということであった。そこで三浦さんが講師をする課長職対象のラインケア研修に参加することとなった。

　ラインケア研修で三浦さんは，「NIOSHの職業性ストレスモデル」を紹介して，松崎・笹原（2004）の研究結果を引用しながら，**ストレスの増強要因**として「量的負荷」「質的負荷」「対人関係の困難」をあげ，逆に

表 2-4　3 コラム

状況	自動思考	感情
先日の会議の議事録を課長に提出したら，句読点の位置や有無，言葉の変更，箇条書きへの変更などの修正が入った。	このような修正が必要な理由がわからない。いつも私ばかり，このような指摘をされている。修正して持って行っても，また修正を求められるだろう。	落ち込み 80，不安 50

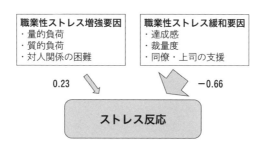

図 2-6　職業性ストレスの増強要因と緩和要因
(松崎・笹原，2004 をもとに作成)

ストレスの緩和要因として「達成感」「裁量度」「同僚・上司の支援」をあげた。また，緩和要因のほうが増強要因に比べて約 3 倍，ストレス反応に影響を及ぼすことを説明した (図 2-6)。そのうえで，どのようにすればストレス緩和要因を高めることができるかについて，すなわち，どのようにすれば部下に達成感を感じてもらえるか，どのようにすれば裁量度 (コントロール度) を上げることができるのか，同僚・上司の支援とは具体的にどのようにすることなのかなどについて，グループワークで交流する機会をつくった。

　グループワーク後，三浦さんは各グループで出た意見を発表するように求めた。そのなかには，「小さな目標を設定して，こまめにフィードバックを与える」「仕事の締め切りや量を課員に決めさせるわけにはいかないが，仕事のやり方についてはできるだけ課員に任せたほうが裁量度が上がる」「昼食時などにできるだけ雑談をして，話しやすい雰囲気をつくる」というようなものがあった。

　その後，牧野さんに対する 3 回目のカウンセリングが行われた。三浦さんはこの間の状況や課題の取り組みについて尋ねた。まずプライベートでは，久しぶりに友人と食事に行き，神社仏閣をめぐって写真を撮ったことが報告された。お気に入りのカメラについて，ネットで調べたり，関連する動画を見たりすることも増えたので，休日の間に仕事について思い悩むことは少なくなったということであった。

　「自分だけが理不尽に叱責されている」という認知については，前回のカウンセリングの直後，たまたま退勤時刻が一緒になった先輩の一人に思い切って相談してみたという。その先輩は，牧野さんだけが特別多

く叱責されているという印象はないという。また，自分も他の同僚も，原口課長の細かい指示にはうんざりしているということであった。そこから牧野さんは，多かれ少なかれ，皆，不平不満をもっていることがわかったらしい。その後，原口課長と他の課員のやりとりをよく聴いていると，確かに課長は他の課員に対しても，自分に対するのと同様に，細かい指摘をしていることに気づいたという。それどころか，他の課員に対しては，自分に対する場合よりもきつい口調のこともあったという。こうして，「自分だけが理不尽に叱責されている」という認知の確信度が低下して，「原口課長は他の課員にも細かい指示を出している」「他の課員に対する指導のほうがきつい口調のときがある」といった適応的な思考ができるようになり，当初の認知がもたらしていた「落ち込み」や「不安」というストレス反応も軽減したということであった。

　さらに最近は，課長の言動が大きく変わったように感じているという。具体的には，細かい指摘が明らかに減っているという。一定の範囲内ではあるが，自分たちのやり方を尊重してくれるようになったために，仕事が非常にやりやすくなったと語った。課長から声をかけてくれることも多くなり，課長に対する印象もずいぶん変わってきたらしい。三浦さんは内心，自身のラインケア研修の成果が出たのではないかと喜んだ。また，牧野さんは昨日，会議の議事録の添削を受けたが，なぜそのような修正が必要かわからなかったので原口課長に尋ねてみると，冷静に論理的に説明してもらえて納得できたということであった。牧野さんは，「これからもわからないところは尋ねるようにしたい」と語った。

　当初の困り事はかなりの程度，解消したということなので，今回でカウンセリングは一旦終結とした。三浦さんは，また困ったことが生じたら，保健師の神庭さんを通してカウンセリングの予約をとるように伝えて，カウンセリングを終了した。

事　例

　山中さんは 45 歳の男性で，工場に勤務している。70 代の両親と 40 代の妻，それに小学生の息子と娘の 6 人暮らしである。山中さんは酒好きで，毎日焼酎を 4〜5 合飲んでいた。この数年，健康診断で肝機能の異常が認められ，飲酒量を減らすように保健師の梅田さんから指導を受けていた。その場では飲酒量を減らすことを約束する山中さんであったが，実際のところは，今までと同様の飲酒量であった。

　半年前から欠勤が目立ち始め，直属の上司である岩田課長によると，酒の臭いをさせて出勤し，仕事のミスも目立ち始めたとのことであった。産業医は「完全に飲酒をやめることが必要である。できなければ専門病院での入院治療も必要になる」と山中さんに指導した。山中さんは今後一切飲酒しないと約束した。

　それから 1 か月後，上司の岩田課長から産業保健スタッフの一員である公認心理師の池山さんに連絡が入り，「山中さんが 1 週間ほど無断で休んでいる。電話をすると，つい酒を飲んでしまったということだった」と言う。そこで池山さんは，産業医や保健師の梅田さん，それに人事労務担当者と連携をとって，今後の対応を協議した。

考えてみよう！

　公認心理師の池山さんが，話し合いの場をもつために山中さんに電話すると，山中さんは「今度こそ絶対自分でやめる」と主張しました。このような場合はどのように対応すべきか考えてみましょう。

話し合ってみよう！

　上司，人事労務担当者，産業保健スタッフ，それに家族を含めた関係者は，山中さんの問題に関してどのような対応をすることができるでしょうか。それぞれの立場でできることについて話し合ってみましょう。

ロールプレイをしてみよう！

　家族にも同席してもらって，山中さんの問題を話し合う機会をもちました。①山中さん，②山中さんの妻，③上司の岩田課長，④公認心理師の池山さんになって，ロールプレイをしてみましょう。

労働者のメンタルヘルスケアに活用する認知行動療法

　皆さんは，自身のメンタルヘルスケアをどのように行っているだろうか。私は，自分の心理職としての専門である認知行動療法を使って，セルフケアに取り組んでいる。

　井上（2006）によると，認知行動療法は「ある状況下における患者の感情や行動は，その状況に対する意味づけ・解釈である患者の認知によって規定される」という認知モデルを基礎とし，認知のパターンを修正することによって治療効果を得ようとする心理療法である。「ものは考えよう」という極めて常識的な視点からなされるアプローチであるといえる。それゆえ，クライエントは認知モデルやそれに基づいた治療技法について理解しやすい。自分で自分を治療できるようになること，すなわちセルフヘルプが認知行動療法のゴールであるとされているが，それもこのようなわかりやすい理論的仮説に基づいていることが大きく寄与していると考えられる。

　このような認知行動療法を，私はセルフケアに活用しているのである。たとえば，自分がストレスを感じたときは，「事例を読む」で紹介した「5コラム」を使って事態を整理し，考え方を変えることでストレス反応を緩和するようにしている。これを繰り返していると，自分の考え方の癖がみえてくるし，どのような状況でストレスを感じやすいのか，どのようなストレス反応が多いのかがわかってくる。つまり，自己理解が深まっていくのである。ちなみに私自身は，かつては家庭内のストレッサーが多かったが，徐々に職場でのストレッサーが増えてきている。考え方の癖としては「べき思考」が強く，それによって「イライラ」や「怒り」といったストレス反応がもたらされることが多いという特徴がわかってきた。

　新しい認知行動療法で導入されているマインドフルネスという瞑想も，セルフケアに使っている。マインドフルネスとは，「意図的に，今この瞬間に，価値判断をすることなく注意を向けること」（Kabat-Zinn, 1994）であり，マインドフルネス認知療法（Teasdale, et al., 2014）においては，この状態を目指すさまざまなエクササイズが用意されている。呼吸に注意を向け続けるという基本的なエクササイズのほかに，レーズンをゆっくり食べる，ゆっくり歩く，あえて不快なことを思い出して，その記憶をただただ眺めるなどといった，変わった方法も紹介されている。このようなエクササイズによってマインドフルネスな状態になれば，ネガティブなことをぐるぐると考え続けてしまう「反芻思考」から解放される。また，精神的なストレスの大半は，心が過去か未来にさまようことによって生じるので，マインドフルネス瞑想によって心を「今」に留めておくことができれば，ストレスも低減できるのである。このようなマインドフルネスも，かなり汎用性の高いストレスコーピングだと考えている。

　私はこのような個人的な経験から，労働者のセルフケアには認知行動療法が活用できると考えている。また，先に触れたように，そもそも認知行動療法自体が，セルフヘルプを目指した方法であることから，労働者のセルフケアに使えるのは，当然といえば当然なのである。

　うつ病の治療法として開発された認知療法（Beck et al., 1979）は，その後適応範囲を広げ，エビデンスのある治療法として数多くの精神疾患の治療に応用されるよ

うになっていった。また，行動療法と統合して認知行動療法と呼ばれるようになった。認知行動療法に関して，井上（2006）は「終章　二一世紀の認知療法」の中で，重症度の高い精神障害への適用，児童・青年期にみられる各種の病態に対する治療・予防，プライマリ・ケア領域への導入という，ベックによる認知行動療法の未来予測を紹介したあと，次のように指摘している。

　私見を述べることが許されるなら，セルフヘルプの精神療法としての認知療法は，さらに，比較的軽症の情緒的・対人的問題への介入や，「健康な人をさらに健康に」を目的とした精神的健康の保持・増進にも応用できるはずである。

　つまり，もともと治療法であった認知行動療法は，重症化予防である二次予防や発症予防である一次予防にも活用できるということである。実際，筆者も産業領域でのカウンセリングやセルフケア研修等に認知行動療法を活用して，その効果を実感している。
　認知行動療法は短期間に効果が出るという点も，産業領域と相性がよい理由であるといえる。厚生労働省（2009）の「うつ病の認知療法・認知行動療法　治療者用マニュアル」では，全16回という目安が示されているが，一次予防や二次予防に活用する際は，もっと短くて済む可能性が高い。本章の「事例を読む」で紹介したケースのように，集団に対する研修で認知行動療法の心理教育を済ませておけば，数回の個別カウンセリングで十分対応できることも多い。忙しい業務の合間を縫ってカウンセリングに訪れる労働者の立場に立つと，このように少しでも短い期間で効果が現れるほうがニーズにマッチしているといえるであろう。
　今後，産業心理臨床の実践において，ますます認知行動療法に対するニーズが高まり，活用の場面が増えていくであろう。それに対応するためには，コストパフォーマンスのよい，認知行動療法に基づいた研修の構築や，認知行動療法を適切に実施できる公認心理師の養成などが求められる。

第3章

労働者の安全を支える

労働安全衛生法

　産業分野に関わる医療・福祉・心理職などは，ストレスチェック制度に関わることもあるため，ストレスチェック制度について理解することは重要である。このストレスチェック制度は 2015 年の労働安全衛生法の改正によって創設された，労働者の安全と健康を確保するための制度である。この章では，産業分野に関わる医療・福祉・心理職などが知っておくべき労働安全衛生法について説明するとともに，ストレスチェック制度についての理解を深めることも促していく。

1. 労働安全衛生法

　戦後の日本における労働基準を定める労働基準法は，1947 年に制定された。しかし，1950 年代から 1960 年代に高度経済成長期を迎え，それまでの労働基準法では労働者の安全を支えられなくなり，年間 6,000 人を超える死亡者が出てしまい，急激に技術が高度化し，生産過程が複雑となり，労働災害も多発化したが，労働基準法の簡素な規定では対応できなくなり，安全衛生の体制の強化が必要になってきた。そこで労働基準法のひとつの章として規定されていた安全衛生の章を独立させて 1972 年に**労働安全衛生法**（以下「労安衛」）が制定された。この労安衛に即して労働者の安全と健康を確保し，快適な職場環境をつくり出すために厚生労働省が定めた省令を労働安全衛生規則（以下

「安衛則」）と呼ぶ。この安衛則は，労安衛を実施するために1972年に厚生労働省（旧労働省）が労働者の安全衛生について基準を定めたものである。

　これらの制定後も社会の変化に応じて労安衛と安衛則は改正されてきた。現行の労安衛は，全12章と附則からなる労働安全衛生を規定した法律であり，安衛則は，「通則」，「安全基準」，「衛生基準」，「特別規制」の4つから成り立っている省令である。現代社会において労安衛と安衛則で労働者の安全と健康を守り，快適な職場環境をつくることを目指して事業所は取り組んでいる状況である。ここでは産業分野に関わる医療・福祉・心理職などに必要な箇所（労安衛の第1章・第2章・第3章・第7章）に焦点を当てて説明する。

（1）目的

　この法律の目的は，第1条に規定されている。

> この法律は，労働基準法（昭和22年法第四十九号）と相まって，労働災害の防止のための危害防止基準の確立，責任体制の明確化及び自主的活動の促進の措置を講ずる等その防止に関する総合的計画的な対策を推進することにより職場における労働者の安全と健康を確保するとともに，快適な職場環境の形成を促進することを目的とする。（労働安全衛生法　第1条）

　つまり，労安衛の目的は①職場における労働者の安全と健康を確保することと，②快適な職場環境をつくることである。そして，①と②の目的を達成するために，危害防止基準の確立，責任体制の明確化，自主的活動の促進という3つの手段が講じられているのが第1条である。なお，労働衛生に関するILO/WHOの合同委員会の産業労働についての報告書（ILO, 1995）では，産業保健の目的を「あらゆる職業に従事する人々の肉体的，精神的および社会的福祉

📝メモ
ILO
国際労働機関（International Labour Organization）の略称である。労働条件の改善を通じて社会正義を基礎とする世界の平和の確立に寄与すること，完全雇用，社会対話，社会保障などの推進を目的とする国際機関を指す。

📝メモ
WHO
世界保健機構（World Health Organization）の略称である。すべての人々が可能な最高の健康水準に到達することを目的とする国連の国際機関を指す。

を最高度に増進し，かつこれを維持させること」とし，また，①作業条件にもとづく疾病を防止すること，②健康に不利な諸条件から雇用労働者を保護すること，③作業者の生理的，心理的特性に適応する作業環境にその作業者を配置することとしている。

(2) 事業者等の責務

　この法律の目的を遂行するために，事業者等の責務が第3条に規定されている。

> 事業者は，単にこの法律で定める労働災害の防止のための最低基準を守るだけでなく，快適な職場環境の実現と労働条件の改善を通じて職場における労働者の安全と健康を確保するようにしなければならない。また，事業者は，国が実施する労働災害の防止に関する施策に協力するようにしなければならない。(労働安全衛生法　第3条第1項)

　事業者とは労安衛第2条第3号に示す事業を行う者で，労働者を使用する者を指す。したがって，事業者は雇用する労働者の安全と健康を確保するために安全衛生管理を行う責任者であり，以下の労安衛第4条に規定されている労働者と協力しながら事業場全体で労働者の安全と健康を確保するとともに快適な職場環境をつくり出していくことを責務としている。

(3) 労働者の責務

　第4条には労働者の責務が規定されている。

> 労働者は，労働災害を防止するため必要な事項を守るほか，事業者その他の関係者が実施する労働災害の防止に関する措置に協力するように努めなければならない。(労働安全衛生法　第4条)

　労働者とは労働基準法第9条に規定している労働者を指す (労安衛第2条第2号)。労働者には権利と義務があり，権利には労働力や時間に対しての賃金を受け取ること，義務には労働契約や就業規則を守って会社のために働くことがあたる。このような基本的義務に加えて労働者

には付随義務として，事業者が実施する労働災害の防止に関する措置に協力しなければならない。

(4) 労働災害防止計画

第6条においては，事業者と労働者が労働安全衛生を遂行していくためには，厚生労働大臣は国の**労働災害防止計画**を策定しなければならないことが規定されている。

> 厚生労働大臣は，労働政策審議会の意見をきいて，労働災害の防止のための主要な対策に関する事項その他労働災害の防止に関し重要な事項を定めた計画を策定しなければならない。(労働安全衛生法　第6条)

現在の労働災害防止計画としては，第13次労働災害防止計画 (2018年4月～2023年3月の5年間) が策定されている。この計画における目指す社会は次のようなものがある。

> 　働く方々の一人一人がかけがえのない存在であり，それぞれの事業場において，一人の被災者も出さないという基本理念の下，働く方々の一人一人がより良い将来の展望を持ち得るような社会としていくためには，日々の仕事が安全で健康的なものとなるよう，不断の努力が必要である。
> 　また，一人一人の意思や能力，そして置かれた個々の事情に応じた，多様で柔軟な働き方を選択する社会への移行が進んでいく中で，従来からある単線型のキャリアパスを前提とした働き方だけでなく，正規・非正規といった雇用形態の違いにかかわらず，副業・兼業，個人負債といった働き方においても，安全や健康が確保されなければならない。
> 　さらに，就業構造の変化等に対応し，高年齢労働者，非正規雇用労働者，外国人労働者，障害者である労働者の安全と健康の確保を当然のこととして受け入れていく社会を実現しなければならない。(第13次労働災害防止計画　計画が目指す社会)

その計画目標については表3-1に示す。

また，①死亡災害の撲滅を目指した対策の推進，②過労死等の防止等の労働者の健康確保対策の推進，③就業構造の変化および働き方の多様化に対応した対策の推進，④疾病を抱える労働者の健康確保対策の推進，⑤科学物質等による健康障害防止対策の推進，⑥企業・業界

表3-1　第13次労働災害防止計画（2018年度～2022年度）（厚生労働省, 2018a）

計画の目標
①死亡災害については，<u>死亡者数を2017年と比較して，2022年までに15%以上減少</u>
②死傷災害（休業4日以上の労働災害）については，死傷者数の増加が著しい業種，事故の型に着目した対策を講じることにより，<u>死傷者数を2017年と比較して，2022年までに5%以上減少</u>
③重点とする業種の目標 ・建設業，製造業及び林業については，<u>死亡者数を2017年と比較して，2022年までに15%以上減少</u> ・陸上貨物運送事業，小売業，社会福祉施設及び飲食店については，<u>死傷者数を2017年と比較して，2022年までに死傷年千人率で5%以上減少</u>
④上記以外の目標 ・仕事上の不安，悩み又はストレスについて，<u>職場に事業場外資源を含めた相談先がある労働者の割合を90%以上</u> ・<u>メンタルヘルス対策に取り組んでいる事業場の割合を80%以上</u> ・<u>ストレスチェック結果を集団分析し，その結果を活用した事業場の割合を60%以上</u> ・化学品の分類及び表示に関する世界調和システム（GHS）による分類の結果，危険性又は有害性等を有するとされる全ての化学物質について，<u>ラベル表示と安全データシート（SDS）の交付を行っている化学物質譲渡・提供者の割合を80%以上</u> ・<u>第三次産業及び陸上貨物運送事業の腰痛による死傷者数を2017年と比較して，2022年までに死傷年千人率で5%以上減少</u> ・<u>職場での熱中症による死亡者数を2013年から2017年までの5年間と比較して，2018年から2022年までの5年間で5%以上減少</u>

単位での安全衛生の取り組みの強化，⑦安全衛生管理組織の強化および人材育成の推進，⑧国民全体の安全・健康意識の高揚等である。

　このように第13次労働災害防止計画では目指す社会の目標を定めているが，2023年には第14次労働災害防止計画が公表された。目指す社会の目標については，まだまだ課題は山積みの現状であろう。産業分野に関わる医療・福祉・心理職などは現在の社会情勢も鑑みながら，目指す社会の視点をもって労安衛およびその他の労働法についても考えていくことが必要である。

(5) 安全衛生管理体制

　労働衛生管理を遂行するためには，総合的な施策の推進が必要であり，管理する範囲も広範囲である。

　そこで事業所では，安全衛生体制を確立し，遂行していかなければならないのである。それぞれの事業所の規模や業種はさまざまであ

表 3-2　事業所の規模における労働安全体制（中央労働災害防止協会，2022 をもとに作成）

労働者数	産業医数	衛生管理者数	選任すべき者	衛生委員会設置の要否
1〜9	0	0	なし	×
10〜49	0	0 （衛生推進者1名）	衛生推進者	×
50〜	1 嘱託産業医	1	衛生管理者 産業医	○
200〜	1 嘱託産業医	2	衛生管理者 産業医	○
500〜	1 嘱託産業医 （一部業種で専属産業医）	3	衛生管理者 産業医	○
1000〜	1 専属産業医	4	衛生管理者 産業医	○
2000〜	1 専属産業医	5	衛生管理者 産業医	○
3001〜	2以上 専属産業医	6	衛生管理者 産業医	○

り，その状況に応じて安全衛生管理体制をつくり，労働災害が起こらないようにして労働者を守っていかなければならないのである。労安衛では，事業場の業種や労働者数により異なる安全衛生体制を規定している。表3-2は，事業所の規模ごとに異なる労働安全衛生体制に必要な資格者と人数および衛生委員会の要否について安衛則で示していることを整理した表である。

1）総括安全衛生管理者

　総括安全衛生管理者とは，特に複数の衛生管理者が必要な事業所において安全衛生を統括する者を指す。

　事業者は政令で定める規模の事業所ごとに，厚生労働省令で定めるところにより，**総括安全衛生管理者**を選任し，その者に安全管理者，衛生管理者，救護に関する措置について技術的事項を管理する者の指揮をさせるとともに労働者の安全衛生に関する業務を総括管理させなければならない（労安衛第10条）。

2）衛生管理者

　また，**衛生管理者**（**安全管理者**）とは，安全衛生に係る技術的な管理をする者である（第2章参照）。事業者は，政令で定める規模の事業所ごとに都道府県労働局長の免許を受けた者，厚生労働省令で定める資格を有する者のなかから衛生管理者（安全管理者）を選出し，安全に係る技術的事項を管理させることを規定している（労安衛第11・12条）。

3）産業医

　産業医は，労働者の健康管理などをする医師である（第2章参照）。事業者は，政令で定める規模の事業ごとに，厚生労働省令で定めるところにより，医師のうちから産業医を選任し，その者に労働者の健康管理その他の厚生労働省令で定める事項を行わせなければならない（労安衛第13条）。産業医は少なくとも毎月1回作業場等を巡視し，作業方法または衛生状態に有害の恐れがあるときは直ちに労働者の健康障害を防止するために必要な措置を講じなければならない（安衛則第15条）。

4）衛生委員会

　事業者は，労働者が50人以上の事業所においては必ず**衛生委員会**を設置しなければならない（労安衛第18条）。また，衛生委員会においては以下について調査審議させ，事業者に意見を述べさせなければならない。

一　労働者の健康障害を防止するための基本となるべき対策に関すること。
二　労働者の健康の保持増進を図るための基本となるべき対策に関すること。
三　労働災害の原因及び再発防止対策で，衛生に係るものに関すること。
四　前三号に掲げるもののほか，労働者の健康障害の防止及び健康の保持増進に関する重要事項
（労働安全衛生法　第18条）

　2019年の労安衛改正において示されたのは，労働時間の把握の義務化，面接指導の強化，産業医・産業保健機能の強化である。特に面接指導と産業保健機能を強化しているところから，今後の企業におけ

る産業医や産業保健スタッフの体制が強化されることが考えられる。

　このように労安衛では事業所ごとに労働安全衛生を実施するために，有資格者らが連携し，衛生委員会で審議しながら事業所の労働安全を順調に遂行できる体制をつくっていくことが規定されているのである。

(6) 労働衛生対策

　労安衛は，労働安全と労働衛生について多くの規定を置いている。このうち労働衛生についての規定は，労働者の健康保持のため事業者に措置を義務づけるもの（労安衛第65条から第68条）と，労働者の健康増進のため事業者に努力義務を課すもの（労安衛第71条の2から4）に分けられる。

1) 労働者の健康保持

　労働者の健康保持のための規定は，作業環境管理・作業管理・健康管理に分けられる。

　作業管理において，事業者は労働者の健康に配慮して，労働者の従事する作業を適切に管理するように努めなければならない（労安衛第65条の3）。労働者に対して作業管理をしなければ体調を崩す恐れがあるため配慮が必要になる。心身の不良を思っている労働者に対しての作業管理は管理監督者が行うことが多く，労働者の話をよく聞いて対応していく必要があるが，対応が難しいと感じる管理監督者は少なくない。特にメンタルヘルス不調者の場合は対応が困難なことも多いため，事業所内に産業保健スタッフなどの専門職がいる場合には，専門職が対応することが望ましいのである。

　また，労安衛第66条は**ストレスチェック制度**に関連した規定である。これに関しては，次項で説明する。

　労安衛では伝染性の疾病その他の疾病で，厚生労働省令で定めるものにかかった労働者については，厚生労働省令で定めるところにより，その就業を事業者は禁止しなければならない（労安衛第68条）。**安衛則第61条**においては，①病毒伝ぱの恐れのある伝染性の疾病にか

かった者，②心臓，腎臓，肺等の疾病で労働のため病態が著しく憎悪する恐れのあるものにかかった者，③①及び②に準ずる疾病で厚生労働大臣が定めるものにかかった者，を対象としており，就業を禁止しようとするときは産業医や

メモ

感染症法「感染症の予防及び感染症の患者に対する医療に関する法律」

感染症の予防および感染症の患者に対する医療に関し必要な措置を定め，感染症の発生を予防し，蔓延防止を図り，公衆衛生の向上および増進を図ることを目的とした法律である。

その他の医師の意見を聞かなければならないと規定している。これ以外に，**感染症法**^{メモ}でも就業制限の規定がある（感染症法第18条）。

2）労働者の健康増進

　労安衛には労働者の健康増進のための規定として，次のようなものがある。

　受動喫煙の防止においては，事業者は，室内又はこれに準ずる環境における労働者の受動喫煙を防止するため，当該事業者及び事業場の実情に応じ適切な措置を講ずるよう努めるものとする。（労安衛第68条の2）。近年は受動喫煙の防止に関しての事業所の取り組みが盛んであり，喫煙に関しては敷地内で喫煙を禁止していたり，喫煙場所のみの喫煙をさせている事業所が多くなっていたが，2018年に**健康増進法**の一部改正が行われ，2020年4月1日より受動喫煙を生じさせないための配慮義務が課せられた。受動喫煙により健康を損なう恐れが高い子どもや患者，妊婦が主たる利用者である，学校や病院，および行政機関の庁舎等において敷地内禁煙が義務化されたのである。

　健康教育においては，事業者は労働者に対する健康教育および健康相談その他の労働者の健康の保持増進を図るための継続的かつ計画的な措置に努めることと，労働者が事業者の措置を利用して健康の保持増進に努めることが規定されている（労安衛第69条）。

　その他の規定としては，国は労働者の健康の保持増進に関する適切かつ有効な実施を図るために，必要な資料の提供，作業環境測定および健康診断の実施の促進，受動喫煙の防止のための設備の設置の促進，事業場における健康教育等に関する指導員の確保および資質の向上の促進その他必要な援助に努めるものとし，中小企業に対し特別な

配慮をするものとしている（労安衛第71条）。

3）心理職と労安衛

　このように，労安衛では事業者に労働者の健康保持・健康増進のための措置のほか快適な職場環境の形成のための措置を講ずる努力義務を課している（労安衛第71条の2〜第71条の4）。産業分野に関わる医療・福祉・心理職などはこのような労安衛の規定および安衛則については熟知しておくことが望ましいことである。

2．ストレスチェック制度

1）概要

　ストレスチェック制度は，労安衛に規定されている。

> 事業者は，労働者に対し，厚生労働省令で定めるところにより，医師，保健師その他の厚生労働省令で定める者による心理的な負担の程度を把握するための検査を行わなければならない。（労働安全衛生法　第66条の10第1項）

　ストレスチェック制度は労働者のメンタルヘルス不調を未然に防止（一次予防）するために，医師や保健師などにより，心理的負担の程度を把握する検査を実施するものである。ここで注意したいことは，メンタルヘルス不調の労働者を把握するための制度ではないことである。

　ストレスチェック制度は1年以内ごとに1回以上の実施が義務づけられている（安衛則第52条の9）。対象者は「常時使用する労働者」（安衛則52の9）である（詳細は平成27年5月1日基発0501第3号）。実施方法としては，得られたデータを集団分析に用いることもあるため（安衛則第52条の14），一斉に同じ時期に実施するのが望ましい。

　また，派遣労働者に対しては派遣元事業者が実施の義務を負うが，実施の際に派遣元事業者と派遣先事業者が連携して対応を図ることが望ましい。

　労働者には受検の義務はないが，受検の負担がない限りすべての労働者が受検することが望ましいとされている。

2）ストレスチェックの実施

　ストレスチェック制度においては「ストレスチェック制度簡単導入マニュアル」(厚生労働省，2015a) や「労働安全衛生法に基づくストレスチェック制度実施マニュアル」(厚生労働省，2015b，2016 に改定) が 2015 年に厚生労働省から公表されている。前者はストレスチェック制度の導入にあたりその内容を簡単に記したものである。後者はストレスチェック制度の実施に関して労安衛に基づき詳しく説明しているものである。後者によるストレスチェック制度の流れは図 3-1 の通りである。

　まず事業者による方針の表明によりストレスチェック制度への取り組みがスタートする。ストレスチェック制度を実施するためには準備期間が必要である。事業所内に衛生委員会が設置されている場合は，衛生委員会でストレスチェック制度の実施について調査審議して，労働者に周知していくことになる。労働者が 50 人以下の事業所は衛生委員会の設置の義務がなくストレスチェック制度は努力義務にとどまるため (労安衛附則第 4 条)，事業者が表明したあとにストレスチェック制度担当者を決定し，実施について労働者に周知させていくことになる。

　衛生委員会での審議 (労安衛第 18 条 1 項 4 号，安衛則第 22 条 10) の内容については，①ストレスチェック制度導入についての労働者への周知，②実施方法，③結果の通知方法，④結果を事業者へ提供するか否か，する場合は同意の取得方法，⑤個人情報の漏えいや不利益取り扱いが発生した場合には再発防止策を審議していく。衛生委員会の審議では，ストレスチェック制度についての事業所の規定を設けることが望ましい。また，ストレスチェック制度を遂行するにあたり，外部のストレスチェック機関を使用するのか，ストレスチェック制度において高ストレス者が出た場合はどういう対応をしていくかなどの詳細を決めておいたほうがよい。ストレスチェック制度を実行していける準備が整ったら実際にストレスチェック制度を実施していくことになる。この際に実施する専門職は，**医師** (特に産業医 (労安衛第 14 条 1 項 3 号)，**保健師**，厚生労働省の一定の研修を受けた**看護師・精神保健福祉士・公認心理師・歯科医師**である (安衛則第 52 条の 10)。

ストレスチェックの実施者は，①ストレスチェックの調査票の選定や，②高ストレス者の選定基準について専門的な立場から事業者に意見を述べるとともに，③医師による面接指導の要否を決定すること，④集団分析を実施するのが主な役割である。これ以外の役割としては，⑤結果のデータ入力や，⑥結果表の出力作業，⑦結果を本人に通知すること，⑧事業者へ集団分析の結果を報告すること，⑨面接指導対象者に申し出の勧奨を行うことであり，⑤から⑨の役割は実施事務従事者に指示することも可能である。

3) ストレスチェックの内容

　ストレスチェックの内容は調査票を用いて安衛則第52条の9に規定されている3つの領域を検査することが規定されている。この3領域は，①職場における当該労働者の心理的な負担の原因に関する項目，②当該労働者の心理的な負担による心身の自覚症状に関する項目，③職場における他の労働者による当該労働者への支援に関する項目である。この3領域の検査を行い労働者のストレスの程度を点数化して評価するものとしている。点数化せずに評価するものはストレスチェックには該当しない。ストレスチェックに含めることが不適切な項目には，性格検査や，希死念慮，自殺行為，うつ病についての検査などがある。事業者独自の項目を設定する場合は，ストレスチェックの目的がうつ病のスクリーニングではないことに留意して設定しなければならない。一般の健康診断はストレスチェックを除くことも規定されており（労安衛第66条），健康診断の問診の結果をストレスチェックに変換することはできないのである。厚生労働省が推奨する調査票は，**職業性ストレス簡易調査票**（図3-1）である。

4) ストレスチェックの結果の通知

　事業者は，ストレスチェックを受けた労働者に対し，検査を行った医師などから検査の結果が通知されるようにしなければならない（労安衛第66条の10第2項）。

職業性ストレス簡易調査票（57項目）

A あなたの仕事についてうかがいます。最もあてはまるものに○を付けてください。

（そうだ＝1　まあそうだ＝2　ややちがう＝3　ちがう＝4）

1. 非常にたくさんの仕事をしなければならない……1 2 3 4
2. 時間内に仕事が処理しきれない……1 2 3 4
3. 一生懸命働かなければならない……1 2 3 4
4. かなり注意を集中する必要がある……1 2 3 4
5. 高度の知識や技術が必要なむずかしい仕事だ……1 2 3 4
6. 勤務時間中はいつも仕事のことを考えていなければならない……1 2 3 4
7. からだを大変よく使う仕事だ……1 2 3 4
8. 自分のペースで仕事ができる……1 2 3 4
9. 自分で仕事の順番・やり方を決めることができる……1 2 3 4
10. 職場の仕事の方針に自分の意見を反映できる……1 2 3 4
11. 自分の技能や知識を仕事で使うことが少ない……1 2 3 4
12. 私の部署内で意見の食い違いがある……1 2 3 4
13. 私の部署と他の部署とはうまが合わない……1 2 3 4
14. 私の職場の雰囲気は友好的である……1 2 3 4
15. 私の職場の作業環境（騒音、照明、温度、換気など）はよくない……1 2 3 4
16. 仕事の内容は自分にあっている……1 2 3 4
17. 働きがいのある仕事だ……1 2 3 4

B 最近1か月間のあなたの状態についてうかがいます。最もあてはまるものに○を付けてください。

（ほとんどなかった＝1　ときどきあった＝2　しばしばあった＝3　ほとんどいつもあった＝4）

1. 活気がわいてくる……1 2 3 4
2. 元気がいっぱいだ……1 2 3 4
3. 生き生きする……1 2 3 4
4. 怒りを感じる……1 2 3 4
5. 内心腹立たしい……1 2 3 4
6. イライラしている……1 2 3 4
7. ひどく疲れた……1 2 3 4
8. へとへとだ……1 2 3 4
9. だるい……1 2 3 4
10. 気がはりつめている……1 2 3 4
11. 不安だ……1 2 3 4
12. 落着かない……1 2 3 4
13. ゆううつだ……1 2 3 4
14. 何をするのも面倒だ……1 2 3 4
15. 物事に集中できない……1 2 3 4
16. 気分が晴れない……1 2 3 4
17. 仕事が手につかない……1 2 3 4
18. 悲しいと感じる……1 2 3 4
19. めまいがする……1 2 3 4
20. 体のふしぶしが痛む……1 2 3 4
21. 頭が重かったり頭痛がする……1 2 3 4
22. 首筋や肩がこる……1 2 3 4
23. 腰が痛い……1 2 3 4
24. 目が疲れる……1 2 3 4
25. 動悸や息切れがする……1 2 3 4
26. 胃腸の具合が悪い……1 2 3 4
27. 食欲がない……1 2 3 4
28. 便秘や下痢をする……1 2 3 4
29. よく眠れない……1 2 3 4

C あなたの周りの方々についてうかがいます。最もあてはまるものに○を付けてください。

（非常に＝1　かなり＝2　多少＝3　全くない＝4）

次の人たちはどのくらい気軽に話ができますか？
1. 上司……1 2 3 4
2. 職場の同僚……1 2 3 4
3. 配偶者、家族、友人等……1 2 3 4

あなたが困った時、次の人たちはどのくらい頼りになりますか？
4. 上司……1 2 3 4
5. 職場の同僚……1 2 3 4
6. 配偶者、家族、友人等……1 2 3 4

あなたの個人的な問題を相談したら、次の人たちはどのくらいきいてくれますか？
7. 上司……1 2 3 4
8. 職場の同僚……1 2 3 4
9. 配偶者、家族、友人等……1 2 3 4

D 満足度について

（満足＝1　まあ満足＝2　やや不満足＝3　不満足＝4）

1. 仕事に満足だ……1 2 3 4
2. 家庭生活に満足だ……1 2 3 4

図 3-1　職業性ストレス簡易調査票（厚生労働省, 2015c）

5）医師の面接指導

心理的な負担の程度が労働者の健康の保持を考慮して厚生労働省令で定める要件に該当する場合は申し出により医師による面接指導を受けることができる。

面接指導については図 3-2 の通りである。面接指導は労働者の申し出によるものであるため事業者が強制することはできない。この申し出をしたこと，あるいはストレスチェックの結果のみを理由として労働者への不利益な取り扱いをすることは禁止されている（労安衛第 66 条の 10 第 3 項）。不利益な扱いとは，①解雇すること，②雇用契約の更新をしないこと，③退職勧奨をすること，④不当な動機や目的をもってなされた職場内の配置転換や役職の変更，⑤労働関係法令に違反することである。

面接指導を行う医師は，面接のなかで労働者の勤務状況，心理的な負担の状況および心身の状況を確認し，事業者に意見書を作成する。意見書の内容は就業上の措置の必要性の有無や実施すべき措置の内容，必要に応じて職場環境改善に関する意見である。この面接指導の医師には，事業場と契約していて事業場をよく知っている産業医が実施することが望ましい（労安衛第 14 条 1 項 3 号）。

事業者は医師の意見を聞いて（労安衛第 66 条の 10 第 5 項）作業に関する措置を講ずることや医師の意見書の衛生委員会へ報告する（労安衛第 66 条の 10 第 6 項）。

事業場のメンタルヘルスに関わるスタッフには環境改善を図るよう指示していくことになる（労安衛第 66 条の 10 第 6 項）。

6）集団分析

事業者には面接指導の結果により一人ひとりの労働者の健康保持の措置をとる義務が課されているだけでなく集団分析を実施する努力義務が課されている（安衛則第 52 条の 14）。集団分析に必要な人数は 20 名程度であるが少なくとも 10 名の部署でなければ分析できないため，10名以下の部署である場合には集団分析をすることが難しい。中小企業においては 10 名以下の企業もあるため，少人数の企業である場合に

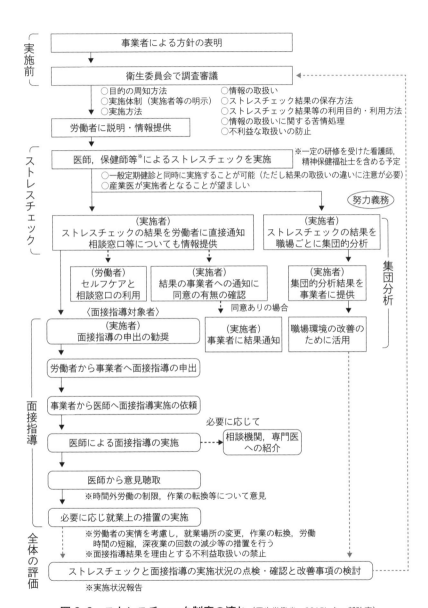

図 3-2　ストレスチェック制度の流れ（厚生労働省，2015b を一部改変）

は集団分析ができないことが多い。

　さらにストレスチェックの結果を活用することは，これからの課題であり，各事業所において集団分析の実施により職場環境の改善を図ることも求められている。

7) ストレスチェック・面接指導の記録

　ストレスチェック・面接指導の結果は個人情報であるので，慎重に取り扱わなければならない。まず，実施者はストレスチェックの結果については労働者の同意を得ないで検査の結果を事業者に提供してはならない（労安衛第66条の10第2項）。次に，面接指導の申し出が行われた場合，事業者は面接指導の要否を確認する必要があるので，結果の事業者への提供に同意したものとして取り扱われる。

　労働者の同意の下に実施者から事業者に提供された場合，事業者はストレスチェックや面接指導の記録をつくり，5年間の保存義務を負う（安衛則第52条の13第2項）。同意を得ていない場合，ストレスチェックの結果については実施者によって記録の作成および実施事務従事者による保存が適切に行われるよう，事業者は必要な措置を講じる義務がある（安衛則第52条の11）。

8) 結果の報告

　事業者はストレスチェックおよび面接指導の実施状況を労働基準監督署に報告しなければならない（安衛則第52条の21）。

9) 費用

　ストレスチェックの費用については事業者が支払わなければならない。

10) メンタルヘルス対策との関係

　ストレスチェック制度はメンタルヘルス対策の一環であるため労働者への教育や研修の実施にも取り組んでいくことが求められている。

3. メンタルヘルス対策とストレスチェックの実施状況

(1) 事業場におけるメンタルヘルス対策取り組み状況

　表3-3は2021年の労働安全衛生調査によるメンタルヘルス対策の取り組みをしている事業所の割合と取り組み内容である。メンタルヘルス対策をしている事業所の割合は，59.2%であった。事業所のメンタルヘルス対策に取り組む内容については，①ストレスチェックの実施 (65.2%)，②職場環境などの評価改善・ストレスチェック結果の分析 (54.7%)，③事業所内での相談体制の整備 (50.2%) とメンタルヘルス不調の労働者に対する必要な配慮の実施 (50.2%) の順で取り組まれていた。事業所内でのメンタルヘルス対策を取り組むにあたって衛生委

表3-3　メンタルヘルス対策を実施している事業所の割合と取り組み内容（%）(厚生労働省, 2021)

メンタルヘルス対策に取り組んでいる事業所	59.2
取り組み内容	
ａ）衛生委員会または安全衛生委員会での審議調査	25.8
ｂ）問題点を解決するための計画の策定と実施	22.0
ｃ）実務を行う担当者の選任	34.7
ｄ）労働者への教育研修・情報提供	34.7
ｅ）管理監督者への教育研修・情報提供	30.5
ｆ）事業所内の産業保健スタッフへの教育研修・情報提供	13.9
ｇ）職場環境等の評価改善・ストレスチェック結果の分析	54.7
ｈ）健康診断後の保健指導等を通じた産業保健スタッフによるメンタルヘルス対策の実施	35.5
ｉ）ストレスチェックの実施	65.2
ｊ）職場復帰における支援	24.8
ｋ）事業所内での相談体制の整備	50.2
ｌ）地域産業保健センターを活用	4.8
ｍ）産業保健総合支援センターを活用	4.8
ｎ）医療機関を活用	11.8
ｏ）他の外部機関を活用	13.7
ｐ）メンタルヘルス不調の労働者に対する必要な配慮の実施	50.2
ｑ）その他	1.7

員会の役割は重要であるが、衛生委員会などによる審議調査をした事業所の割合は、25.8％であった。

事業所におけるメンタルヘルス対策の取り組みをしている内容では、ストレスチェックの実施が1位であった。つまりメンタルヘルス対策としてストレスチェック制度は取り組みやすいことがわかる。

2位の職場環境などの評価および改善については、ストレスチェック制度による結果の分析を含んでいる。高ストレス者が出た場合はその人の周りの状況を調査したり改善することになる。また、ストレスチェック制度において集団分析を実施した事業所では、職場環境改善が検討されるため、ストレスチェック制度を利用して取り組みやすい項目となったことが考えられる。

3位の事業所内での相談体制の整備については、メンタルヘルス対策を実施している事業所の半数程度が取り組んでいる。このことは、事業所に相談窓口体制がない場合、従業員が相談するときは上司などの身の回りの人たちに相談するか誰にも相談しない状況などが考えられる。従業員が困ったことがあるときに悩みを抱え込んでしまったらメンタルヘルス不調に陥ってしまう恐れがある。しかし、相談窓口の設置により従業員の誰もが困ったときに相談できる体制が整えば、悩みを抱え込まずに済むことも多いため、メンタルヘルス対策にとっては重要な事項であり、事業所に相談窓口を設置する割合を上げていくことも今後の課題であろう。

メンタルヘルス不調の労働者に対する必要な配慮の実施が同率であったことからは、メンタルヘルス対策を実施している事業所の半数程度がメンタルヘルス不調である労働者を抱えていることが推測できる。メンタルヘルス不調を抱えている事業所においては、医療・福祉・心理職などの専門職が関わっていないことも多い。実際に事業所内だけで対応を図りメンタルヘルス不調を来した社員が辞めてしまうこともある。したがって、メンタルヘルス不調には専門職が対応することが望ましく、専門職がアウトリーチ^{メモ}的に事業所に出向いて対応していく社会シス

> **📝メモ**
>
> **アウトリーチ**
>
> 「手を伸ばすこと」を意味する。支援が必要であるにもかかわらず支援されていない人に対して外部の支援機関などが積極的に働きかけて支援していくことである。

テムが必要であると考えられる。

（2）ストレスチェック制度と集団分析における事業所内での活用の状況

　メンタルヘルス対策をしている事業所のうち，ストレスチェック制度と集団分析を実施している事業所の割合は表3-4の通りである。メンタルヘルス対策をしている事業所のうち，ストレスチェック制度を実施している事業所の割合はストレスチェック制度が義務づけられた当初から6割程度であり，現在も横ばいの状況である。ここで問題なのは，この実態調査ではメンタルヘルス対策をしている事業所を対象としているため，メンタルヘルス対策をしていない事業所ではストレスチェック制度自体を実施していない恐れがあることである。メンタルヘルス対策をしていない事業所については，メンタルヘルス対策をする必要性を感じていないことや，少人数での事業所の場合は，メンタルヘルス対策を実施しなくても従業員に目が行き届くことなどがその理由として考えられる。

　ストレスチェック制度を実施している事業所のうち集団分析をした事業所の割合は，ストレスチェックの義務化当初は半数以下であったが，近年は7割強程度である。近年，集団分析をしている事業所の割合が多くなった。集団分析は努力義務であることや，ある程度の人数が存在しないと集団分析を実施できないことから，ストレスチェック制度は実施しているが集団分析までは実施するに至らない事業所がある。少人数の中小企業においては，集団分析を実施しづらい状況や，その必要性が感じられにくいことが考えらえる。

　表3-5は2019年から2021年の集団分析をした結果を活用している

表3-4　ストレスチェック制度と集団分析を実施している事業所の割合（％）（厚生労働省，2017，2018b，2019，2021，2022をもとに作成）

	2016年	2017年	2018年	2020年	2021年
ストレスチェックの実施	62.3	64.3	62.9	62.7	65.2
集団分析の実施	43.8	58.3	73.3	78.6	76.4

表 3-5　集団分析における事業所内での活用状況（％）（厚生労働省，2019, 2021，2022 をもとに作成）

	2018 年	2020 年	2021 年
業務の見直し	26.8	29.1	33.9
人員体制・組織の見直し	28.8	26.1	34.1
残業時間削減，休暇取得に向けた取り組み	46.5	53.6	53.3
職場の物理的環境の見直し	17.3	21.7	21.3
上司・同僚に支援を求めやすい環境の整備	28.7	41.7	41.1
相談窓口の設置	32.6	48.1	44.6
管理監督者向けまたは労働者向けの研修の実施	20.6	26.4	27.5
従業員参加型職場環境改善・ワークショップの実施	5.2	9.5	9.9
衛生委員会または安全衛生委員会での審議	38.1	45.4	35.2
その他	9.2	6.5	7.3
分析結果を活用していない	16.4	17.3	16.8

事業所の取り組み内容である。2021 年においては集団分析を実施した事業所においてその結果を活用し，事業所内で改善した点は，①残業時間の削減や休暇取得に向けた取り組み（53.3%），②相談窓口の設置（44.6%），③上司・同僚に支援を求めやすい環境の整備（41.1%）の順で取り組んでいる事業所が多かった。表 3-4 より，活用していない事業所の割合は近年では 2 割弱程度である。ストレスチェック制度は普及してきているものの集団分析については，各事業所の都合により実施していなかったり，実施していても分析結果を活用していなかったりするようである。その理由は，事業所の規模にあることも多い。それぞれの事業所の状況に合わせて必要があれば実施していくという方法しかないのであろう。また，ストレスチェック制度についてまだよく理解していない事業所もあるため，産業分野に関わる医療・福祉・心理職などはストレスチェック制度や集団分析について事業所に説明したりコンサルテーションすることも大切なことである。

ストレスチェックの実施について

公認心理師の川口さんは 200 人程度の製造業に新卒で就職した。メンタルヘルス対策に取り組んでいる企業である。衛生委員会も設置されている。50 人以上の企業であることから年 1 回のストレスチェックを実施している。実施者は公認心理師の川口さんである。嘱託産業医は 1 人いて，月に 1 回企業訪問を行っている。ストレスチェック担当者は総務部の事務員である。この企業では毎年 6 月にストレスチェックを実施している。使用している調査票は職業性ストレス簡易調査票である。今年のストレスチェックで営業部の吉田さんが高ストレス者と判断された。吉田さんのストレスチェックの結果では，「仕事のストレス要因」は少なく，「心身のストレス反応」があり，「周囲のサポート」をあまり受けられていなかった。総務部のストレスチェック担当者から，高ストレス者が出たがどうすればよいかわからないと川口さんに相談があった。川口さんは，公認心理師としてこの件に対応することになった。

川口さんはストレスチェックで高ストレス者と判断された吉田さんが実際に高ストレス状態にあるか否かを判断する補足的な面接を行った。面接において，吉田さんには心身のストレス反応が認められ，周囲からのサポートがないことを確認できた。そこで，吉田さんに対して，産業医による面接指導を受けるように川口さんは勧めたが，吉田さんは面接指導について申し出ることを拒否した。公認心理師の川口さんは，申し出を拒否している吉田さんに苦慮しながら対応を続けることになった。

STEP1：高ストレス者が認められた場合の対応

ストレスチェックの結果，①仕事のストレス要因，②心身のストレス反応，③周囲のサポートの 3 領域の結果が， A：②心身のストレス反応が著しく高い場合と， B：心身のストレス反応が一定以上であり，①仕事のストレスおよび③周囲のサポートの合計が著しく高い場合に，高スト

レス者と判断される。ＡもしくはＢの判断方法のみで判断する場合もあるが、ＡもしくはＢの結果と実施者が補足的に面談した結果を参考にして判断されることもある。補足的な面接においては、ストレスチェックの結果、高ストレス者と判断されたが実際に高ストレス状態なのかどうかを確認することが重要である。点数化したものだけで評価することよりも、補足的な面接を実施して確認していく方法のほうが回答の歪みに気づけることが多いものである。たとえば、点数化したものだけでは高ストレス者にあてはまらなくても、実際に面接をしてみると高ストレスになる前兆がみられることもある。高ストレス者として判断される前にストレスを抱えていることがわかれば、早期発見・早期対応が図れるため、補足的な面接は高ストレス者のみに限らず、高ストレス者になる手前（職業性ストレス簡易調査票においては60点〜76点まで）の人たちを対象にして実施していくことも望ましい。また、調査票は自己記入式であるため偽りの回答をすることができる。質問紙法のメリットとデメリット（表3-6）がストレスチェックにおいてもあてはまることも念頭に置いておくことは大切である。ストレスチェックの集計に関しては、多人数の社員がいる場合は、社員がパソコンに回答を入力するだけで外部の業者が集計してくれる方法を採用している企業が多いであろう。少人数である場合はパソコンの Excel の活用で集計が可能であろう。

　事例においては、職業性ストレス簡易調査票を用いている。この調査票は標準版（57項目）（図3-2）と簡略版（23項目）がある。前述の①から③の3領域が質問紙に組み込まれており、4段階評価で行われる。この調査票では77点以上を高ストレス者としている。営業部の吉田さんはストレスチェックの結果、「心身のストレス反応」が高く「周囲のサポート」があまり受けられていなかったため、高ストレス者と判断された。面談

表 3-6　質問紙法の長所と短所

	質問紙法
長所	・集団での実施が容易 ・集計や分析がしやすい
短所	・意識レベルの回答しか得られない ・意図的に虚偽の回答をすることができる

の結果からも，心身のストレス反応と周囲からのサポートがあまりない
ことが確認できたため，ストレスチェックの回答に偽りはなく高ストレ
ス者と判断される。

　高ストレス者と判断された場合，まずは産業医による面接指導を推奨
することが大事である。産業医の面接指導は，高ストレス者である吉田
さん自身から受診希望の申し出がない限り実施できないため，吉田さん
に面接指導を受けるように勧めることが望ましい。

STEP2：申し出をしない高ストレス者への対応

　事例において，公認心理師の川口さんが補足的な面談を実施した結
果，高ストレスであるということが確認できたため，産業医の面接指導
を受けるように勧めたが，吉田さんは申し出ることを拒否している。し
かし，ストレスチェックの結果から心身のストレス反応が高いことがわ
かっているため，何らかのケアを受けてもらいたい社員である。産業医
の面接指導以外にも，精神科クリニックの受診などを同時に勧めること
も考えなければならない。

　この事例では，産業医の面接指導を拒否していることから，精神科の
受診を勧めても拒否されることが考えられる。なぜ受診を拒否するのか
という理由を聞くことも大切である。その理由によっては，勧め方も変
わってくる。たとえば，面接指導を受けることを他の社員に知られるの
が嫌だとか，心身のストレス要因があるにもかかわらずその症状を軽視
している場合もある。他の社員に知られたくないという理由の場合は，
守秘義務や個人情報保護法により社内のストレスチェック関係者にしか
知られることはないということや，結果による不利益な扱いがなされな
いことなども伝えて，安心させること，つまり，吉田さんの不安の除去
を行うことが大切である。拒否する理由がなくなれば受診してくれる可
能性が高くなるため，拒否する理由を聞き，安心させたうえでアドバイ
スを行い，産業医の面接指導を勧めることが大切である。

　産業医の面接指導を受けることになったら，精神科受診にも応じてく
れる可能性が出てくる。産業医は業務遂行能力などを精査する医師であ
り，心身のストレス反応などの症状を詳しく診てくれるのは精神科であ

る。産業医と精神科の医師の違いも説明して精神科受診にもつなげられるとよい。面接指導を受けると，本人の心身の状況や，仕事にどのような配慮が必要なのかなどについて産業医が意見書を作成する。この意見書に基づいて企業内の衛生委員会で話し合いを行い，その後の吉田さんの職場の環境改善などを図り，ストレスを減じられるように社内で方針を決めていくことになる。必要であれば吉田さんの部署について集団分析を行って職場環境などを改善する方法も考えられる。また，吉田さんの件をきっかけに社内でストレスに対する教育，たとえばセルフケアやラインケア，ストレスマネジメントなどの実施も検討していくことができる。

　しかし，いくら産業医の面接指導を勧めても拒否し続ける高ストレス者もいる。その場合は，まずはその旨を受け止め，関係者と今後の対応を話し合うことについて本人の同意を得，補足的な面接は一旦終了する。その後，関係者と会議または衛生委員会において審議を行い，高ストレス者である従業員にどう対応していくのかを話し合うことが重要である。関係者との会議においては，公認心理師による補足的な面接を中心にフォローしていくことや，**職場環境改善等**についても話し合うことになるかもしれない。この会議においてはそれぞれの事業所により解決策が異なることになる。吉田さんの場合であれば，吉田さんが拒否し続けている限りは様子をみていくしかない状況であるが，放任しておくことも心配であるため公認心理師の川口さんが定期的な面接でフォローしていくことが望ましいと考えられる。

STEP3：事業所におけるプライバシーの保護について理解する

　STEP2 において，ストレスチェックの結果について他の社員に知られたくない場合を考えてみると，果たしてどこまでの人が結果通知について知ることができるか，企業に関わる専門職は承知しておく必要がある。表 3-7 は，労安衛に基づいたストレスチェックに関する結果通知に対して，どの範囲の人までが知ることができるのかを示したものである。

　事例の吉田さんが産業医の面接指導の申し出を拒否しているのは，他の社員に知られたくないからかもしれない。企業内の社員の情報につい

ては，秘密にしておかなければならない個人情報であるにもかかわらず，実際の現場において情報漏洩はよくあることである。産業医の面接指導を申し出ることにより，他の社員に高ストレス者であることが知られてしまうこともある。企業内では噂や情報漏洩などが起こり得るということを理解して対応していかなければならない。ただし，ストレスチェックの結果についての情報漏洩は禁じられている。企業内におけるストレスチェック関係者たちと情報漏洩を防ぐための対策を講じることが重要である。企業内のストレスチェック関係者たちのなかには，個人情報や，ストレスチェックを受けた当人の扱いについて知らない人もいる。したがって，公認心理師として心理的支援も重要であるが，現場に必要な法律や知識を学んで情報提供していく力も重要である。公認心理師がストレスチェック関係者に対して，個人情報を保護し，情報漏洩や当人が不利益な扱いを受けることを防ぐように教育や指導をすることが必要なときもあるのである。

　ストレスチェック関係者には表 3-7 に記載した人たちがいるが，彼らが皆同じようにストレスチェックの情報を得られるとは限らない。ストレスチェックの結果については，本人の同意や申し出の有無により，結果を知ることができる範囲が異なるのである。ストレスチェックの結果を事業者に開示することに吉田さんが同意している場合，産業医の面接指導の申し出を拒否することで実施者以外の産業保健スタッフは就業上に必要な範囲でしか知ることができなくなるが，他の管理監督者，実施者，面接指導医師，実施事務従事者，人事労務部門，制度担当者は，吉田さんのストレスチェック関連の情報を知ることができる。そのことについても吉田さんに情報提供を行い，同意を得たあとに関係者で会議を行うことが重要である。ストレスチェックの結果について知られたくない人がいるかもしれないため，補足的な面接では，誰が会議に出席するのか，そのなかに結果を知られたくない人がいるかどうか，なども聞いておくことが大切である。もし，会議に参加する人のなかに結果を知られたくない人がいるならば，その人は会議に参加させないなど，吉田さんが安心できるように配慮していく姿勢が必要である。このような配慮は高ストレス者に対しての個人情報の保護にもつながるため，重要であ

表 3-7　ストレスチェックに関する個人情報を取得可能な範囲について（中央労働災害防止協会，2016 をもとに作成）

○取得可能　×取得不可　△就業上に必要な範囲で取得可能
※1　高ストレス者・面接指導対象者であることのみ取得可能
※2　自分の職場の結果のみ取得可能

	本人	管理監督者	実施者	面接指導医師	実施者以外の産業保健スタッフ	実施事務従事者	人事労務部門	制度担当者
ストレスチェックの受検の有無	○	○	○	○	○	○	○	○
ストレスチェックの結果 ・開示に同意なし ・開示に同意あり ・面接申し出あり	○ ○ ○	× ※1 ※1	○ ○ ○	× ○ ○	× △ ○	○ ○ ○	× ○ ○	× ○ ○
面接指導の詳細な結果	○	×	※1	○	△	×	○	○
面接指導における就業上の措置に関する意見	○	△	※1	○	△	×	○	○
集団分析の結果	※2	※2	○	△	△	○	○	○

ることを肝に銘じておく必要がある。一方，ストレスチェックの結果の開示に対して吉田さんの同意を得ていない場合は，実施者と実施事務従事者しか知ることができない。そうすると，現場の調整や対策が十分に図れない状況になり得るため，支援の初期段階において吉田さんの同意が得られるように努めることが，その後の職場内の対応や調整のため重要になってくる。

　それでも同意を得られないことはある。あくまでも本人の望む体制で調整していく姿勢が大切である。ストレスチェックの結果について知られたくない人たちが多いことを理解して現場に臨んでほしい。

・・・

事　例

　田村さんは従業員数 100 人程度の Y 企業に嘱託で関わる公認心理師である。受動喫煙を生じさせないための配慮義務が課せられたことにより，Y 企業でも敷地内の全面禁煙を徹底することになった。それまでは敷地内に喫煙場所が 1 か所あり喫煙者はそこで喫煙していたが，敷地内から喫煙場所がなくなることになり，喫煙者はストレス解消の場を失い困っていた。社員の山田さんも喫煙者であったが，敷地内に喫煙場所がなくなるのをきっかけに禁煙することにした。山田さんは，40 代で男性，喫煙歴 20 年，1 日の喫煙本数は 2 箱でありヘヴィースモーカーである。手の震えや，イライラするなどの症状もある。このような状況である山田さんは，一人では禁煙できないと思ったので嘱託で関わっている公認心理師の田村さんに禁煙したいがどうしたらよいのか相談しに行った。公認心理師の田村さんは禁煙しようとしている山田さんの支援をすることになった。

考えてみよう！

　受動喫煙の防止に関する国の施策について詳しく調べてみましょう。

話し合ってみよう！

　禁煙しようとしている山田さんに公認心理師としてどういう支援をしていくのかグループで話し合ってみましょう。

ロールプレイをしてみよう！

　山田さんはこれを機に禁煙をしたいと考えています。しかし，うまく禁煙できるか不安を抱いており，またタバコを吸うことのメリットも感じていて，葛藤している様子です。このような状態の山田さんに対する面談場面を想定して，①公認心理師の田村さんと②禁煙を試みる山田さんの 2 名のロールプレイをしてみましょう。

Column 3　傾聴の重要性

　人の話を聴く仕事や相談業務において，傾聴は大変重要な作業である。傾聴といえば C. Rogers の来談者中心法が有名であり，これを実践する人は多いものであろう。来談者中心法の 3 条件は，①自己一致（純粋性），②無条件の肯定的配慮，③共感的理解である。一方，傾聴とは耳・目・心を傾けて真剣な姿勢で相手の話を聴くことである。また，相手の立場になって相手の気持ちに共感しながら理解しようとする技法である。実際に，この傾聴する作業は非常に難しいことである。カウンセラー自身の感情やストレス状態も加算されてしまうのであるから，日ごろからストレスマネジメントができていないと傾聴はできないと考えられる。一時的な傾聴は誰にでもできるかもしれないが，長期にわたって傾聴していくとなると，カウンセラー自身に非常にストレスがかかるものである。現に，カウンセラー自身が病んでしまったり，福祉や医療の職員が病んでしまうのを目にすることも多い。実際にストレスを抱えている人たちの話を聴くことにより自らにもストレスが降りかかってくるのである。さらに傾聴のためには集中力も必要であるし，理解力も必要である。コミュニケーション能力も必要であるし，表現方法も必要になる。面接において全身の神経をフル活用して対応していかなければならないので，傾聴を含む C. Rogers の来談者中心法は大変エネルギーを使う作業である。

　産業分野の心理職は企業と関わることが多いが，そこでは企業側がやらなければならないことを心理職がやるように求められることがある。よくあるのは，面接において指導や教育をしてほしいと言われることである。確かに上司が言うよりも心理職の面接でやんわり伝えるほうが社員にとって衝撃も少なく，上司との関係に亀裂が入りにくいというメリットはある。しかし，面接中に指導や教育を取り入れることで傾聴の姿勢を崩されてしまう可能性もある。指導や教育に関することは，面接の最後に伝えられそうな雰囲気であればやんわりと伝え，無理しないことが大切である。会話中に指導や教育を取り入れることで関係性が崩れてしまう場合は，行わないということを依頼された時点で伝えておくことも時には必要になる。また，企業内のコミュニケーションは希薄なことが多いものである。上司が話をよく聞いてくれないことや，上司が忙しいために十分に話を伝えることができないということも多いものである。企業内では傾聴する／されるという機会は少ないため，傾聴すること自体に価値があると考えられる。

　傾聴は大変なストレスのかかるものであるが，価値のある仕事である。傾聴しているだけでクライエントである社員が自然に変化してくれたり，よく話してくれるようになるなど，嬉しいことも多い。専門職に限らず，企業内の誰もが傾聴できるようになれば企業内の人間関係も今よりもよくなると考えられる。また，企業内だけではなく地域などの広い範囲において，誰もが傾聴できる世の中になるような取り組みも必要であると考えられる。

第4章

性別を問わない働き方を進める

男女雇用機会均等法と育児・介護休業法

昭和の時代と比較して，働き方は大きく変わった。現代の日本では，性別による職業上の不平等は解消すべきと考えられている。この発想は，国際的にもコンセンサス（同意）を得ているが，依然として性別が原因となる職業上の不平等は存在し，場合によっては意識さえされていない。この章では，男女雇用機会均等法と育児・介護休業法という2つの法律を通して，働き方の平等についての大枠をみていきたい。なお，同法にはハラスメントに関する内容も含まれるが，ハラスメントに関する詳細は第5章にて解説するため，本章では雇用に関する内容に限定して解説する。

1. 男女雇用機会均等法

男女雇用機会均等法は，「雇用の分野における男女の均等な機会及び待遇の確保等に関する法律」のことであり，その名の通り雇用における男女間の不平等を解消するための法律であり，第1条には，本法律の目的が記載されている。

この法律は，法の下の平等を保障する日本国憲法の理念にのっとり雇用の分野における男女の均等な機会及び待遇の確保を図るとともに，女性労働者の就業に関して妊娠中及び出産後の健康の確保を図る等の措置を推進することを目的とする。（男女雇用機会均等法 第1条）

この法律は勤労婦人福祉法が改正されたものであり，女子差別撤廃条約に日本が1980年に調印したことで，批准の条件を整備する必要が生じたという背景から誕生した。施行後も，日本に根強く残る性役割意識のため，十分な結果を得るには至らず，1997年に法改正が行われた。その後の2006年の改正では，女性だけではなく男女両性に対する差別禁止を原則とするに至った。1985年から令和に至るまで，女性の社会進出や就労率は増加していることから，知っておくべき内容が多い。以下に，禁止事項や措置についてみていく。

（1）直接差別

　まず，性別を理由とする差別が禁止されている。差別の分類として**直接差別**と間接差別の2つがあるが，直接差別としては，募集および採用，配置，昇進，降格，教育訓練，福利厚生，職種の変更，雇用形態の変更，退職の勧奨，定年，解雇，労働契約の更新があげられている（男女雇用機会均等法第5条，同法第6条）。すなわち，性別を理由として採用されない，昇進できない，契約更新されないというような場合は，直接差別に該当することとなる。「女性向きの職種」のような表示や，男女で異なる採用試験を行う場合も，直接差別に該当する（事業主が適切に対処するための指針［労働者に対する性別を理由とする差別の禁止等に関する規定に定める事項に関し，事業主が適切に対処するための指針］第2）。昇進や降格の基準も，性別によって平等でなくてはならない。現在はもう存在しないと思われるが，女性社員に来客へのお茶くみをさせるということが過去には当然の業務と捉えられていた時代がある。このように性別によって合理的理由のない業務を強制することも，当然，直接差別に該当する。

　ただし，**ポジティブ・アクション**を行う場合は，法違反とはならない（男女雇用機会均等法第8条）。ポジティブ・アクションとは，機会均等の障害となっている事情を改善するための措置である（事業主が適切に対処するための指針第2第14項）。ポジティブ・アクションでは，女性労働者が男性よりも相当程度少ない職場に限り，女性労働者に一定の有利な扱いをすることを認めている。現状では，女性労働者の割合が4割を下回っている場合に，「相当程度少ない」と判断される。例として，管理

職（部長，課長など）の6割以上が男性の場合，女性を優先的に管理職とすることは，ポジティブ・アクションと判断され，違法ではない。男性側に対する差別のようにもみられる可能性があるが，これは女性労働者が男性労働者と比べて不利益を受けている現状を反映したものである。現実として，就業率は女性のほうが低いため，過渡期的な対応として考えられ，必ずしも男性への差別となるものではないように思われる。

　ポジティブ・アクション以外にも，差別扱いとされない場合がある。それは，芸術や芸能分野，防犯上の要請，宗教上・風紀上・スポーツにおける競技の性質上の必要な場合，保健師助産師看護師法第3条の規定で男性を就業させることができない場合，風俗風習の相違が影響する海外での勤務などがあげられる。芸術・芸能の例としては，歌舞伎などがあげられる。歌舞伎の場合，成人女性は舞台に立たない。宗教においても，イスラム教のように社会活動に性別が影響する場合がある。すなわち，合理的理由として就労上性別を考慮する必要がある場合は，差別とはみなされないと考えることができる。

（2）間接差別

　直接差別よりもわかりにくい形の差別として，**間接差別**が示されている（男女雇用機会均等法第7条）。間接差別は，性別以外の理由で行われる措置であるが，一方の性別に不利益があり，合理的と判断されない場合に用いられる。この定義から，間接差別は直接的に性別を理由としているようにはみえにくい。具体的には，体力や身体的な条件によるものが間接差別として示されている（男女雇用機会均等法施行規則2条1号）。日本人の平均身長や体重には性差が存在する。例として，運搬業で筋力を理由に採用率に性差があった場合，一見すると合理的な理由のようにみえる。しかし，運搬用の機械が導入されている場合は，筋力を採用条件にすることは合理的とはいえない。そのため，性別以外を理由としており，一方の性別（女性）に不利益があり，合理的と判断されないという，間接差別に該当するのである。

　また，転居ができることを条件とすることも，間接差別として示さ

れている（同規則2条2号）。例として，全国転勤が可能なことを昇進のための条件とした場合などが該当する。育児をしている女性にとっては，転居は大きな負担になるため，一方の性別に不利益があるという発想である。

　間接差別が法令上明記されている理由は，企業がコース別雇用管理制度で転居要件を使うことを禁止するなどの目的がある。コース別雇用管理制度とは，総合職と一般職のようなコースごとに異なる雇用管理をすることを指す。一般的には，総合職は昇進もあるが転勤もあり，一般職は転勤がない代わりに昇進もあまり望めない場合が多い。そのため，総合職のほうが給与面などで一般職よりも優遇されていることになり，転居が難しい女性は総合職よりも一般職として採用されると，給与面で不利な状況となる。本法の施行当時は間接差別が禁止されていなかった。そのため，転居を理由とするコースを設けることは本法には違反していないと捉えることも可能であった。しかし，実質は性別によって雇用条件が異なるため，一方の性別に不利益があると判断される。また，必ずしも広域での業務を行う必要性が低い場合は，転居要件は業務履行上合理的とは判断できない。そのため，2006年の改定によって間接差別が禁止とされた。

（3）婚姻・妊娠・出産を理由とする不利益な取り扱い

　そのほかに，婚姻，妊娠，出産を理由とする差別は禁止されている（男女雇用機会均等法第9条第1項）。これらを理由に，解雇や不利益な扱いをしてはならないことが明記されている。このことに疑問をもつ人は，現代社会ではごく少数であると信じたい。では，具体的にどのような事項が禁止されているか，簡単に説明する。

　まず，結婚を理由とする解雇が禁止されている（男女雇用機会均等法第9条第2項）。過去には「寿退社」という言葉が存在した。この言葉は，女性が結婚を機に退職することを指す言葉であり，結婚がめでたいことであるから「寿」の「退社」という意味である。現在の価値観では前時代的な発想に聞こえるであろう。結婚・妊娠・出産を経ても，男性と同様に仕事を行い，キャリアを積んでいくことは，平等な雇用条

件という観点から保証されるべきである。同様に，結婚・妊娠・出産を理由とする業務転換，契約更新をしないこと，労働契約内容の変更，減給なども禁止されている（男女雇用機会均等法第9条第3項）。

　また，本法の目的には「女性労働者の就業に関して妊娠中及び出産後の健康の確保を図る」ことも記載されている（男女雇用機会均等法第1条）。そのため事業主は，女性労働者の妊娠中及び出産後の健康確保のための措置を講じるとともに，妊娠・出産により，つわり，切迫流産，出産後の回復不全，産婦人科的症状のために労働能率が下がった場合に，不利益な扱いをしてはならないとしている（男女雇用機会均等法施行規則第2条の2第9号，事業主が適切に対処するための指針第4第3項）。育休や産休に関する事項は，次節の「育児・介護休業法」にて紹介する。

　なお，妊娠・出産を理由とする雇用上の扱いについては，例外が存在する。基本的には，妊娠・出産を契機とした扱いの変更は法違反である。しかし，以下の2つの例外については，法違反にあたらない。第一の例外が業務上の必要性から不利益な取り扱いをせざるを得ず，そうせざるを得ない理由が存在するとき，第二の例外が労働者本人が同意しており一般的にはその扱いに同意するような合理的理由があるとき（最高裁H26.10.23判決［民集68-8-1270］）とされている（令和2年2月10日雇均発0210第2号）（図4-1）。ポジティブ・アクションの箇所でも述べたが，ここでも重要なのは客観的で合理的な理由である。杓子定規的に判断するのではなく，状況に照らして労使や関係者の不利益を最小化するという発想が，判断の根底には存在している。ただし，これらの判断は組織の価値観（組織風土^{メモ}）に依存することがあるため，村社会気質の強い組織風土では差別と意識されないまま不利益な扱いが行われる可能性を否定できない。

> **✎メモ**
>
> **組織風土**
>
> 労働者が所属する組織の特性を意味する。就労者のストレスや離職，職務満足感とも関係が示されており，労働衛生ではよく見かける視点である。

2. 育児・介護休業法

　育児・介護休業法（育児休業，介護休業等育児又は介護を行う労働者の福祉に関す

妊娠・出産等の事由を「契機として」不利益取扱いを行った場合は，例外に該当する場合を除き，原則として法違反となります。

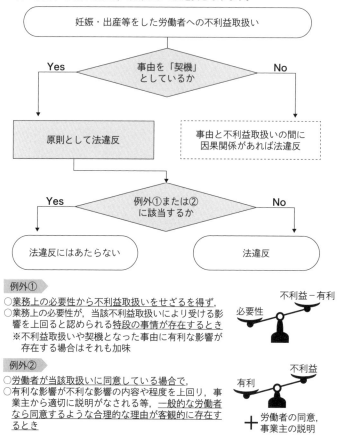

図4-1 **妊娠・出産等を理由とした不利益取扱いに関する判断**（厚生労働省，2021a）

る法律）の目的は，子どもの養育や家族の介護をする労働者を助けることである（育児・介護休業法第1条）。

> この法律は，育児休業及び介護休業に関する制度並びに子の看護休暇及び介護休暇に関する制度を設けるとともに，子の養育及び家族の介護を容易にするため所定労働時間等に関し事業主が講ずべき措置を定めるほか，子の養育又は家族の介護を行う労働者等に対する支援措置を講ずること等に

より，子の養育又は家族の介護を行う労働者等の雇用の継続及び再就職の促進を図り，もってこれらの者の職業生活と家庭生活との両立に寄与することを通じて，これらの者の福祉の増進を図り，あわせて経済及び社会の発展に資することを目的とする。（育児・介護休業法　第1条）

　この法律は少子高齢化対策のなかから出てきたものであり，子育てや介護をしながら，労働者が働ける環境を整備することを目指している。本法では，育児休業，介護休業，看護休暇，介護休暇という言葉が出てくる。休業と休暇は休む期間の長さが主な違いであり，以下に具体的な違いを説明する。内容としては，大きく育児と介護という2種類の休業について定められており，それぞれの異同を含めて順に解説を行う。

（1）育児休業

　育児休業とは，子どもを育てるための休業である（育児・介護休業法第2条第1号）。原則，子どもが1歳になるまでの間，休業することが可能であり，事業主は申し出を断ることができない（例外もある）（育児・介護休業法第6条第1項）。条件によっては，子どもが2歳になるまで取得することも可能である（育児・介護休業法第5条第3項第4項）（表4-1）。いつから取得するかについては，本法だけではなく，労働基準法などもあわせて考えると理解しやすい。

　労働基準法では，産前休業と産後休業が定められている。産前6週間，産後8週間は，女性を働かせることができない（労働基準法第65条）。産前6週間を産前休業，産後8週間を産後休業とした場合，女性は産後休業後に育児休業の取得となる（図4-2）。そのため，産前6週間から子どもが1歳になるまでの期間は，休業取得が可能ということとなる。育児休業の取得においては，申し出が休業開始予定日の1か月前までのため（育児・介護休業法第6条第3項），産前休業前に申請をしておくのが望ましい。

　育児休業については，2021年の改正までに多くの変更が加えられた。これは，少子化や出生率の減少などの社会情勢が反映されたもの

表 4-1　育児休業の取得条件と内容 (厚生労働省都道府県労働局雇用環境・均等部 (室),
2022a)

休業の定義	労働者が，原則としてその 1 歳に満たない子を養育するためにする休業 ※育児関係の「子」の範囲は，労働者と法律上の親子関係がある子（養子を含む）のほか，特別養子縁組のための試験的な養育期間にある子や養子縁組里親に委託されている子等を含む
対象労働者	・労働者（日々雇用を除く） ・有期雇用労働者は，申出時点で次の要件を満たすことが必要 　子が 1 歳 6 か月（2 歳までの育児休業の場合は 2 歳）に達する日までに労働契約が満了し，更新されないことが明らかでないこと 〈労使協定を締結することにより，対象外となる労働者〉 ①入社 1 年未満の労働者　②申出の日から 1 年以内（1 歳 6 か月又は 2 歳までの育児休業の場合は 6 か月以内）に雇用関係が終了する労働者　③1 週間の所定労働日数が 2 日以下の労働者
期　間	・原則，子が 1 歳（保育所等に入所できない等の理由がある場合は 1 歳 6 か月，それでも保育所等に入所できない等の理由がある場合は 2 歳）に達する日までの連続した期間 ・父母ともに育児休業を取得する場合は，子が 1 歳 2 か月に達する日までの間の 1 年間，取得可能（パパ・ママ育休プラス）
回　数	子 1 人につき原則として 2 回（1 歳 6 か月，2 歳までの育児休業は別に原則各 1 回取得可能）
手続き	労働者は，休業開始予定日の 1 か月前（1 歳 6 か月，2 歳までの育児休業の場合は 2 週間前（休業開始予定日によって 2 週間〜1 か月前））までに書面等により事業主に申出 ※出産予定日前に子が出生したこと等の事由が生じた場合は 1 歳までの休業 1 回につき 1 回に限り休業開始日の繰上げが可能，休業終了予定日の 1 か月前までに申し出ることにより 1 歳までの範囲内で事由を問わず休業 1 回につき 1 回に限り繰り下げ可能 ※1 歳 6 か月，2 歳までの育児休業の場合は休業終了予定日の 2 週間前までに申し出ることにより 1 歳 6 か月，2 歳までの範囲内で事由を問わず 1 回に限り繰り下げが可能

と考えられる。大きな改正点としては，男性の育児休業取得の促進，
育児休業の分割取得，周知・意向確認措置と育児休業取得状況公表の
義務づけ，有期雇用労働者の育児・介護休業取得要件の緩和があげら
れる。男性に関する内容は，別途まとめて紹介する。育児休業の分割
取得というのは，今まで原則 1 回しか取得できなかったところを，分
割して 2 回取得できるようになったことを指す (育児・介護休業法第 5 条第
2 項)。育児休業後の復職が心配で，育児休業を取得しにくい場合に，
分割取得できるほうが仕事に戻りやすいだろう，という考えである。
事実，厚生労働省は育児休業後の復職に関するマニュアルを出してい

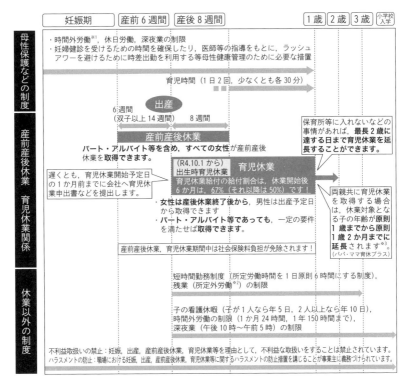

図 4-2　産前産後休業と育児休業の取得期間（厚生労働省都道府県労働局，2021）

※１　時間外労働：労働基準法で定められている１日８時間または１週間 40 時間を超える労働。
※２　残業（所定外労働）：会社で決められている始業から終業までの時間を超える労働。
※３　ただし，育児休業が取得できる期間は１歳２か月までの間の１年間です。

る（厚生労働省雇用環境・均等局，2022）。また，今まで保育所などに入所できない場合などは，育児休業の延長が可能であった（育児・介護休業法第５条第３項，第４項）が，一度育児休業を終了した場合は再取得ができなかった。育児休業の分割取得が可能になったことで，夫婦間で交代して育児休業を取得するということが可能となり，柔軟な育児と就業の両立がしやすくなることが望まれている。

(2) 男性の育児休業

　育児は夫婦で行うものであり，育児休業を男性も取得することは本来何もおかしくない。しかし，日本においては男性の育児休業取得率

は低い。そのため，特に男性の育児休業取得を促進させる目的で，法改正が行われた。2022 年の改正では，出生時育児休業（産後パパ育休）に関する研修や制度の整備が盛り込まれた。

　男性の育児休業の特徴には，まず産後休業の有無があげられる。女性が育児休業を取得する場合，産後休業（8 週間）の終了後に育児休業が開始される。しかし，男性には産後休業がないため，子どもが誕生した日から育児休業となる。従来，パパ休暇という制度があり，子どもの出生後 8 週間以内に育児休業を取得した男性は，その後 2 回目の育児休業が取得できた。しかし，2022 年の改正によって，子どもの出生後，8 週間以内に 4 週間まで育児休業が取得可能となった（産後パパ育休［出生時育児休業］，育児・介護休業法第 9 条の 2 第 1 項）。産後パパ育休は，育児休業とは別に取得が可能な休業である（表 4-2）。パパ休暇と出生時育児休業（産後パパ育休）の違いは，出生時育児休業が分割して 2 回取得可能であること（育児・介護休業法第 9 条の 2 第 2 項第 1 号）や，一定の条件を満たした場合は，休業中に就業することが可能な点（育児・介護休業法第 9 条

表 4-2　出生時育児休業（産後パパ育休）と通常の育児休業（改正前）との比較（厚生労働省都道府県労働局雇用環境・均等部（室），2022b をもとに作成）

	産後パパ育休 （2022. 10. 1〜）※	育児休業制度 （2022. 10. 1〜）	育児休業制度 （改正前）
対象期間 取得可能日数	子の出生後 8 週間以内に 4 週間まで取得可能	原則子が 1 歳 （最長 2 歳）まで	原則子が 1 歳 （最長 2 歳）まで
申出期限	原則休業の 2 週間前まで	原則 1 か月前まで	原則 1 か月前まで
分割取得	分割して 2 回取得可能 （初めにまとめて申し出ることが必要）	分割して 2 回取得可能 （取得の際にそれぞれ申出）	原則分割不可
休業中の就業	労使協定を締結している場合に限り，労働者が合意した範囲で休業中に就業することが可能	原則就業不可	原則就業不可
1 歳以降の延長		育休開始日を柔軟化	育休開始日は 1 歳，1 歳半の時点に限定
1 歳以降の再取得		特別な事情がある場合に限り再取得可能	再取得不可

※育休とは別に取得可能

の5) があげられる。すなわち，パパ休暇を廃止して，さらに柔軟につくり変えた制度が産後パパ育休なのでああり，パパ休暇よりも就業との両立手段が増えたともいえる。出産直後に柔軟な育児対応をしたいという父親にとっては，有益な改正である。

　また，育児休業取得は，原則1回を休業開始の1か月前までに申し出る必要があった（育児・介護休業法第6条第3項）。育児休業の箇所でも述べたが，改正後は産後パパ育休・育児休業ともそれぞれ分割2回の取得が可能となり，産後パパ育休の申し出も休業開始の2週間前までとなった（育児・介護休業法第9条の3第3項）。これにより，長期で休業することに抵抗のある男性労働者にとっては取得しやすくなった。

　金銭面では，**育児休業給付金**による支援も得ることが可能である（雇用保険法第61条の7）。育児・介護休業法の改正に伴い，育児給付金の支援対象も変更された。従来，育児休業給付金は1回の育児休業が対象であり，2回目の育児休業は支給対象ではなかったが，2回目の育児休業も支給対象となった。また，出生時育児休業（産後パパ育休）も支援の対象となった。支給額は，基本は休業開始時点の67％である。ただし，休業期間中の就業日数が10日以下であることが支給要件である。つまり，休業中に10日働いてしまうと支給対象からはずれることになる。

(3) 子の看護休暇

　子の看護休暇とは，小学校就学前の子どもを看護するための休暇である。1年間に5日（5労働日）まで取得可能である（育児・介護休業法第16条の2）。本法上の看護とは，怪我をしたり病気にかかったりした子どもの世話と，病気の予防をするための世話を指している（育児・介護休業法第16条の2）。病気の予防をするための世話，というのはわかりにくいが，予防接種や健康診断などが想定される（育児・介護休業法施行規則第32条）。育児休業がまとまった一定期間の休業であったのに対して，子の看護休暇は取得可能日数こそ少ないものの，一日単位や時間単位で取得が可能である（育児・介護休業法第16条の2第2項）。なお，休暇で認められているのは始業や就業時刻と連続している時間帯である（育児・介護

休業法施行規則第34条第1項）。たとえば，始業時刻から正午までの取得，午後3時から就業時刻の午後5時までの取得というような形態である。そのため，就業時間中の一部のみ休暇を取得すること，いわゆる中抜けは基本的には認められていない。

　子の看護休暇は，介護休業と比較して取得しやすくなっている。たとえば，子どもの怪我や病気は緊急を要する場合が多いため，当日の電話や口頭での申し出を認め，事後に提出された書類も認めることを推奨している（厚生労働省都道府県労働局雇用環境・均等部（室），2022a，p.72）。また，取得申し出において，医師の診断書などは必須ではなく，薬の領収書などでも認めることが推奨されている（厚生労働省都道府県労働局雇用環境・均等部（室），2022a，p.73）。

（4）介護休業

　介護休業とは，要介護状態の家族を介護するための休業である（育児・介護休業法第2条第2号）。日本社会は高齢社会のため，介護に割かれる人員と時間は非常に大きい。介護を理由とする離職（介護離職）も多いため，対策が求められてきた。本法は，子育てしながら働くことと同様に，介護をしながら働ける環境を整えることが目的とされている。

　本法では，要介護状態の家族がいる場合に，一定の休業が取得できるように定められており（育児・介護休業法第11条），事業主は休業取得を断れない（育児・介護休業法第12条）。要介護状態とは，負傷，疾病，身体もしくは精神上の障害により，2週間以上常時介護を必要とする状態を指す（育児・介護休業法第2条第3号）。家族一人に対して，通算93日間（約3か月）を，3回まで分割して取得可能である（育児・介護休業法第11条第2項）。ポイントは，介護保険サービスに必要な要介護認定を受けていなくても，介護休業の対象となることである。要介護認定の判断基準については，表4-3を参照されたい。誤解されやすい点であるが，介護休業取得の判断基準となる要介護状態は，介護保険制度の要介護状態^{メモ}（介護保険法第7条第1項）と異なる。厚生労働省もリーフレッ

> ✐メモ
>
> **介護保険制度の要介護認定**
>
> 介護保険法に基づき，介護認定審査会で判定される。要介護状態ないし要支援状態にあるかどうかの認定。認定されると，各種の介護保険制度が利用可能となる。

表 4-3　常時介護を必要とする状態に関する判断基準（厚生労働省都道府県労働局雇用環境・均等部（室），2022c）

項目 ＼ 状態	1[※1]	2[※2]	3
①座位保持（10分間一人で座っていることができる）	自分で可	支えてもらえればできる[※3]	できない
②歩行（立ち止まらず，座り込まずに5m程度歩くことができる）	つかまらないでできる	何かにつかまればできる	できない
③移乗（ベッドと車いす，車いすと便座の間を移るなどの乗り移りの動作）	自分で可	一部介助，見守り等が必要	全面的介助が必要
④水分・食事摂取[※4]	自分で可	一部介助，見守り等が必要	全面的介助が必要
⑤排泄	自分で可	一部介助，見守り等が必要	全面的介助が必要
⑥衣類の着脱	自分で可	一部介助，見守り等が必要	全面的介助が必要
⑦意思の伝達	できる	ときどきできない	できない
⑧外出すると戻れない	ない	ときどきある	ほとんど毎回ある
⑨物を壊したり衣類を破ることがある	ない	ときどきある	ほとんど毎日ある[※5]
⑩周囲の者が何らかの対応をとらなければならないほどの物忘れがある	ない	ときどきある	ほとんど毎日ある
⑪薬の内服	自分で可	一部介助，見守り等が必要	全面的介助が必要
⑫日常の意思決定[※6]	できる	本人に関する重要な意思決定はできない[※7]	ほとんどできない

※1）各項目の1の状態中，「自分で可」には，福祉用具を使ったり，自分の手で支えて自分でできる場合も含む。

※2）各項目の2の状態中，「見守り等」とは，常時の付き添いの必要がある「見守り」や，認知症高齢者等の場合に必要な行為の「確認」，「指示」，「声かけ」等のことである。

※3）「①座位保持」の「支えてもらえればできる」には背もたれがあれば一人で座っていることができる場合も含む。

※4）「④水分・食事摂取」の「見守り等」には動作を見守ることや，摂取する量の過小・過多の判断を支援する声かけを含む。

※5）⑨3の状態（「物を壊したり衣類を破ることがほとんど毎日ある」）には「自分や他人を傷つけることがときどきある」状態を含む。

※6）「⑫日常の意思決定」とは毎日の暮らしにおける活動に関して意思決定ができる能力をいう。

※7）慣れ親しんだ日常生活に関する事項（見たいテレビ番組やその日の献立等）に関する意思決定はできるが，本人に関する重要な決定への合意等（ケアプランの作成への参加，治療方針への合意等）には，指示や支援を必要とすることをいう。

トで，注意喚起をしている（厚生労働省都道府県労働局雇用環境・均等部（室），2022c，p.59）。

　介護のための短時間勤務制度も設定されている（育児・介護休業法第23条第3項）。事業主は，短時間勤務の制度，フレックスタイム制度，時差出勤制度，介護サービス費用の助成等の制度のいずれかをつくることが義務化されている。短時間勤務は，1日8時間より短い勤務時間を設定するもので，6時間勤務にするというような方法がある。フレックスタイム制度とは，3か月以内の一定期間の総労働時間を決めておき，期間内で労働者自身が働く時間を決めて働くという働き方である（本書p.23参照）。時差出勤制度は，出退勤の時刻を繰り上げまたは繰り下げる方法である。最後の助成等の制度とは，その名の通り，介護サービスを利用した際にかかる費用を，事業主が助成する制度である。なお，中小企業に対して，雇用の安定を図る措置に助成を行っており（雇用保険法第62条第1項），企業が一定基準の介護支援プランを作成した場合に両立支援等助成金（介護離職防止支援コース）という助成金を得ることができる。

　介護休業以外にも，介護休業を行う労働者への支援は行われる。本法の範囲ではないが，介護休業中は，要件を満たせば雇用保険から休業前の賃金の67%がハローワークから支給される（介護休業給付金）。また，介護保険制度を使うことで，各種の介護サービスが利用しやすくなる。介護離職を防止するために，介護と仕事の両立支援は今後さらに促進されてくものと考えられる。

(5) 介護休暇

　介護休暇とは，要介護状態の家族を介護するための休暇である。子の介護休暇と同様，1年間に5日（5労働日）の取得が可能である（育児・介護休業法第16条の5）。対象は要介護状態の家族1名に対してであるが，この基準は介護休業と同様である。ちなみに，要介護状態の家族が2名いる場合は，10日（10労働日）までの取得が可能である。基準や取得方法も子の看護休暇とほぼ同様であり，中抜けを事業主に認めるよう求めてはいない（育児・介護休業法施行規則第40条）が，1日ないし時間単位

での取得が可能である（育児・介護休業法第16条の5）。取得の申し出は，口頭や事後の書類提出でも可とすることが推奨されている。介護は，終わる時期が明らかではなく長期に及ぶことが予想される。そのため，取得日数に制限のある介護休業に加えて，毎年5日間の取得が可能な介護休暇は，介護する家族にとって重要な制度と考えられる。

3. 働き方の男女差

本章では，就労に関する男女の不平等と不利益がテーマとなっている。そもそも，不平等や不利益がなければ，男女雇用機会均等法や育児・介護休業法は不要なのであって，現実に両法律が必要となるだけの理由があるということである。ここではデータをみながら，法律が果たす役割と，今後取り組むべき課題について考えていきたい。

(1) ジェンダーギャップ

よく指摘されていることであるが，日本はジェンダーギャップ^{メモ}が大きい国である。ジェンダーギャップ（gender gap）とは，男女間の格差を指す概念である。世界経済フォーラムが公表したジェン

> **✎メモ**
> **ジェンダーギャップ**
> ジェンダーとは，社会文化的な性別を指す。そのため，ジェンダーギャップとは，男女の社会文化的な差（ギャップ）を意味する。なお，生物学的な性（セックス）とは意味合いが異なり，男女の格差を扱う場合はセックスではなくジェンダーの要素が主に取り上げられる。

ダーギャップの国際比較をみると，日本は156か国中120位であった（表4-4）。先進国中ではほぼ最低レベルであり，アジアのなかでも韓国や中国より低い。この調査では，教育や健康についてはそれほど低評価ではなかったものの，経済や政治の分野でジェンダーギャップが大きいと判断された。すなわち，仕事という面においてジェンダーギャップが大きいと言い換えることもできる。では，男女間にどのような格差が存在するのだろうか。

(2) 男女の給与

最もわかりやすいのは，**賃金格差**であろう。企業調査では，正社員の男女構成率は，全体では男性72.8%，女性27.2%であった（厚生労働

表4-4　2021年のジェンダーギャップ指数 （内閣府男女共同参画局, 2021a）

順位	国名	値	前年値	前年からの順位変動
1	アイスランド	0.892	0.877	―
2	フィンランド	0.861	0.832	1
3	ノルウェー	0.849	0.842	−1
4	ニュージーランド	0.840	0.799	2
5	スウェーデン	0.823	0.820	−1
11	ドイツ	0.796	0.787	−1
16	フランス	0.784	0.781	−1
23	英国	0.775	0.767	−2
24	カナダ	0.772	0.772	−5
30	米国	0.763	0.724	23
63	イタリア	0.721	0.707	13
79	タイ	0.710	0.708	−4
81	ロシア	0.708	0.706	―
87	ベトナム	0.701	0.700	―
101	インドネシア	0.688	0.700	−16
102	韓国	0.687	0.672	6
107	中国	0.682	0.676	−1
119	アンゴラ	0.657	0.660	−1
120	日本	0.656	0.652	1
121	シエラレオネ	0.655	0.668	−10

省雇用環境・均等局雇用機会均等課, 2021）。職種別では，総合職で最も男女差が大きく，男性79.8％，女性20.2％であった。男女雇用機会均等法において間接差別に言及している理由は，賃金格差の背景に職種の男女比率という間接的な要因が想定されるためである。

　男女間の賃金格差も大きい。2020年の時点で，平均賃金は男性338,800円，女性は251,800円であった （図4-3）。男性の平均賃金を100とした場合，女性の平均賃金は74.3となる。男女間の賃金格差を国際比較すると，韓国とイスラエルに次いで，日本は賃金格差が大きい。OECDのなかでワースト3という，非常に不名誉な状況である。ちなみに，男女間の賃金格差は50歳代にピークに達する （図4-4）。基本的な給与が異なることも影響するが，それ以上に役職者 （部長や課長といった役職） に女性が少ないことや，出産・育児がハンデになり業務

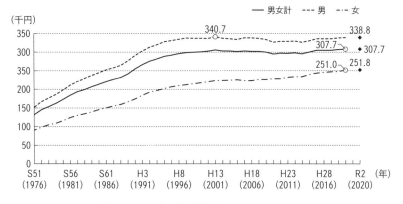

図 4-3　男女の賃金格差（厚生労働省，2022）

注 1）平成 30 年以前は，調査対象産業「宿泊業，飲食サービス業」のうち「バー，キャバレー，ナイトクラブ」を除外している。

注 2）令和元年以前と令和 2 年では推計方法が異なる。詳細は「利用上の注意」を参照。

注 3）線上の○印は令和元年以前における賃金のピークを，◆印は本概況での公表値を示す。

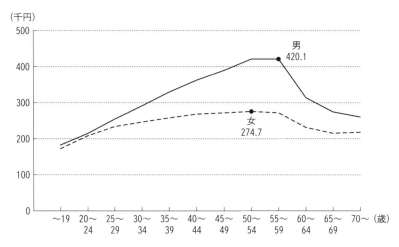

図 4-4　男女間賃金格差の年齢階級比較（2020）（厚生労働省，2022）

評価が下がることで，昇進しにくいという現状も影響が強いと考えられる。管理職に占める女性の割合は，国際的にみても低く，2020 時点で 13.3％であった（内閣府男女共同参画局，2021b）。男女共同参画白書令和 3年版（内閣府男女共同参画局，2021c）では，スウェーデン 40.2％，アメリカ41.1％，イギリス 36.8％と紹介されており，比較すると日本の数値の

低さがわかる。厚生労働省も，男女間の賃金格差解消のためのガイドラインを出しており（厚生労働省雇用均等・児童家庭局, 2010），雇用の格差を埋めるために事業主にさまざまな対応を求める法的根拠が必要となるのは自然な流れと考えられる。

(3) 結婚と出産

2019 年時点の出産年齢は，平均 30.7 歳である。これは，1975 年の25 歳から，年々高くなっている（厚生労働省, 2021b）。また，2019 年の初婚年齢は，男性 31.2 歳，女性 29.6 歳である。初婚年齢と出産年齢は一貫して高くなっている。2021 年の出生動向基本調査（国立社会保障・人口問題研究所, 2021）では，独身でいる理由については，「適当な相手にめぐり合わない」が男女ともに最も多いが，女性では「仕事に打ち込みたい」に 14.4%，「結婚資金が足りない」に 13.4% が回答している。すなわち，雇用や金銭的な問題が，晩婚化や少子化に影響していることが考えられる。そう考えると，安心して出産や育児をしながら，就労も継続しキャリア形成ができることは，日本全体にとって極めて重要な課題であると考えられる。

ちなみに，2021 年の令和 2 年雇用動向調査では，離職した女性の1.7% が出産・育児を理由としており，1.4% が介護・看護を離職理由としている（厚生労働省, 2021c）。男性は出産・育児を理由とする離職は0.0%，介護・看護は 0.5% であり，出産・育児・介護による離職にジェンダーの影響があるといえる。

(4) 育休取得率

育児休業の取得率は，男性で増加している。2020（令和2）年の男性育児休業取得率は約 12.7% で過去最高となっている（図4-5）。2010（平成22）年は 1.38%，1996（平成8）年では 0.12% の取得率であったことと比べると，過去数年の増加率は大きな変化にみえる。しかし，女性の育児休業取得率は 81.6% であり，過去 10 年以上 80% 台で推移している。このことから，依然として女性が育児休業を取得して育児を行うという傾向は強い。制度として，男性が 6 か月以上の育児給付金を受

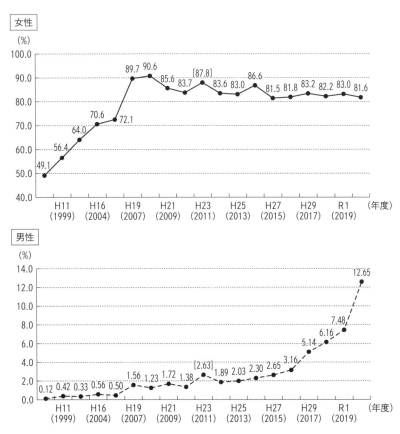

図 4-5　育児休業の取得率（厚生労働省雇用環境・均等局雇用機会均等課，2021）
注）平成 23 年度の〔　〕内の割合は，岩手県，宮城県および福島県を除く全国の結果。

給しながら育児休業を取得できることは，世界的にもめずらしいといわれているが，取得率が低いままでは制度を活用しているとはいえない。

(5) 介護

　65 歳以上の要介護者（介護が必要という認定を受けた人）は，2021 年の時点で 690 万人を超えている（厚生労働省老健局介護保険計画課，2021）。そして，介護を理由とする離職（介護離職）者は男性 24,000 人，女性 71,200 人である（統計センター，2022）。性別比率をみると，男性が約 2 割，女性が 8

割以上を占めている。高齢化率は今後も高くなり，労働人口が減少することを考えると，介護と就労の両立は大きな課題である。厚生労働省から，仕事と介護の両立支援ガイドラインや実践マニュアルが出されている。介護支援プランの策定マニュアルなどは，書式例なども掲載されているので，介護が必要な状況になった場合に一読する価値がある（厚生労働省雇用環境・均等局職業生活両立課，2017）。

　また，各種の制度利用も重要である。在宅介護実態調査の結果から，就業の継続が可能と考える介護者は，訪問系サービスの利用割合が高い傾向が示されている（三菱 UFJ リサーチ＆コンサルティング，2017）。訪問系サービスもしくは居宅サービスとして，訪問入浴介護や訪問看護があげられる。介護保険サービスの利用には介護保険が適用されるため（介護保険法），適宜介護サービスを活用することは，就労継続のためには必要と考えられる。また，介護休業をする際に，一定の条件を満たすと最大 93 日（約 3 か月）間，給与の 67％を介護休業給付金として受給可能である（障害者総合支援法［障害者の日常生活及び社会生活を総合的に支援するための法律］第 19 条）。ただし，2 週間以上の休業であることや，月 11 日以上就労した場合は給付対象とならないなど，受給申請前に条件を確認しておく必要がある。

（6）性役割態度

　ジェンダーギャップをはじめとする各種の男女間格差には，**性役割態度**（性役割意識）が影響していると考えられる。性役割態度とは，性役割に対して一貫して好意的もしくは非好意的に反応する学習された傾向と定義されている（東・鈴木，1991）。性役割に関する調査では，「夫は外で働き，妻は家庭を守るべきである」という意見に対して，1979 年の時点では「賛成」と「どちらかといえば賛成」を合わせると，男性の 75.6％，女性の 60.1％であった（内閣府男女共同参画局，2021c）。2019 年時点では，男性 39.4％，女性の 31.1％まで減少したが，それでも 3 割以上が「賛成」か「どちらかといえば賛成」と回答している。また，2019 年時点の調査で年代別にみると，「賛成」と答える男性は 70 歳以上で 15.8％，女性の 70 歳以上で 13.8％であり，このあたりにコホー

トの違いがあるように考えられる。なお，29歳以下についても男性の6.0％と女性の3.2％が「賛成」と回答している。

　性役割態度は，雇用に影響する。雇用主が「女性は家庭を守るべきだ」という考えが強い企業では，従業員における女性の割合が低い（安田, 2013）。また，職場で性役割（男らしさなど）への期待をされるほど，就労者の精神的健康度は低い（渡邊, 2019）。就労者の雇用の安全と平等を達成させるためには，性役割に関する態度や認識を修正する必要がある。

　性役割は，時代によっては社会システムとして有益に機能していた部分があったのであろうと予測される。それは，平均年齢や，乳幼児死亡率，女性の平均出産数，家電がないなかで家事や育児に費やされる時間や労力などが，現代とは異なる時代においてである。大きく環境が変わり続ける現代において，旧来の性役割や雇用環境を維持することは，不利益が多いように考えられる。雇用やワークライフバランスにおける性役割の問題を解決するための法律が，男女雇用機会均等法や育児・介護休業法なのであろう。

介護の制度と実際

　伏見さんは，外部 EAP（Employee Assistant Program）として企業の相談窓口の業務にあたっている非常勤の公認心理師である。ある日，相談窓口に円山さんという女性が相談に来られた。円山さんは 50 歳で，経理課に所属している。シングルマザーで一人息子を育ててきて，2 年前に息子は大学を卒業したらしい。今回の相談は，別居している母親のことであった。

　円山さんの母親は 81 歳で，父親は去年他界している。母親は隣の町で一人暮らしをしているのだが，先日，迷子になり警察に保護された。以前から，記憶力の低下は気になっていたとのことである。現在も母親は一人暮らしをしているので，円山さんは母親との同居や介護などを考えている。しかし，この会社は従業員数が 60 人の中小企業で，介護に関する制度も整っていない。誰に相談したらよいのかわからず，相談窓口にいる伏見さんのところに来たということであった。

　伏見さんは，社内のことだけではなく介護保険に関する情報も，円山さんにアドバイスすることとなった。

STEP1：介護制度を利用する

　日本の介護保険制度は，要介護認定を経てから各種のサービスを利用することが基本となっている（介護保険法）。そのため，要介護認定を受ける必要がある。要介護認定は，介護や支援が必要な程度によって段階があり，生活するうえで支援が必要な場合を要支援状態，常時介護が必要な場合を要介護状態と呼ぶ。要支援は 2 段階（要支援 1，要支援 2），要介護は 5 段階（要介護 1 から要介護 5）で評価される（表 4-5）。いずれも数字が大きいほど，支援や介護の必要性が高いことを意味している。要介護認定は，市町村に設置されている介護認定審査会において判断されるため，審査のための申請が必要である。

表 4-5　**要支援・要介護の評価基準**（厚生労働省，2009 より作成）

要支援 1	要介護認定等基準時間が 25 分以上 32 分未満またはこれに相当すると認められる状態
要支援 2 要介護 1	要介護認定等基準時間が 32 分以上 50 分未満またはこれに相当すると認められる状態
要介護 2	要介護認定等基準時間が 50 分以上 70 分未満またはこれに相当すると認められる状態
要介護 3	要介護認定等基準時間が 70 分以上 90 分未満またはこれに相当すると認められる状態
要介護 4	要介護認定等基準時間が 90 分以上 110 分未満またはこれに相当すると認められる状態
要介護 5	要介護認定等基準時間が 110 分以上またはこれに相当すると認められる状態

　要介護認定の申請をしたあとは，市町村の認定調査員による状況調査および主治医の意見書などをもとに審査が行われる。病院に通っている場合は主治医に意見書を出してもらえばよいが，円山さんの場合は病院に受診していないため，病院受診から始める必要がある。病院受診の際に知っておいてほしい情報として，現状の日本では認知症専門外来（物忘れ外来など）にすぐ受診できるとは限らないということである。地域によっては専門医が少なく，初診までに数か月を要する場合もある（そうでない場合もある）。

　介護制度は，医療・福祉の知識がない人には，なかなか煩雑な手続きが多い。そこで，介護制度全般で力になってくれるのが**ケアマネジャー**（**介護支援専門員**）である。ケアマネジャーは，要介護者または要支援者からの相談に応じ，要介護者等がその心身の状況等に応じ適切なサービスを利用できるよう，市町村，サービス事業者等との連絡調整等を行う者であり，要介護者等が自立した日常生活を営むのに必要な援助に関する専門知識と技術を有する専門家のことを指す（介護保険法第 69 条の 2）。すなわち，介護制度における調整役であり，介護認定の申請代行，ケアプランの作成，サービスを提供する施設等との連絡などを行ってくれる。制度上の知識が必要になるため，社会福祉士や精神保健福祉士の資格をもつケアマネジャーもいる。そもそも，ケアマネジャーの資格を得るためには，医療福祉系の国家資格に基づく実務経験が 5 年以上かつ 900 日以上，もしくは所定の施設での相談援助業務を 5 年以上かつ 900 日以上

が必要である。経験と知識があるため，介護者の強い味方となってくれる。信頼できる優れたケアマネジャーは，介護を行うにあたり非常に重要なパートナーである。わからないことや心配なことは，積極的に相談するとよいであろう。

STEP2：介護と仕事の両立を目指す

　介護は予想以上に大きな負担である。このことは，決して忘れてはいけない。

　円山さんのように同居して介護する場合を在宅介護，老人施設などに入所する場合を施設介護と呼ぶ。在宅介護は，本人の住み慣れた家や地域で生活できること，外出や食事などの自由度が高いことが利点である。一方で，介護者である家族への負担が大きく，専門的な対応がしにくいということも考慮すべきである。認知症者の在宅介護をしている介護者の調査では，介護者の多くが軽度の抑うつ症状に達しており，介護負担感が強いほど抑うつ症状が高いことが示されている（齋藤・鳩野, 2019）。時間的な負担だけではなく，心理的な負担や，家族に対するさまざまな感情もあるだろう。介護者である円山さんだけに負担が集中しないように，制度やサービスを活用する必要がある。

　円山さんの事例では，母一人子一人の状況である。円山さんがつきっきりで介護することは無理なので，デイサービスなどを利用することが一般的である。まず，居宅介護支援を受け，ケアマネジャーと相談のうえ，ケアプランを策定する。ケアプランには，どのようなサービスを利用するかが含まれる。デイサービス（通所介護）は，日中は施設に滞在する形態のサービスである。レクリエーションのほか，食事や排せつの介助，機能訓練なども含まれるが，施設によって雰囲気やサービス内容が異なるので，事前に見学するとよいであろう。また，送迎をしてくれる施設も多いが，送迎の時刻によっては円山さんの出退勤時刻に影響するので，可能な限り円山さんの負担が増えないようにしたい。

　また，円山さんが行わなければならない作業もある。たとえば病院への通院などが該当する場合がある。デイケアには医師が常駐しているが，主治医の診察には家族が連れて行くこととなる。また，高齢者の場

合は持病を患っていることも多いので，それらの診察は基本的には家族が行くこととなる。このような場合に，介護休暇は使いやすい制度のように思われる。

　では，介護休業はどのタイミングでとるとよいのか。環境が変わったときや，怪我をした場合などは，ひとつのタイミングといえるかもしれない。介護サービスを利用し始めてから，慣れるまでには時間がかかる。円山さんの場合は母親の引っ越しと介護サービスの利用開始という，大きな変化が重なる。母親も大変だが，円山さんの負担も大きいので，このようなタイミングで介護休業を取得してもよいだろう。介護休業は一度にすべて取得する必要はなく，3回までは分割取得できるので，母親との生活が少し落ち着くまでの期間に取得するという方法がある。ケアマネジャーや主治医もアドバイスをくれるので，円山さんが一人で孤立しないようにすることが，ここでも重要になってくる。

　介護休業を取得する際に，介護休業給付金を取得することも考えてよいであろう。円山さんは，長年同じ会社に勤めている。介護休業を取得する前の2年間で，11日以上働いた月が12か月以上あれば給付を受けることができ，円山さんはその条件に該当している。

STEP3：介護者の QOL を保つ

　伏見さんは，まず役所か地域包括支援センター^{メモ}で要介護認定についての手続きを始めることを助言した。伏見さんは医療機関に勤めていたこともあるので，主治医を探すことや，病院の精神保健福祉士にも相談することなどについてアドバイスをすることができた。円山さんの母親は要介護1と認定された。引っ越しと介護を始めるための準備で円山さんはかなり疲弊したが，介護休業を取得したことでなんとか対応できたと語っていた。

メモ

地域包括支援センター

高齢者が住み慣れた地域で，尊厳を保ちながら生活できるための，地域の包括的な支援・サービス提供体制を地域包括ケアシステムと呼ぶ。この地域包括ケアシステムを構築するための拠点が地域包括支援センターであり，全国で 5,000 か所以上設定されている。複数の専門職が配置され，地域住民の健康保持や介護予防などのサービスを提供している。

　円山さんは長年同じ会社に勤めていたこともあってか，上司や同僚は彼女の介護休業に協力的であった。介護休業取得も，彼女の上司から促

しがあったとのことである。その上司から伏見さんのアドバイスも欲しいと言われ，EAP の立場から社内の制度について助言を行った。介護休業や育児休業は，前例がないととりにくいという意見もあるため，周囲から休んでよいと声かけができる企業は非常に健全な組織であるといえる。

　ただし，認知症の介護はこれからが大変であることも忘れてはならない。認知症は，基本的には進行性の疾患である。治療薬はない。円山さんの母親は 81 歳なので，身体疾患のリスクも年々高まる。認知症はフレイル^{メモ}の進行リスクである (Chong et al., 2015)。転倒を機に状態が悪化することもあり得る。円山さんの息子は遠方に住んでいるので，現実的には円山さんが介護で頼ることができる親族はいない。

／メモ

フレイル（frailty）

虚弱の意。加齢に伴い，身体的な機能や認知機能が低下した状態を指し，健康な状態と介護が必要な状態の間のことである。高齢期の医療において，予防的介入の対象となっている。

　介護において重要なことは，介護者の QOL を保つことである。その一環として，介護休業などの制度を活用できることは，介護者にとって有益である。しかし，制度だけではなく，心理面の対応も必要であろう。必要となることのひとつは，認知症に対する知識である。認知症に対する適切な知識は，介護の負担を軽減するための武器になると考えられる。そして，ソーシャルサポートも重要であろう。会社が支持的であることは非常に大きなサポートといえる。また，介護に関わる主治医，ケアマネジャー，居宅介護支援事業のスタッフなど，心理的なサポートも円山さんには必要であると考える。

事 例

　南さんは新卒で地方の不動産関係の中小企業に就職しました。仕事を覚えることや新しい生活リズムに慣れることで手一杯で，慌ただしく1か月が経ちました。ゴールデンウィークになって生理が来ないことから，妊娠検査を行ったところ，妊娠していることが明らかになりました。南さんには恋人がいますが，まだ結婚していません。また，調べてみたところ，育児休業の取得には入社1年以上が経過していることが必要のようです。出産予定日は12月ごろなので，出産時点での雇用期間は1年未満になっていまします。上司の平岸さんに相談したところ，やんわりと退職を考えてはどうかと促されました。困った南さんは，たまたま部署に貼り出されていた相談窓口のチラシを見て，社内相談窓口に相談に行きました。外部 EAP をしている公認心理師の山鼻さんは，南さんに対応することになりました。

🧠 考えてみよう！

　南さんは，出産したいと考えています。しかし，恋人との関係，親への報告，経済的不安，そして仕事について，何からどうすればよいかわからず，混乱しています。まず，何をどうする必要があるか考えてみましょう。

💬 話し合ってみよう！

　この会社は中小企業で，経営状態も余裕があるとはいえません。経営陣はある程度高齢であり，社長や上司の平岸さんも，南さんとは仕事（働き方）に関する感覚に違いがあることを認識しています。もし育児休業を取得して働き続けられるとして，この会社は南さんにとって働きやすい職場でしょうか？ また，南さんと会社が Win-Win な関係になるためには，どうしたらよいでしょうか？

🏃 ロールプレイをしてみよう！

　この事例では，会社側に人的資源が少なく，稼働可能な職員が減ることに消極的ですが，それだけではなく，経営陣も対応方法がわからず混乱しています。①南さん，②上司の平岸さん，③公認心理師の山鼻さんの立場になって，ロールプレイで意見を出してみましょう。そして，どのようにすることが最善か，話し合ってみましょう。

ジェンダーギャップの地域差

　日本はジェンダーギャップが大きいと紹介したが，国内での差はあるのだろうか。この問いに対して，九州経済連合会が国内版ジェンダーギャップ指数をつくっている。日本を 11 の地域に分け，世界経済フォーラムと同様に，経済，教育，健康，政治の 4 分野で計算したところ，ジェンダーギャップが小さい地域は沖縄，南関東，四国の順であり，逆にジェンダーギャップが大きい地域は北海道，東海，九州の順であった（九州経済連合会，2022）。また，男女平等度を都道府県別に作成すると，平等度が高い都道府県は 1 位が鳥取，2 位が同率で長野，京都，岡山，香川であり，埼玉，北海道，鹿児島は平等度が低かった（吉田，2010）。

　著者の経験からすると，この結果には少し違和感があった。というのも，著者は北海道在住の経験があるが，そこまでジェンダーギャップを感じていなかった。一方で，のちに九州で仕事をした際に，地元の女性大学生から「私は本家の長女なので，親から県外の男性や長男とは交際しないように言われています」と告げられ，本当に驚いた経験がある。では，ジェンダーギャップに地域差はあるのか？　ないのか？

　著者の仮説としては，地域差はあるように思われる。本家—分家の文化はある地域とない地域があるであろうし，結婚や出産に関する文化的規範は地域によって異なるのではないか，と個人的に考えている。しかし，それ以上に，都市規模と人口流動も関係しているのではないか，というのが筆者の仮説である。人間関係の流動性が低いほど，規範を守る傾向が強いことが示されている（岩谷・村本，2017）。思い返してみると，筆者が住んでいたのは北海道札幌市で，人口 197 万人の政令指定都市であった。人口流動性は高いと考えられる。一方，北海道の地方都市は，昔ながらの風習や思想が都市圏より根強いように思われる。そうであれば，都道府県単位での分析は，あまり意味がないのではないかという予想も立ち得る。県単位ではなく，市町村単位でみる必要性があるように思うが，それはそれでデータが煩雑になってしまう気もする。

　人口減少が続く日本において，若い人にはジェンダーギャップや性役割意識を受け継がずに生活してほしいと考えている。そのための工夫として，一度住み慣れた地域以外で生活することも有益かもしれないと考えている。特に，人口流動の大きい都市部で生活してみると，自らの性役割意識に気づく人も出てくるかもしれない。また，地元を遠くから眺めることで，よい点や改善が必要な点についてみえてくることもあるであろう。かわいい子には旅をさせよと言うが，若い人が多くの経験を経て地元の助けになるというのも，悪い話ではないように思う。個人的には，日本はいまだに男尊女卑の思想をもつ人が多いように感じる。しかし，これも個人差が大きいであろう。心理学者として，偏見や差別が無意識的に起こる問題と知っているものの，次の世代では少しでも状況が変わっていてほしいと切に願うものである。

第 5 章

ハラスメントから労働者を守る

労働施策総合推進法

　ハラスメントという言葉は，日常で使われる言葉になった。ハラスメント（harassment）を直訳すると，悩ませること，悩まされること，嫌がらせ，となる（浅野，1996）。web で検索すると，ハラスメントと名のつく迷惑行為が大量に出てくることに驚くだろう。本章では，職場で遭遇する可能性が高いハラスメントと，その関連法規を紹介する。主に，パワーハラスメントとセクシュアルハラスメントが中心となるが，それ以外のハラスメント行為についても触れることで，働きやすい職場環境について考えていきたい。

1. ハラスメントに関わる法律

（1）労働施策総合推進法

　労働施策総合推進法（労働施策の総合的な推進並びに労働者の雇用の安定及び職業生活の充実等に関する法律）とは，労働者の職業の安定と経済的社会的地位の向上を目的とした法律である。第 1 条に，少子高齢化と人口構造の変化に対応し，上記の目的を達するためにつくられた法律であることが明記されている。

> 　この法律は，国が，少子高齢化による人口構造の変化等の経済社会情勢の変化に対応して，労働に関し，その政策全般にわたり，必要な施策を総合的に講ずることにより，労働市場の機能が適切に発揮され，労働者の多様

な事情に応じた雇用の安定及び職業生活の充実並びに労働生産性の向上を促進して，労働者がその有する能力を有効に発揮することができるようにし，これを通じて，労働者の職業の安定と経済的社会的地位の向上とを図るとともに，経済及び社会の発展並びに完全雇用の達成に資することを目的とする。(労働施策総合推進法　第1条)

さて，そのような法律がなぜハラスメントに関係するかというと，職業生活の充実を図るために，事業主が行うべき義務について規定がされているためである。職業生活の充実のためには，当然パワーハラスメントなど存在しないほうがよいのであり，安全な職場環境をつくることは事業主の仕事といえる。そして，職場におけるパワーハラスメント対策が，大企業では2020年から，中小企業では2022年から同法において義務化されたのである。背景には，労働者からの相談として，いじめ・嫌がらせの相談件数が多いことや，労災認定において嫌がらせやいじめ等に起因する支給決定件数が増加していることがあげられる。いじめや嫌がらせが増え続ける就労環境は，本法の目的である職業の安定とは相容れないものである。はじめに，職場の相談窓口で特に多かった相談であるパワーハラスメントから紹介する。

1) パワーハラスメントとは

労働施策総合推進法における**パワーハラスメント**とは，以下の3つの要素をすべて満たす行為と定義されている (表5-1)。すなわち，①優越的な関係を背景とした言動，②業務上必要かつ相当な範囲を超えた言動，③労働者の就業環境が害される，である (労働施策総合推進法第30条の2)。この定義は，パワーハラスメントを理解するうえで非常に重要なので，ひとつずつみていくことにする。

まず，①優越的な関係を背景とした言動とは，相手の立場のほうが強いということである。上司のように，職位の上下がある場合などがわかりやすい。そのほかに，職位は同じであっても業務上頼らなければならないような場合も優越的な関係と判断される。例として，職場で唯一の専門知識をもっており業務上頼らざるを得ない同僚や，他の

表 5-1　2017年から2019年の間のハラスメント件数（厚生労働省都道府県
労働局雇用環境・均等部（室），2020）

職場における パワハラの3要素	具体的な内容
①優越的な関係を 　背景とした言動	○当該事業主の業務を遂行するにあたって，当該言動を受ける労働者が行為者に対して抵抗または拒絶することができない蓋然性が高い関係を背景として行われるもの （例） ・職務上の地位が上位の者による言動 ・同僚または部下による言動で，当該言動を行う者が業務上必要な知識や豊富な経験を有しており，当該者の協力を得なければ業務の円滑な遂行を行うことが困難であるもの ・同僚または部下からの集団による行為で，これに抵抗または拒絶することが困難であるもの　等
②業務上必要かつ 　相当な範囲を超 　えた言動	○社会通念に照らし，当該言動が明らかに当該事業主の業務上必要性がない，またはその態様が相当でないもの
③労働者の就業環 　境が害される	○当該言動により労働者が身体的または精神的に苦痛を与えられ，労働者の就業環境が不快なものとなったため，能力の発揮に重大な悪影響が生じるなど，当該労働者が就業するうえで看過できない程度の支障が生じること ○この判断にあたっては，「平均的な労働者の感じ方」，すなわち，同様の状況で当該言動を受けた場合に，社会一般の労働者が，就業するうえで看過できない程度の支障が生じたと感じるような言動であるかどうかを基準とすることが適当

　職員がもっていない顧客とのコネクションをもっている者などが考えられる。また，職位とは関係なくとも，集団で結束しているような状況も考えられる。職場で発生するいじめなどは，客観的な立場は同じ_{（同僚・労働者）}であっても，集団が団結して特定個人_{（いじめの被害者）}に対して行う言動であるため，このような場合も優越的な関係を背景とした言動といえる。

　次に，②業務上必要かつ相当な範囲であるが，この点は業務遂行に非常に重要な点である。というのも，パワーハラスメントと言われることを恐れて，叱ることができないという管理職の意見を聞くことがあるからである。しかし，業務上の問題を予防・解決する必要がある場合の適切な指摘はむしろ必要であり，パワーハラスメントに該当はしない。同法における業務上必要かつ相当な範囲を理解するためには，範囲を超えた場面をイメージするほうが理解しやすい。明らかに

業務上必要がない範囲の代表的なものが，プライベートに関わるものである。性別，個人の信条，仕事と関係のない人間関係などが該当する。「週末の予定は？」「家族の職業は？」のような質問は，業務に関わる可能性が極めて低い。そのため，業務上必要とは判断されないため，パワーハラスメントに該当する可能性がある。対して，出張を依頼するために「日曜日を挟む○月○日から3日間は動けるか？」という質問をする場合は，業務上必要な情報と判断されるであろう。

③就業環境が害されるというのは，本人が苦痛を感じたということである。身体的または精神的な苦痛を与えられ，職場環境が不快なものとなったため，仕事に影響が生じると，パワーハラスメントに該当する。同僚の前で叱責されることや，やる気や性格のような個人的な側面に対する否定的な発言をされれば，精神的に苦痛を感じるのはおかしなことではない。一方で，人によっては苦痛に感じる程度に差があることも事実であろう。そこで，平均的な労働者の感じ方を基準とすることが記述されている。判断に迷うところも多いだろうが，パワーハラスメントには状況や関係性，職場風土なども影響する可能性が大きい。そのため，個別に検討する必要がある。

2）パワーハラスメントの種類

労働施策総合推進法に基づく「事業主が職場における優越的な関係を背景とした言動に起因する問題に関して雇用管理上講ずべき措置等についての指針」（令和2年1月15日厚生労働省告示第5号）（以下「パワハラ指針」とする）においてパワーハラスメントは，大きく6種類に分けて説明されている。6種類とは，身体的な攻撃，精神的な攻撃，人間関係からの切り離し，過大な要求，過小な要求，個の侵害である。先ほど述べた，パワーハラスメントに該当するかどうかの基準とあわせて，紹介している表がある（表5-2）。表に対応しながらそれぞれのパワーハラスメントの種類をみていくこととする（なお，この6種類は代表例であり，これにあてはまらないものもパワハラとされる可能性がある）。

まず，身体的な攻撃は，明らかにわかりやすいパワーハラスメントである。殴打などによる身体的攻撃であり，誰の目にも明らかな問題

表5-2 パワーハラスメントに該当すると考えられる例／しないと考えられる
例（厚生労働省都道府県労働局雇用環境・均等部（室），2022）

代表的な言動の類型	（イ）該当すると考えられる例	（ロ）該当しないと考えられる例
(1)身体的な攻撃 （暴行・傷害）	①殴打，足蹴りを行う ②相手に物を投げつける	①誤ってぶつかる
(2)精神的な攻撃 （脅迫・名誉棄損・ 侮辱・ひどい暴言）	①人格を否定するような言動を行う。相手の性的指向・性自認に関する侮辱的な言動を含む ②業務の遂行に関する必要以上に長時間にわたる厳しい叱責を繰り返し行う ③他の労働者の面前における大声での威圧的な叱責を繰り返し行う ④相手の能力を否定し，罵倒するような内容の電子メール等を当該相手を含む複数の労働者宛てに送信する	①遅刻など社会的ルールを欠いた言動が見られ，再三注意してもそれが改善されない労働者に対して一定程度強く注意をする ②その企業の業務の内容や性質等に照らして重大な問題行動を行った労働者に対して，一定程度強く注意をする
(3)人間関係からの 切り離し （隔離・仲間外し・ 無視）	①自身の意に沿わない労働者に対して，仕事を外し，長期間にわたり，別室に隔離したり，自宅研修させたりする ②一人の労働者に対して同僚が集団で無視をし，職場で孤立させる	①新規に採用した労働者を育成するために短期間集中的に別室で研修等の教育を実施する ②懲戒規定に基づき処分を受けた労働者に対し，通常の業務に復帰させるために，その前に，一時的に別室で必要な研修を受けさせる
(4)過大な要求 （業務上明らかに不 要なことや遂行不 可能なことの強 制・仕事の妨害）	①長期間にわたる，肉体的苦痛を伴う過酷な環境下での勤務に直接関係のない作業を命ずる ②新卒採用者に対し，必要な教育を行わないまま到底対応できないレベルの業績目標を課し，達成できなかったことに対し厳しく叱責する ③労働者に業務とは関係のない私的な雑用の処理を強制的に行わせる	①労働者を育成するために現状よりも少し高いレベルの業務を任せる ②業務の繁忙期に，業務上の必要性から，当該業務の担当者に通常時よりも一定程度多い業務の処理を任せる
(5)過小な要求 （業務上の合理性な く能力や経験とか け離れた程度の低 い仕事を命じるこ とや仕事を与えな いこと）	①管理職である労働者を退職させるため，誰でも遂行可能な業務を行わせる ②気にいらない労働者に対して嫌がらせのために仕事を与えない	①労働者の能力に応じて，一定程度業務内容や業務量を軽減する
(6)個の侵害 （私的なことに過度 に立ち入ること）	①労働者を職場外でも継続的に監視したり，私物の写真撮影をしたりする ②労働者の性的指向・性自認や病歴，不妊治療等の機微な個人情報について，当該労働者の了解を得ずに他の労働者に暴露する	①労働者への配慮を目的として，労働者の家族の状況等についてヒアリングを行う ②労働者の了解を得て，当該労働者の機微な個人情報（左記）について，必要な範囲で人事労務部門の担当者に伝達し，配慮を促す

行動である。注意すべきは，懇親会などの酒席であろう。冗談を言った部下に対して頭を小突くような場合も，身体的な攻撃と言われかねない。

　精神的な攻撃は，暴言などで精神的苦痛を与える行為である。おそらく，このタイプのパワーハラスメントが特に注意すべき内容ではないかと予想される。人格を否定するような発言は当然のこと，性指向[メモ]に関する発言や業務管理の範囲を超えた叱責が含まれる。また，現代社会では，相手に精神的苦痛を与えるようなメールを送ることも，精神的な攻撃に該当する。そ

> **✎メモ**
>
> **性指向（性的指向，sexual orientation）**
>
> 恋愛や性愛の対象がどの性に向くかを示す概念。生物学的な異性に性指向が向く場合は異性愛（ヘテロセクシャル），同性に向く場合は同性愛（ホモセクシャル），男女両性に向かう場合を両性愛（バイセクシャル）と呼ぶ。

して，この精神的な攻撃に該当しないかどうかに敏感になっているのが，昨今の管理職ではないだろうか。通称ハラスメントハラスメント（ハラハラ）と呼ばれる，部下からの「それはハラスメントである」という過度な反応がインターネット上で取り上げられている。就労者の生産性を落とすようなパワーハラスメントは当然対処すべきであるが，上司が適切な指導をできないということも，また問題であろう。ここで判断を分けるのは，先に述べたパワーハラスメントの要素である。すなわち，業務上必要かつ相当な範囲であること，および平均的な労働者の感じ方を基準とするという2つである。業務上必要な範囲かつ，平均的な労働者は精神的苦痛を感じない場合は，パワーハラスメントに該当しない。

　そのため，管理監督者が部下に対して指示をするうえで，業務上の適切性を意識できていれば，必要以上に恐れることはないはずである。とは言うものの，個人の感じ方はさまざまであるため，パワーハラスメントに該当しないかどうかを注意することは必要であろう。

　人間関係からの切り離しは，仕事からはずすことや隔離などが該当する。明確な理由もなく特定の業務から切り離すことや，別室勤務や自宅研修を長期間させるような場合は，人間関係からの切り離しに該当する。無視や仲間はずれにすることなども含まれる。いわゆる左遷も，この人間関係からの切り離しに該当するであろう。

過大な要求は，明らかに無理な要求をするものである。業務量が多過ぎる，業務内容が難し過ぎる，達成できるとはとうてい思えない仕事を与える，のような場合が該当する。新入社員に必要な教育を行わないまま，高いノルマを与えるような場合も，過大な要求に該当する。ポイントとしては，業務時間内で達成可能な業務量（課題）であるかどうかがあげられる。判断に迷いやすいのは，教育のために少し高いレベルの業務を任せることはパワーハラスメントに該当しないという点である。この匙加減は主観的になりやすいため，上司が教育目的で高いノルマを設定し，部下が過大な要求だと考える場合もあり得る。限度を超えた要求が長期間続く場合は問題であるが，明確な判断に迷う場合は相談することも手段のひとつである。そして，管理監督者は納得できる説明を心がける必要が生じると考えられる。ちなみに，業務に不必要な課題を与える場合も過大な要求に該当し，例として，私的な雑用を強要する場合などが考えられる。業務量や業務内容については，明確な説明ができるように普段から注意すると，不要なトラブルを避けやすいと考えられる。

　過小な要求は，過大な要求とは反対に，程度の低い仕事が与えられることである。これは，経験や能力に対して，業務内容が簡単過ぎるような場合が該当する。いわゆる閑職や窓際族と呼ばれる状態であろう。暇なのに給与を得られてラッキーだと考えられるならば問題になりにくいかもしれないが，業務評価で低く評価される，周囲から給料泥棒だと言われる，リストラ対象にされる，などの問題が生じ得るため，これも問題といえる。

　個の侵害は，私的なことに過度に立ち入ることである。これは，年齢層（コホート）によって感覚が大きく異なると考えられる。業務に関係のない私的なことを質問することは，個の侵害に該当する。例として，結婚や恋人の有無，結婚している場合は子どもの有無を聞くことがあげられる。年配の人にとっては，これを個の侵害だと認識しにくい場合が多く，理解しにくいことも多いだろう。また，休みの日の過ごし方，交友関係，個人が行っている SNS（ソーシャル・ネットワーク・サービス）についての言及も，個の侵害に該当する。コミュニケーションを

とろうとして，私生活のことを聞いてくる人を見かけることもある。2022年の初婚の平均年齢は，男性31.0歳，女性29.5歳であるが（厚生労働省, 2022a），それ以上の年齢の人に「恋人は？」「結婚の予定は？」「いい人紹介しましょうか？」のような声かけをすることは，善意であっても相手を不快にするならば個の侵害であり，このような質問に回答をする義務はないので，「プライベートなことなのでお答えできません」と述べてよいのである。同様に，有給の取得や退職の際に理由を求められても，答える義務はない。

　上記の6種類のパワーハラスメントは，細かくみていくと日常に散見されるものである。適切な知識をもって，自分が被害にあわないように，また自分が加害者の立場にならないように配慮する必要があるだろう。

(2) 男女雇用機会均等法と育児・介護休業法

　男女雇用機会均等法は，雇用における男女の格差を是正することを目的とした法律であり，育児・介護休業法は，育児と介護をする際に休業しやすくするための法律である。両法律の主旨や成立背景は，第4章にて解説した。どちらの法律も，主な想定は女性への差別的待遇の改善である。そして，性別を原因とした差別であるセクシュアルハラスメントに対しても，対応が記載されている。

1) セクシュアルハラスメントとは

　男女雇用機会均等法では，セクシュアルハラスメントについて，以下のように記されている。

> 事業主は，職場において行われる性的な言動に対するその雇用する労働者の対応により当該労働者がその労働条件につき不利益を受け，又は当該性的な言動により当該労働者の就業環境が害されることのないよう，当該労働者からの相談に応じ，適切に対応するために必要な体制の整備その他の雇用管理上必要な措置を講じなければならない。（男女雇用機会均等法　第11条第1項）

すなわち，職場で行われる性的な言動で，労働者が不利益を受ける

表 5-3 対価型と環境型セクシュアルハラスメントの例（厚生労働省，2017 をもとに作成）

対価型セクシュアルハラスメント
・事務所内で経営者が労働者に対して性的な関係を要求したが，拒否されたため，その労働者を解雇すること。
・出張中の車中で上司が労働者の腰，胸などに触ったが，抵抗されたため，その労働者にとって不利益な配置転換をすること。
・営業所内で経営者が日ごろから労働者の男女関係について公然と発言していたが，抗議されたため，その労働者を降格すること。

環境型セクシュアルハラスメント
・事務所内で上司が労働者の腰，胸などにたびたび触ったため，その労働者が苦痛に感じてその就業意欲が低下していること。
・同僚が取引先において労働者に係る性的な内容の情報を意図的かつ継続的に流布したため，その労働者が苦痛に感じて仕事が手につかないこと。
・労働者が抗議をしているにもかかわらず，同僚が業務に使用するパソコンでアダルトサイトを閲覧しているため，それを見た労働者が苦痛に感じて業務に専念できないこと。

か，環境が害されることが，セクシュアルハラスメントということになる。

　セクシュアルハラスメントは，対価型と環境型に分類されている（表5-3）。対価型セクシュアルハラスメントとは，加害者が，対価を与えることによりハラスメント行為を許容するよう求めるタイプのものである。正確に述べると，「労働者の意に反する性的な言動に対する労働者の反応（拒否や抵抗）により，その労働者が解雇，降格，減給，労働契約の更新拒否，昇進・昇格の対象からの除外，客観的に見て不利益な配置転換などの不利益を受けること」と定義されている（厚生労働省，2018）。食事に誘う，身体を触る，関係を迫るなどのハラスメント行為があり，言う通りにするなら昇格などの対価を与える，言う通りにしないのであれば降格や解雇のような対価を払わせる，という形式のものである。昔のドラマなどで，悪役が「言う通りにしないとどうなるかわかっているだろうな」と言って関係を迫るような場面は，この対価型セクシュアルハラスメントに該当する。

　一方の環境型セクシュアルハラスメントとは，性的な言動により環境を悪化させるタイプのものである。正確には「労働者の意に反する性的な言動により労働者の就業環境が不快なものとなったため，能力

の発揮に重大な悪影響が生じるなどその労働者が就業する上で看過できない程度の支障が生じること」と定義されている（厚生労働省，2018）。職場で性的な話をされる，身体を触られる，職場内にヌードポスターが掲示されているというような内容があてはまる。多くの管理職が恐れるのは，この環境型セクシュアルハラスメントの加害者になることではないかと考えられる。不用意なスキンシップや，服装などの容姿を話題にすること，プライベートについて尋ねることなどが該当するのである。ひと昔前であれば，コミュニケーションの範囲内だと考えられていたかもしれない言動が，部下や後輩からセクシュアルハラスメントだと指摘されないか恐れている人もいるであろう。セクシュアルハラスメントは，労働者の「意に反する」ことが定義として明記されているため，それらの言動が不快に感じられないような，よい関係にある人との間では起こりにくいだろう。ただし，もともと同僚や部下と良好な関係をもっている人であれば，普段から人を不快にしないように注意しているであろうし，反対に知識が少なく，自分の言動に不注意な人ほど，セクシュアルハラスメントを正確に理解しにくいことが報告されている（石川，2013）。ハラスメント加害者の多くが無意識にハラスメント行為を行っていることを考えると，普段から自分の言動がセクシュアルハラスメントにあたらないかどうかを気をつけるのが賢明である。

2）性的な言動の種類

　男女雇用機会均等法第11条では「職場において行われる性的な言動」が，セクシュアルハラスメントに該当することが示されている。では，どのような言動がセクシュアルハラスメントになり得るのか。性的な内容を含む発言には，性的な事実関係を尋ねること，性的な内容の情報を意図的に流布することが含まれる（厚生労働省，2020）。執拗に交際を求める，性的なことを根掘り葉掘り聞く，不倫の噂を立てる，のようなことが例として考えられる。このような発言は明らかに問題であることがわかるが，結婚や恋人に関する話，容姿に関する発言などは，長い間見過ごされてきた。

性的な行動は，性的な関係を強要すること，必要なく身体に触れること，わいせつな図面を配布することなどが含まれる。身体的な接触や，強姦などの犯罪行為は，明らかにセクシュアルハラスメントであるとわかる。しかし，昔は黙認されていた性的な行動も存在する。酒席は特に注意すべきであり，お酌を強要すること，カラオケでデュエットを求めること，座席を指定して自分の近くに座らせることなどが，ハラスメントに該当する。酒に酔って相手に抱き着くようなことも，当然性的な行動である。

セクシュアルハラスメントは男性から女性に対する場合以外も該当する。女性から男性に対する性的な言動も，セクシュアルハラスメントである。「男のくせに」「男ならこれくらい」のような発言が該当する。また，同性に対する言動もあり得る。「結婚しないの」「子どもはいつの予定？」などの発言は日常会話のなかで散見されるが，場合によっては同性からのセクシュアルハラスメントとして扱われる場合もある。性指向や性自認に関する差別的発言も，注意すべきである。性的マイノリティといわれる LGBTQ＋に対する否定的な発言は，ハラスメントである。明らかな侮辱ではなくとも，性指向や性自認を勝手に暴露することはアウティングと呼ばれ，してはいけない行為である。

セクシュアルハラスメントにあたるかどうかの判断においては，「労働者の意に反する性的な言動」と「就業環境を害される」という2点が重要となる。嫌だと何度も言っているのに性的な言動をやめない場合などは明らかに「労働者の意に反する」と考えられる。1回であっても，強い不快感を与える場合や，害されたと感じる場合は，ハラスメントと認識される。基準は「平均的な女性（男性）労働者の感じ方」とされているため，主観だけで考えるのではなく，周囲の人であればどの程度から不快に感じるのか，ということを知っておく必要があるだろう。

3）妊娠・出産・育児休業等に関するハラスメント

育児・介護休業法では，妊娠・出産・育児休業等に関するハラスメントについての定めが示されている。一般にマタニティ（maternity）ハ

ラスメントやパタニティ（paternity）ハラスメントといわれるハラスメントである。マタニティとは，母性や妊娠中という意味であるため，妊娠出産に関するハラスメントを指している。また，パタニティとは，父性を意味し，男性の育児休業取得などを妨げるハラスメントと認識されている。なお，マタニティハラスメントやパタニティハラスメントは一般的な呼称であり，法的には職場における妊娠・出産・育児休業等に関するハラスメントという。事業主は，労働者が妊娠や出産を理由に休業を請求すること，休業したこと，その他の妊娠または出産に関する事由で，女性労働者の職業環境が害されることのないように措置を講じる義務がある（男女雇用機会均等法第11条の3）。また，労働者に対する育児休業，介護休業その他の子の養育または家族の介護に関する厚生労働省令で定める制度または措置の利用に関する言動により当該労働者の職業環境が害されることのないように措置を講じなければならない（育児・介護休業法第25条）。特に働きながら介護する人へのハラスメントは，ケアハラスメントと呼ばれる。つまり，妊娠，出産，育児休業と介護休業に関して，労働者の不利益になることがないようにする義務があるのである。

　では，妊娠・出産・育児休業等に関するハラスメントには，大きく分けて，①「制度等の利用への嫌がらせ型」と，②「状態への嫌がらせ型」がある。①の「制度等の利用への嫌がらせ型」とは，制度利用に関するハラスメント行為である（図5-1）。産前休業や育児休業のような制度を利用しようとする際に行われるハラスメントである。厚生労働省は細かく3つのタイプに分けて紹介している。3つとは，「解雇その他不利益な取扱いを示唆するもの」「制度等の利用の請求又は制度等の利用を阻害するもの」そして，「制度等を利用したことによる嫌がらせ等をするもの」である（厚生労働省都道府県労働局雇用環境・均等部（室），2017）。

　第一の「解雇その他不利益な取扱いを示唆するもの」とは，各種制度の利用を請求した場合や，利用したいという相談をされた場合に，上司が解雇などの不利益となる処遇をチラつかせることが該当する（ハッキリ言う場合もある）。そのため，ハラスメント行為者となるのは主に

男女雇用機会均等法が対象とする制度または措置	育児・介護休業法が対象とする制度または措置
①産前休業 ②妊娠中および出産後の健康管理に関する措置（母性健康管理措置） ③軽易な業務への転換 ④変形労働時間制での法定労働時間を超える 　労働時間の制限，時間外労働および休日労働の制限並びに深夜業の制限 ⑤育児時間 ⑥坑内業務の就業制限および危険有害業務の就業制限	①育児休業（産後パパ育休を含む） ②介護休業 ③子の看護休暇 ④介護休暇 ⑤所定外労働の制限 ⑥時間外労働の制限 ⑦深夜業の制限 ⑧育児のための所定労働時間の短縮措置 ⑨始業時刻変更等の措置 ⑩介護のための所定労働時間の短縮等の措置 ※⑧～⑩は就業規則にて措置が講じられていることが必要です

図 5-1　制度等の利用への嫌がらせ型の対象となる制度（厚生労働省都道府県労働局雇用環境・均等部（室），2022）

上司とされている。「休みをとるなら辞職してもらう」「復帰しても席はないと思え」のような発言がこれにあたり，1回の言動でもハラスメントと判断される。

　第二の「制度等の利用の請求又は制度等の利用を阻害するもの」とは，各種の制度を利用させないようにするハラスメントである。制度利用を請求した場合に，上司が請求しないように言うことや，請求を取り下げるように言うことが該当する。また，同僚に制度利用を相談した場合などに，請求しないように言われることや，制度利用を取り下げるように言われることも該当する。そのため，この「制度等の利用の請求又は制度等の利用を阻害するもの」とは，上司や同僚が制度利用をしないように迫る言動と考えられる。なお，同僚の場合は何度も言ってくる場合にハラスメント行為と判断されるが，上司は1回でハラスメントに該当する。さらに，事業主が請求等を取り下げる場合や利用を認めない場合は，違法となる。

　第三の「制度を利用したことによる嫌がらせ等をするもの」とは，制度を利用したという理由で嫌がらせをすることである。ここで述べる嫌がらせとは，嫌がらせ的な言動，業務に従事させないこと，雑務

に従事させることを指しており，客観的にみて看過できないような嫌がらせが繰り返し行われた場合に，ハラスメントと判断される。例として，「あなただけ短時間勤務をするなんて迷惑だ！」と繰り返し言われる，「育児休暇をとるような人に重要な仕事は任せられない」と言ってミーティングに参加させてもらえない，のような場合が該当する。制度利用は女性だけではなく，男性も該当するため，男性も妊娠・出産・育児休業等に関するハラスメントの被害者になり得る。そもそも，出産や育児については法的にも支援が拡充しており，利用できる制度は増えている（表5-4）。働きながらでも子育てがしやすい環境をつくることが国策として進められている現状に，現場レベルで逆行するような行為が妊娠・出産・育児休業等に関するハラスメントであると考えられる。むしろ，制度が使いやすい職場風土をつくることで，優秀な労働者の確保ができるならば，事業主にとっても利となるように思われる。

　②の「状態への嫌がらせ型」は，女性が妊娠したこと，出産したことに関する言動により，職業環境が害されるものを指す。先ほどは，制度の利用に関することがハラスメント行為をされる理由であったが，こちらは妊娠したことや出産することがハラスメント行為をされる理由となっている。また，産前6週間，産後8週間は，女性労働者を働かせることは原則できない（労働基準法第65条第1項・第2項）。そのため，産後の就業制限の規定によって就業できないことや，産後休業をしたことに対する嫌がらせも，「状態への嫌がらせ型」に該当する。他にも，妊娠または出産による症状，例としてつわりや出産後の回復が長引くようなことが原因となり，働けないことや業務効率が落ちることを理由とする場合も，「状態への嫌がらせ型」のハラスメントである。

　「状態への嫌がらせ型」の場合は，2つのタイプに分けられている。1つは，「解雇その他不利益な取扱いを示唆するもの」，もう1つは「妊娠等したことにより嫌がらせ等をするもの」である。どちらも①の「制度等の利用への嫌がらせ型」と似ているが，それぞれ紹介する。まず，「解雇その他不利益な取扱いを示唆するもの」は，上司が女

表 5-4　妊娠・出産・育児と仕事の両立に関する主な制度（厚生労働省都道府県労働局雇用環境・均等部（室）, 2022）

妊娠・出産した女性労働者が 利用できる制度や措置	育児中の男女労働者が利用できる制度や措置
・**産前休業，産後休業** 産前は出産予定日の 6 週間（多胎妊娠の場合は 14 週間）前から，産後は出産の翌日から原則 8 週間である。 ・**軽易業務転換** 妊娠中の女性が請求した場合には，他の軽易な業務に転換させなければならない。請求があったときは人事部に相談すること。 ・**母性健康管理措置** 妊娠中・出産後の女性が医師の保健指導・妊婦健診を受けるために必要な時間を確保しなければならない。医師等による指導事項が出された場合は対応しなければならないので，人事部に相談すること。 ・**危険有害業務の就業制限** 妊娠中・出産後の女性等を妊娠，出産等に有害な業務に就かせることはできない（重量物を持つ業務，非常に暑い場所や寒い場所での業務など。詳しくは人事部に相談すること）。 ・**育児時間** 子どもが 1 歳未満の女性は，1 日 2 回各々 30 分の育児時間を請求できる。 ・**時間外，休日労働，深夜業の制限，変形労働時間制の適用制限** 妊娠中・出産後の女性が請求した場合には，時間外労働，休日労働または深夜業をさせることはできない。また，変形労働時間制がとられる場合は，当該女性が請求した場合には，1 日および 1 週間の法定労働時間を超えて労働させることはできない。	・**育児休業** 育児休業は，原則として子の 1 歳の誕生日の前日までであるが，一定の場合延長もできる。令和 4 年 10 月 1 日以降は，分割して 2 回取得できる。 ・**（令和 4 年 10 月 1 日施行）産後パパ育休（出生時育児休業）** 子の出生後 8 週間以内に 4 週間まで，分割して 2 回まで，育児休業とは別に取得できる。 ・**育児短時間勤務** 3 歳未満の子を養育する従業員が希望すれば利用できる短時間勤務制度がある。 ・**子の看護休暇** 小学校就学前までの子を養育する従業員は，病気やけがをした子の看護を行うためや，子に予防接種または健康診断を受けさせるために，小学校就学前までの子が 1 人であれば年に 5 日まで，2 人以上であれば年に 10 日まで，1 時間単位で子の看護休暇が利用できる。 ・**所定外労働の制限** 3 歳未満の子を養育する従業員が申し出た場合には，その従業員に残業させることはできない。 *など*

性労働者に対して，減給や解雇のような扱いをするという言動である。妊娠したことを報告された上司が，「別の人を雇うから辞めてもらう」と言う場合などが該当する。

　次に，「妊娠等したことにより嫌がらせ等をするもの」とは，妊娠や出産を理由に上司や同僚が嫌がらせをすることである。これも，ほぼ「制度等の利用への嫌がらせ型」と同じである。「忙しい時期に妊娠するなんて」「いつ休むかわからない人に仕事を任せられない」のような言動は，「状態への嫌がらせ型」のハラスメントである。なお，

職場全体の業務管理を目的として育児休業の取得予定について聞くことや，負担軽減を目的として業務内容の変更などを提案することは，ハラスメントには該当しない。パワーハラスメントの場合と同様，業務上の必要性や，職場環境が害されているかどうかというような客観的視点で判断する必要がある。

2. 職場におけるハラスメント防止

(1) 事業主が講ずべき措置とは

パワーハラスメント対策および労働施策総合推進法の改正が話題を呼んだ理由は，職場の講ずべき措置が明記されたことが大きい。では，どのような措置が義務化されたのかを紹介する。

はじめに全体像を紹介する。事業主が講ずべき措置について，パワーハラスメントに対するもの (図5-2)，セクシュアルハラスメントおよび妊娠・出産・育児休業等に関するハラスメントに対するもの (図5-3) とを比べると，大項目では4分類，細かな分類では10項目が共通しており，妊娠・出産・育児休業等に関するハラスメントでは大小1項目が追加されている。大項目では，【1】事業主の方針の明確化およびその周知・啓発，【2】相談 (苦情を含む) に応じ，適切に対応するために必要な体制の整備，【3】職場におけるハラスメントへの事後の迅速かつ適切な対応，【4】あわせて講ずべき措置，という4種に分類される。

【1】事業主の方針の明確化およびその周知・啓発は，「ハラスメントの内容，方針等の明確化と周知・啓発」と「行為者への厳正な対処方針，内容の規定化と周知・啓発」が含まれる。前者は，ハラスメントに該当する言動を示し，ハラスメントを認めないという方針を明確化して，そのことを周知することである。ハラスメント研修の実施や，社内報での周知，服務規程への記載などが具体例として考えられる。後者は，ハラスメントが発生した場合に，行為者に対して厳正に対処することを周知するということである。就業規則に懲戒規定を定めることや，そのことを職員に周知することなどが該当する。すなわ

① ・パワーハラスメントの内容
・パワーハラスメントを行ってはならない旨の方針
を明確化し，管理監督者を含む労働者に周知・啓発すること。

② パワーハラスメントの行為者については，厳正に対処する旨の方針・対処の内容を
就業規則等の文章に規定し，管理監督者を含む労働者に周知・啓発すること。

【2】 相談（苦情を含む）に応じ，適切に対応するために必要な体制の整備

③ 相談窓口をあらかじめ定め，労働者に周知すること。

④ 相談窓口担当者が，内容や状況に応じ適切に対応できるようにすること。
パワーハラスメントが現実に生じている場合だけでなく，発生の恐れがある場合や，
パワーハラスメントに該当するか否か微妙な場合であっても，広く相談に対応すること。

【3】 職場におけるパワーハラスメントへの事後の迅速かつ適切な対応

⑤ 事実関係を迅速かつ正確に確認すること。

⑥ 事実関係の確認ができた場合には，速やかに被害者に対する配慮のための措置を適正に行うこと。

⑦ 事実関係の確認ができた場合には，行為者に対する措置を適正に行うこと。

⑧ 再発防止に向けた措置を講ずること。

【4】 あわせて講ずべき措置

⑨ 相談者・行為者等のプライバシーを保護するために必要な措置を講じ，労働者に周知すること。

⑩ 事業主に相談したこと，事実関係の確認に協力したこと，都道府県労働局の援助制
度を利用したこと等を理由として，解雇その他不利益な取り扱いをされない旨を定
め，労働者に周知・啓発すること。

図 5-2　パワーハラスメントに対する事業主が講ずべき措置（厚生労働省都道府県労
働局雇用環境・均等部（室），2022 をもとに作成）

ち，ハラスメントとはどのようなものか職員の理解を促し，ハラスメ
ントは許さない，発生した場合は厳正に対処する，という事業主の方
針を周知徹底するということである。

【2】相談（苦情を含む）に応じ，適切に対応するために必要な体制の整
備は，「相談窓口の設置」と「相談に対する適切な対応」が含まれる。
そもそも，相談窓口がない企業もあるため，相談窓口をつくり，労働
者に周知する必要がある。大企業である程度の対応経験がある場合は
よいが，中小企業などではまったく白紙の状態から窓口開設が始まる
場合がある。そのような場合に，公認心理師にコンサルテーションな
どの依頼が来ることもある。組織内における相談窓口の位置づけや，
相談があったあとの手続きをロードマップにして共有するなどの工夫
も効果的であり，例として図5-4などを参照されたい。組織内の機構
に相談窓口を組み込むだけではなく，担当者を決める必要や，担当者

および労働者への研修も必要となる。公認心理師をしていると忘れることも多いが，一般的な就労者は傾聴の訓練を受けてない。すぐに情報提供や解決案を話し出してしまうので，窓口となり得る労働者には話を遮らず最後まで聞くことや，すぐに判断せず焦らないように心構

職場におけるセクシュアルハラスメントを防止するために講ずべき措置	職場における妊娠・出産・育児休業等に関するハラスメントを防止するために講ずべき措置

【1】事業主の方針の明確化およびその周知・啓発

| ① | ・セクシュアルハラスメントの内容
・セクシュアルハラスメントを行ってはならない旨の方針
を明確化し，管理監督者を含む労働者に周知・啓発すること。 | ・妊娠・出産・育児休業等に関するハラスメントの内容
・妊娠・出産等，育児休業等に関する否定的な言動が職場における妊娠・出産・育児休業等に関するハラスメントの発生の原因や背景となり得ること
・妊娠・出産・育児休業等に関するハラスメントを行ってはならない旨の方針
・制度等の利用ができることを明確化し，管理監督者を含む労働者に周知・啓発すること。 |

| ② | セクシュアルハラスメントや妊娠・出産・育児休業等に関するハラスメントの行為者については，厳正に対処する旨の方針・対処の内容を就業規則等の文書に規定し，管理監督者を含む労働者に周知・啓発すること。 |

【2】相談（苦情を含む）に応じ，適切に対応するために必要な体制の整備

| ③ | 相談窓口をあらかじめ定め，労働者に周知すること。 |
| ④ | 相談窓口担当者が，内容や状況に応じ適切に対応できるようにすること。
セクシュアルハラスメントや妊娠・出産・育児休業等に関するハラスメントが現実に生じている場合だけでなく，発生の恐れがある場合や，これらのハラスメントに該当するか否か微妙な場合であっても，広く相談に対応すること。 |

【3】職場におけるハラスメントへの事後の迅速かつ適切な対応

⑤	事実関係を迅速かつ正確に確認すること。
⑥	事実確認ができた場合には，速やかに被害者に対する配慮の措置を適正に行うこと。
⑦	事実確認ができた場合には，行為者に対する措置を適正に行うこと。
⑧	再発防止に向けた措置を講ずること。

【4】あわせて講ずべき措置

| ⑨ | 相談者・行為者等のプライバシーを保護するために必要な措置を講じ，周知すること。 |
| ⑩ | 事業主に相談したこと，事実関係の確認に協力したこと，都道府県労働局の援助制度の利用等を理由として解雇その他不利益な取り扱いをされない旨を定め，労働者に周知・啓発すること。 |

【5】	職場における妊娠・出産・育児休業等に関するハラスメントの原因や背景となる要因を解消するための措置
⑪	業務体制の整備など，事業主や妊娠等した労働者その他の労働者の実情に応じ，必要な措置を講ずること。

図 5-3　セクシュアルハラスメントおよび妊娠・出産・育児休業等に関するハラスメントに対して事業主が講ずべき措置（厚生労働省都道府県労働局雇用環境・均等部（室），2022 をもとに作成）

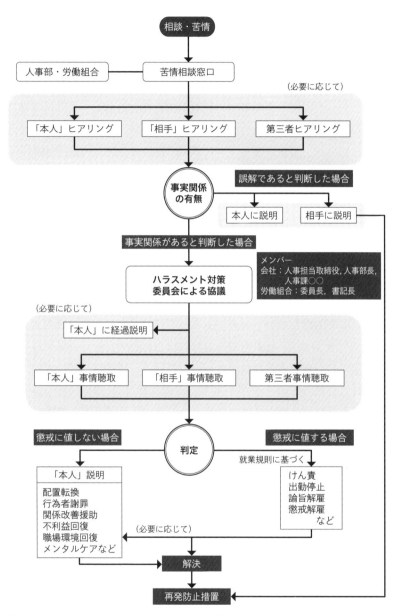

図 5-4　ハラスメント相談を受けたあとの対応の流れ（厚生労働省都道府県労働局雇用環境・均等部（室), 2022)

えを伝えることも必要である。相談を受けた窓口職員がショックを受けてしまう二次被害や，相談したことで当事者がさらに傷つくようなことが起きないように，事前に準備をしておくことは重要である。そして，相談窓口では，ハラスメントを受けた当事者だけではなく，見聞きしていた周囲の労働者から相談が来ることもある。ここでも重要なことは，事業主がハラスメントを容認しないという明確な姿勢を示すことであり，相談がしやすい組織風土をつくっていく必要がある。

【3】職場におけるハラスメントへの事後の迅速かつ適切な対応は，「事実関係の迅速かつ適切な対応」「被害者に対する適正な配慮の措置の実施」「行為者に対する適正な措置の実施」「再発防止措置の実施」が含まれる。ここで重要なことは，被害者の安全を確保することであると考えられる。多くの場合，ハラスメントを受けているという相談をすることは，非常に勇気の必要な行為である。相当に追い詰められていることが想像され，そして現在進行形でハラスメント行為が行われている可能性も高い。そうであるならば，被害者の安全を確保し，迅速にハラスメント行為をやめなければならない。そのためには，相談を受けてから動き方を検討するのでは遅く，事前に相談を受けたあとの対処を決めておく必要があり，この点が【2】相談に応じ適切に対応するために必要な体制の整備ともつながるのである。被害者本人だけではなく，周囲の労働者もネガティブな影響を受けている可能性が高いので，被害が拡大するのを防ぎ，良好な就業環境を回復させる必要が出てくる。そのため，「事実関係を迅速かつ正確に確認すること」として，早急に事実関係を確認し，被害者に対するものと同様に行為者（加害者）に対する適正な措置を講ずる必要があり，これは事業主の義務となっている。なお，出向や派遣のような形で社外に赴いた際に，ハラスメント行為を行う可能性もある。セクシュアルハラスメントに関しては，外部の事業主から調査依頼があった際には事業主は応ずるよう努めなければならないと示されている（男女雇用機会均等法第11条第3項）。そして，「再発防止措置の実施」として，現状のハラスメント対策に問題がなかったかチェックを行い，対応方法の改善をする必要がある。もしもハラスメントが生じたことが確認できなかったと

しても，同様の措置を講ずることが指針に明記されている（「パワハラ指針」4（3）職場におけるパワーハラスメントに係る事後の迅速かつ適切な対応ニ）。

　【4】あわせて講ずべき措置は，「当事者などのプライバシー保護のための措置の実施と周知」と「相談，協力等を理由に不利益な取り扱いをされない旨の定めと周知・啓発」が含まれる。前者は，当事者を守るために必須の事項である。相談したこと自体に後ろめたい気持ちがある可能性や，性指向のような第三者に知られたくはない情報も多いことが予想される。セクシュアルハラスメントの場合は，特にハラスメントの内容など，他者に知られることでさらに苦痛を強めてしまうこともあり得るので，慎重な対応は必須であろう。相談等を理由とした不利益扱いは法的に禁止されているが（労働施策総合推進法第30条の2第2項，男女雇用機会均等法第11条第2項），そのことを知らない労働者もいると考えられる。そのため，事前に広く周知し，ハラスメントが起きた際に相談しやすい組織風土をつくる必要がある。

　妊娠・出産・育児休業等に関するハラスメントにのみ示されている「職場における妊娠・出産・育児休業等に関するハラスメントの原因や背景となる要因を解消するための措置」として「業務体制の整備など，事業主や妊娠等した労働者その他の実情に応じた必要な措置」がある。これは，育児休業や介護休業などに対するハラスメントは，背景に仕事量の増加があるという考えに基づいている。休業を取得することで，残っている労働者の仕事量が増えてしまい，負担が増える場合がある。このことが妊娠・出産・育児休業等に関するハラスメントを引き起こすのならば，労働者が休業している期間の職場の業務量を調整すればよい，という発想である。

（2）啓発活動とマニュアル

　厚生労働省は，職場におけるハラスメント対策マニュアルを作成している。コンパクトにまとまっており，企業の対策事例も記載されている。国としても，ハラスメント対策を周知し，改善したいと考えているのであろう。そのほかに，厚生労働省が管理するwebサイトとして「あかるい職場応援団」が開設されており，各種資料のダウン

ロードや，動画による解説，判例などが紹介されている（https://www.no-harassment.mhlw.go.jp/）。なお，国際労働機関（ILO）条約では，2019年に，ハラスメントを「身体的，心理的，性的又は経済的損害を目的とし，又はこれらの損害をもたらし，若しくはもたらすおそれのある一定の容認することができない行為及び慣行又はこれらの脅威」(仕事の世界における暴力及びハラスメントの撤廃に関する条約（第190号）第1条1 (a))と定義し，法的に禁止すると明記している (同条約第4条第2項)。しかし，日本では，行為自体の禁止規定はなく，違反した場合もILOでは必要な場合に制裁を設けるとしているものの，日本は制裁を設けるところまでは達していない。進展はしているものの，よりいっそうの改善を期待したいところである。

3. ハラスメントとその対応の現状

　ハラスメントに関する調査は，国の調査が比較的新しく，サンプルサイズも大きいので，ここでは職場のハラスメントに関する実態調査 (以下，データの出典はすべて東京海上日動リスクコンサルティング株式会社，2021) を中心にみていく。

　2020年時点では，過去3年間に相談があった問題として，パワーハラスメントが48.2%，セクシュアルハラスメントが29.8%，妊娠・出産・育児休業等ハラスメントが5.2%，介護休業等ハラスメントが1.4%であった (図5-5)。パワーハラスメントとしては，精神的な攻撃が最も多く74.5%，セクシュアルハラスメントでは，性的な冗談やからかいが56.5%，不必要な身体への接触が49.1%，食事やデートへの執拗な誘いが38.1%であった。すなわち，身体的な攻撃や性的関係の強要ではなく，日常業務で生じやすい言動が主であると考えられる。このことから，ハラスメントの加害者側が，自分がハラスメント行為を行っているという自覚をもっていない可能性が高いと考えられるため，ハラスメント教育の必要性が浮き上がってくる。なお，同調査において，過去3年間にパワーハラスメントを受けた労働者が31.4%，セクシュアルハラスメントを受けた労働者は10.2%であり，少ない数

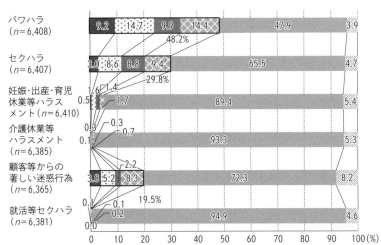

凡例

- ■ 過去3年間に相談件数が増加している
- ■ 過去3年間に相談件数は減少している
- ■ 過去3年間に相談はない
- ∴ 過去3年間に相談があり，件数は変わらない
- ☎ 過去3年間に相談はあるが，件数の増減はわからない
- ▨ 過去3年間に相談の有無を把握していない

パワハラ（n＝6,408）
9.2 ／ 14.7 ／ 9.9 ／ 14.4 ／ 47.9 ／ 3.9
48.2%

セクハラ（n＝6,407）
3.0 ／ 8.6 ／ 8.8 ／ 9.4 ／ 65.5 ／ 4.7
29.8%

妊娠・出産・育児休業等ハラスメント（n＝6,410）
1.6 ／ 1.4 ／ 0.5 ／ 1.7 ／ 89.4 ／ 5.4

介護休業等ハラスメント（n＝6,385）
0.3 ／ 0.3 ／ 0.1 ／ 0.7 ／ 93.3 ／ 5.3

顧客等からの著しい迷惑行為（n＝6,365）
3.8 ／ 5.2 ／ 2.2 ／ 8.3 ／ 72.3 ／ 8.2
19.5%

就活等セクハラ（n＝6,381）
0.1 ／ 0.1 ／ 0.0 ／ 0.2 ／ 94.9 ／ 4.6

0 10 20 30 40 50 60 70 80 90 100（%）

図5-5　2017年から2019年の間のハラスメント相談件数（東京海上日動リスクコンサルティング株式会社，2021）

注1）対象：全企業
注2）無回答，無効回答を除く

とはいえない。

　対策として何をしているかというと，ハラスメントをしてはいけないという方針の明確化，相談窓口の設置と周知，事実関係の迅速かつ正確な確認が8割前後の企業で行われている（図5-6）。ハラスメント対策は2020年から義務化されていることから，法律が施行された影響は大きいと考えられる。一方で，予防・解決のための課題としては，ハラスメントかどうかの判断が難しいという意見が最も多かったが，発生状況を把握することの困難や，管理職の意識が低いという意見も2割以上報告されている（図5-7）。

　では，ハラスメント被害者がどのような行動をとったのか。パワーハラスメントとセクシュアルハラスメントのいずれにおいても「何もしなかった」という回答が最も多かった（図5-8）。何もしなかった理由として，「何をしても解決にならないと思った」という回答が，パ

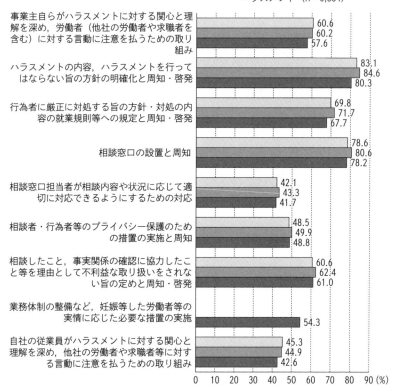

図 5-6　企業がハラスメントの予防・解決のために実施している取り組み（東京海上日動リスクコンサルティング株式会社, 2021）

注 1）対象：全企業
注 2）「業務体制の整備など」の選択肢は妊娠・出産・育児休業・介護休業等ハラスメントのみ

ワーハラスメントで 67.7%，セクシュアルハラスメントで 58.6% と最も多い。すなわち，相談せず泣き寝入りしているという状況である。そして，何度も繰り返しハラスメントを受けた場合，パワーハラスメントでは 13.4% が退職し，5.7% がしばらく会社を休んでいた。セクシュアルハラスメントでは 6.9% が退職し，3.4% がしばらく仕事を休んでいた。これは，企業にとっては人的資源の損失であり，労働者にとっては極めて大きな苦痛と不利益である。

　妊娠・出産・育児休業等に関するハラスメントについては，女性労

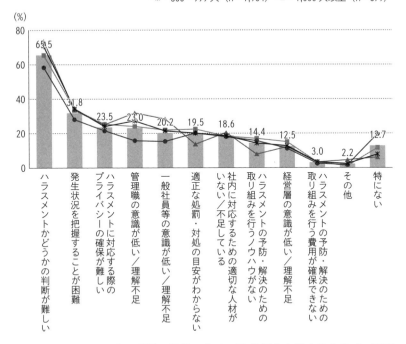

凡例:

- 全体（*n* = 6,312）
- 99人以下（*n* = 2,387）
- 100〜299人（*n* = 1,044）
- 300〜999人（*n* = 1,964）
- 1,000人以上（*n* = 879）

(%)

縦軸目盛: 0, 20, 40, 60, 80

データラベル: 65.5, 31.8, 23.5, 23.0, 20.2, 19.5, 18.6, 14.4, 12.5, 3.0, 2.2, 12.7

横軸項目:
- ハラスメントかどうかの判断が難しい
- 発生状況を把握することが困難
- ハラスメントに対応する際のプライバシーの確保が難しい
- 管理職の意識が低い／理解不足
- 一般社員等の意識が低い／理解不足
- 適正な処罰・対処の目安がわからない
- 社内に対応するための適切な人材がいない／不足している
- ハラスメントの予防・解決のための取り組みを行うノウハウがない
- 経営層の意識が低い／理解不足
- ハラスメントの予防・解決のための取り組みを行う費用が確保できない
- その他
- 特にない

図5-7　ハラスメントの予防・解決のための取り組みを進めるうえでの課題
（東京海上日動リスクコンサルティング株式会社, 2021）

注）対象：全企業

働者のうち，過去5年以内に妊娠・出産・育児休業等に関するハラスメントを受けた人は26.3％であり，ハラスメントを受けた理由として最も多い回答が「妊娠・出産したこと」であった（図5-9）。パワーハラスメント，セクシュアルハラスメント，妊娠・出産・育児休業等に関するハラスメントに共通する点として，行為者として最も多いのは上司であり，7〜8割の労働者が怒りや不満などを感じ，多くが仕事に対する意欲を削がれている。一方で，ハラスメント対策をすることで職場のコミュニケーションの活性化や，会社への信頼感が高まるという副次的効果も報告されている。ハラスメント対策はメンタルヘルス不調者の予防だけではなく，生産性にプラスの影響があることを理解する必要がある。

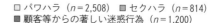

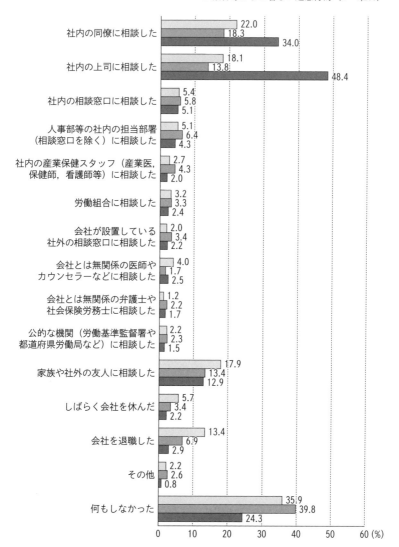

図5-8　ハラスメントを受けたあとにとった行動（東京海上日動リスクコンサルティング株式会社，2021）

注）対象：過去3年間にパワハラ／セクハラ／顧客からの著しい迷惑行為を受けた者

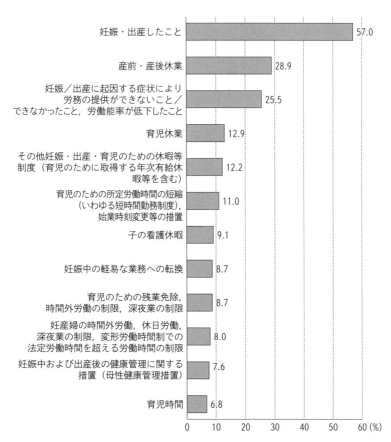

図 5-9 マタニティハラスメントを受ける原因となった事柄 (東京海上日動リスクコンサルティング株式会社, 2021)

注) 対象：過去 5 年間に妊娠・出産・育児休養等ハラスメントを受けた者 ($n = 263$)

組織外の人が関係するハラスメント

精神科病院で公認心理師として働いている南郷さんは，心理部門の室長をしています。南郷さんのほかに，新人1名，中堅1名の3人体制で業務をしています。2年前から，公認心理師養成のための大学院生の実習を受け入れ始めました。実習担当の教員である清田教授は，南郷さんの出身大学の教員でもあります。昔から感情的になりやすいと有名でしたが，実習時間や実習内容に対して注文が多く，正直，南郷さんも困っています。

実習期間中に巡回指導でやってきた清田教授は，実習生2名に対して「レポートが十分じゃない」「まったく学びになっていない」「それしかできないなら院生なんて辞めてしまえ」と怒鳴りつけていました。南郷さんはそのとき，別の仕事があり，その場にいた部下で新人の公認心理師である川北さんから報告を受けました。川北さん自身も，清田教授から「あなたも，しっかり指導をして下さいよ！　頼みましたよ！」と怒鳴られて，すっかり萎縮しています。川北さんは，去年まで清田教授の所属する大学院の院生だったため，どうしても言い返せない様子でした。

南郷さんは，室長として部下を守る必要性を感じました。また，実習生に対しても，安全に実習を受けて，よい公認心理師になってほしいと考えています。前年度の実習においても清田教授は高圧的だったことを考えると，このままの状況が続くことは適切ではないと判断し，南郷さんは対策をとることにしました。

STEP1：ハラスメントであることを理解する

清田教授の川北さんに対する言動は，パワーハラスメントに該当する。労働施策総合推進法第30条の3第2項に「事業主は，優越的言動問題に対するその雇用する労働者の関心と理解を深めるとともに，当該労働者が他の労働者に対する言動に必要な注意を払うよう，研修の実施その他の必要な配慮をするほか，国の講ずる前項の措置に協力するよう

に努めなければならない」と記載されている。「他の労働者」という箇所がポイントであり，取引先等の他の事業主が雇用する労働者，就職活動中の学生等の求職者，労総者以外の者（個人事業主などのフリーランス，インターンシップを行っている者，教育実習生等）のことを指している（厚生労働省都道府県労働局雇用環境・均等部（室），2022）。すなわち，清田教授の所属する大学の責任者（事業主）は，清田教授が他の労働者（川北さんや南郷さん）に対してパワーハラスメントをしないようにする義務がある。

　また，事業場内の従業員間以外の行為についてもハラスメント行為と判断することができる例として，顧客等からのハラスメント行為は，**カスタマーハラスメント**として事業主が措置を講ずべき問題と定められている。「パワハラ指針」において，顧客等からの著しい迷惑行為により，労働者の就業環境を害されることがないように取り組むことが推奨されており，迷惑行為として暴行，強迫，ひどい暴言，著しく不当な要求等が例としてあげられている。カスタマーハラスメントを受けた労働者に対する調査では，長時間の拘束や同じ内容を繰り返すというようなクレームが52.0％，名誉棄損・侮辱・ひどい暴言が46.9％と多く報告されている。本件についても，ひどい暴言に該当する可能性が高い。また，カスタマーハラスメント対策企業マニュアル（厚生労働省雇用環境・均等局雇用機会均等課，2022）では，顧客等の要求の内容が妥当性を欠く場合，および要求を実現するための手段・態様が社会通念上不相当な言動をカスタマーハラスメントとしている。本件は，精神的な攻撃（脅迫，中傷，名誉棄損，侮辱，暴言），威圧的な言動，継続的で執拗な言動，差別的な言動というような点にあてはまると考えられるので，カスタマーハラスメントとして相談するに値する問題といえる。

　法的な問題だけではなく，本件がハラスメントであると理解することが非常に重要である。ハラスメント以外でも，ドメスティックバイオレンスや学校でのいじめなど，被害者が被害を受けていることを隠す場合や，自分が被害を受けていることに気づかないという事例を見かけることがある。ハラスメント対策として事業主が講じるべき措置も，第一に事業主がハラスメントを許さず，適切に対処するという方針を明確化し周知することを求めている。すなわち，ハラスメント行為が発生した際

に，隠蔽せず，断固として被害者を守ることを責任者（この場合は事業主）が公言するということである。ここまでみてきた通り，実際に起きているハラスメントは身体的暴力や強制猥褻行為等ではなく，暴言，悪口，嫌がらせのような，日常業務のなかで起こり得るものが多い。ハラスメント行為によって労働環境が害され，労働者に不利益を与えているならば，断固として是正すべきである。そのためには，ハラスメント被害者の安全を守り，ハラスメント行為を受けているという自覚をもってもらうことが重要であると考えられる。

STEP2：相談と対応の手順

　ハラスメントの相談窓口は，一般的には社内に周知されている。規約を作成している企業も多いであろう。職場におけるハラスメント対策マニュアル（厚生労働省，2017）では，安心して相談できる相談窓口のポイントとして，相談者のプライバシーが確保され，相談内容の秘密が守られること，そして相談したことによる不利益を受けないことをあげている。また，相談窓口の対応としても，相談者が動揺していることも多いため，対応や態度に注意して相談を受けられるように研修を行っている

表5-5　相談窓口の担当者が注意すべき言葉や態度の例（厚生労働省，2017）

相談者にも問題があるような発言
あなたの行動にも問題があったのではないか
あなたにも隙があったのではないか
過剰反応ではないか
考えすぎではないか
不用意な慰め
あなたが魅力的だから，ついそのようなことをしてしまったのでは
あなたが優秀だから，将来を考えて言ってしまったのでは
行為者を一般化するような発言
男性（女性）はみんなそのようなものだ
きちんと対応する意思を示さない発言
また今度何かあったら連絡してください
時間が解決してくれます
そのくらいのことは我慢した方がよい
彼（彼女）も悪い人ではないから大げさにしない方がよい
相談者の意向を退け，担当者の個人的見解を押しつけるような発言
上司に謝罪させたりしたら，職場に居づらくなるのではないか

ことが多い (表5-5)。そもそも，相談したことによる不利益があってはならないということが事業主の義務であるため，ハラスメントを受けた場合は相談してよいという点は強調したい。

　一般的なハラスメントに対しては，事実関係の確認，被害者への配慮とハラスメント行為者に対する措置を実施することになる。では，カスタマーハラスメントはどうかというと，まずハラスメント行為を受けた現場の管理監督者に相談することが最も多い。顧客からのカスタマーハラスメントが起きた場合には，まず上司に相談し，企業内の相談対応をする部門に報告することが推奨されている。そのため，本件の場合は，顧客等として清田教授が行った行為を，現場監督者である南郷さんが本社である病院のハラスメント対策部門に情報を上げるという方法がある (図5-10)。また，企業の対応例としては，本件は権威型のカスタマーハラスメントに分類される可能が高い。権威型のカスタマーハラスメントとは，正当な理由なく，権威を振りかざし要求を通そうとする，お断りをしても執拗に特別扱いを要求する，のようなハラスメントのタイプである。対応例としては，対応を上位者と交代し，要求には応じないなどの方法が紹介されている。また，事業主は，自社 (病院) の従業員が取引先 (大学) 等からハラスメント被害を受けた場合に対応しないと，安全配慮

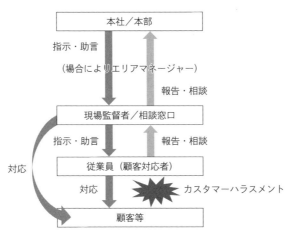

図5-10　心の健康問題に対応する教職員の役割 (厚生労働省雇用環境・均等局雇用機会均等課，2022)

義務違反になる可能性がある。そのため，自社の従業員からの相談を受けたあとに，事実確認を行い，取引先にも事実確認を行うための協力を依頼することが推奨されている。本件では，病院から大学に事実確認の協力を依頼するという手続きを取れるであろう。

　また，大学側は，STEP1 で述べたように，自社の従業員が他社の労働者に対してハラスメント行為をさせてはならず，適切な措置を講ずる義務がある。この場合は，自社（大学）内でのパワーハラスメント案件と同様に，清田教授に対する事実確認等を行い，ハラスメント行為を行ったと確認された場合は，適切な対処をすることになる。一方で，社内で起きたパワーハラスメントの場合と異なり，被害者が自社の労働者ではない病院の労働者なので，可能であれば事実確認の協力を病院に依頼することが推奨されると考えられる。

STEP3：被害者へのケアとその後の対応

　ハラスメントは被害者に大きな不利益を与える。2021 年度の労災認定状況（厚生労働省労働基準局補償課職業病認定対策室, 2022）では，精神障害の決定件数は 1,953 件，うち自殺（未遂を含む）が 167 件であり，パワーハラスメントによるものが 242 件，セクシュアルハラスメントによるものが 97 件であった。そのほかに，同僚からの暴行・いじめ・嫌がらせが 126 件，上司とのトラブルが 451 件，顧客や取引先からのクレームが 30 件であった。ハラスメントがどれだけ被害者に精神的苦痛を与えるかがわかるデータである。そのため，被害者へのケアは必要であり，行為者の謝罪や，就労上の不利益が発生しないよう配慮をする必要がある。南郷さんは，室長として川北さんのケアをする必要が生じるが，同時に南郷さん自身も被害を受けていることに自覚的であってほしい。当事者として，南郷さんも清田教授から威圧的な言動を受けているのである。このような視点は，支援者支援メモと同様である。

　また，大学側も清田教授に対する措置を徹底するだけではなく，再発予防，お

✎メモ

支援者支援

災害などの支援を行う人には，非常に強い負荷がかかることが知られている。災害支援者のストレスは惨事ストレスと呼ばれる。災害以外でも，何らかの支援を行う人々へのサポートは重要と考えられており，支援者支援という呼び方をすることがある。

よび実習生へのケアが必要と考えられる。
本件における一番の被害者は，実習生で
ある。実習生への安全確保と，今後の修
学において不利益がないように配慮する
必要がある。事業主には適切な措置を講
ずる義務があるためである。今回の事例
では，南郷さんが室長としての責任を果

メモ

暗数
実際の数値と，調査や統計で目に見えて
くる数との差を指す。犯罪や児童虐待な
どにおいては，通報されていない事例が
一定数存在するため，数値上は見えてい
ないが本当は起きている数のことを暗数
と呼ぶ。ハラスメントにおいても，ハラ
スメントと認定されていない，黙認や黙
殺されたケースが相当数存在すると考え
られる。

たそうと，声を上げたことが大きかった。実際には，ハラスメントと感
じても，問題にしたくないという心性から黙認してしまうことが多いよ
うに思われる。すなわち，相当数の暗数[メモ]が存在するように思われるの
である。働きやすい社会をつくるために，ダメなものはダメと言えるよ
うに望むものである。

事例

　麻生さんは，病院で働く公認心理師です。あるとき，同期で就職した看護師の白石さんから相談されました。どうやら，同じ病棟の副看護師長である福住さんから，ミスの指摘をされているということです。また，申し送りの際に，他の看護師の前で責め立てられることもあり，最近は福住さんと同じ勤務の日には吐き気がしているそうです。このようなことは以前からありましたが，福住さんが副看護師長になった半年前からひどくなったということです。麻生さんは，これはパワーハラスメントに該当するので，すぐに相談することを勧めましたが，白石さんからは，事を荒立てたくないので他の人に言わないでほしいと必死で言われてしまいました。

考えてみよう！

　白石さんは，明らかに体調不良になっています。一方で，大ごとにしたくはない，穏便に済ませたいと考えています。また，自分がミスをしていることは事実であるため，自分が悪いと考えています。どうすることがよいのでしょうか？

話し合ってみよう！

　白石さんのように，大ごとにしないでほしいと言う人は多いものです。また，麻生さんは当事者ではなく，当の白石さんの意志は「他の人には言わないでほしい」ということです。麻生さんは，黙って見ていることしかできないのでしょうか？　できることがあるとしたら，一体何ができるのでしょうか？

ロールプレイをしてみよう！

　初めて相談を受けた場面を想定してみましょう。①白石さん，②麻生さんの役になって，状況を打ち明けてみましょう。白石さんの，大ごとにしたくない，自分にも非がある，告げ口をしたとわかればどうなるか恐ろしい，という感情を理解したうえで，ロールプレイをしてみましょう。

アカデミック・ハラスメント

　アカデミック・ハラスメントとは，研究教育に関わる優位な力関係の下で行われる理不尽な行為とされている（アカデミック・ハラスメントをなくすネットワーク，2001）。教員同士でも起こるハラスメントであるが，特に問題なのは，やはり教員と学生の間で起こる場合ではないかと考える。

　大学という機構は，ハラスメントが起きやすい構造のように思われるし，そのように論じている者も多い（例として，四方，2003）。一方で，日本におけるアカデミック・ハラスメントの公的データは少ない。大学院生を対象とした調査では，18.0%が教員からアカデミック・ハラスメントを受けたと回答しているが（小田部・丸野・舛田，2010），本当はもっと多いのではないかと考えている。というのも，ハラスメントと認識されていない場合が多い可能性が否定できないためである。なぜアカデミック・ハラスメントが生じてしまうか，著者なりの仮説を述べたい。

　まず，世代の要因がある。ひと昔前は，学生を呼びつけてかなり強い口調で指導しても，それが普通だという認識の時代があった（のだと思われる）。その世代の教員が，まだいる。そして，それが当然だという認識をもっている教員がいる。これが仮説 1 である。

　仮説 2 は，権力構造である。なぜか，大学教員はエライと言う人を目にする（著者は実際に言われた）。そして，そのように考えている大学教員もいる。そして，顧客が学生であるため，上下関係が明確につくられている。権威や役割が人間行動に影響することは，服従や権威に関する社会心理学の古典的な実験で検証済みである。著者が今でも驚いているエピソードなのだが，先輩教員に「国立大学教員になって，親もさぞ鼻が高いでしょうね」と言われた。大学教員は職業の一形態でしかないので，そのような発想はなかった。検証のため親に「あなたの息子は大学教員になったんだが，感想は？」と聞くと，「なんか面倒臭そうな仕事だと思う」と言われた。確かに，面倒が多い仕事である。

　どちらの仮説が正しいかはわからないが，アカデミック・ハラスメントが現実に存在していることが何より問題である。大体の大学では，相談窓口や対応する委員会がある。しかし，十分に機能しているのかは気になるところである。また，ハラスメント行為者になるような言動をする教員のほうが，「ハラスメントはいけない！　撲滅させなければ！」と声高に言っているように思われるが，気のせいであろうか。理不尽だと感じる教員の言動は多い。大学生は奴隷ではない。むしろ，不適切な言動だと気づいているし，教員をよくみている。しかし，面と向かって「それはハラスメントである」と言うのは勇気が必要なことも事実である。声があがらないから，「本学にハラスメントありません」と言うのは，いささか違うと思われる。学生が学びやすい環境をつくることは大学の義務であり，教員の不適切な言動を早期に注意できるような環境こそ重要ではないかと考える。もしあなたが学生で，アカデミック・ハラスメントを見かけたら，学生同士で結束して，相談窓口に行っていただきたい（もちろん，教員全員がハラスメント行為を行うわけではないし，ちゃんと立派な教員もいる）。

第**6**章

過労死等から労働者を守る

過労死等防止対策推進法

> 　過重労働で労働者が疲労し脳・心臓疾患で死に至ったり，メンタルヘルスを失調して自殺に及ぶ。そのような過労死等から労働者を守ることは労働法の最初の課題であるとともに現在も究極の課題であり続けている。労働条件を定める法令の多くが過労死等の防止に向けられているといっても過言ではないが，本章では，過労死等防止対策推進法と，同法が国や地方公共団体の責務としている施策を中心にみていくことにする。

1. 過労死防止法

(1) 沿革

　過労死は，バブル経済の絶頂期である 1980 年代後半から社会的に大きく注目され始めた。その後，1990 年代後半から 2000 年代初めの不況のなかで企業がリストラを進めた結果，企業に残った 20 代後半〜30 代の男性労働者を中心に過重労働が常態化し過労死・過労自殺案件が増加した。そこで，2000 年代後半から 2010 年代初めに各地で過労死を防止する立法を求める運動が行われ，2014 年 6 月に「過労死等防止対策推進法」が成立・公布され，2014 年 11 月 1 日に施行された。

　過労死防止法（過労死等防止対策推進法）が，どのような目的で制定されたかについては，冒頭に端的にまとめられている。

> この法律は，近年，我が国において過労死等が多発し大きな社会問題となっていること及び過労死等が，本人はもとより，その遺族又は家族のみならず社会にとっても大きな損失であることに鑑み，過労死等に関する調査研究等について定めることにより，過労死等の防止のための対策を推進し，もって過労死等がなく，仕事と生活を調和させ，健康で充実して働き続けることのできる社会の実現に寄与することを目的とする。(過労死防止法第1条)

(2) 過労死等の防止のための対策

1) 過労死等

　過労死防止法が対象とするのは，「過労死」よりも広く，過労による疾患や精神障害および過労自殺を含む「過労死等」である。

> この法律において「過労死等」とは，業務における過重な負荷による脳血管疾患若しくは心臓疾患を原因とする死亡若しくは業務における強い心理的負荷による精神障害を原因とする自殺による死亡又はこれらの脳血管疾患若しくは心臓疾患若しくは精神障害をいう。(過労死防止法　第2条)

2) 国や地方公共団体の施策

　国や地方公共団体は，過労死等の防止のための対策として，以下のような施策を行うことが規定されている。

　まず国は，過労死等に関する実態の調査，過労死等の効果的な防止に関する研究などを行う (過労死防止法第8条第1項)。

　また，国および地方公共団体は，過労死等の防止についての啓発活動を行い (過労死防止法第9条)，毎年11月を過労死等防止啓発月間として，国や地方公共団体は，広報やシンポジウムなどの事業を行う (過労死防止法第5条)。そして，相談体制の整備を行うとともに (過労死防止法第10条)，民間の団体が行う過労死等の防止に関する活動を支援する (過労死防止法第11条)。

　政府は，過労死等に関する調査研究等の結果を踏まえ，必要があると認めるときは，過労死等の防止のために必要な法制上又は財政上の

措置その他の措置を講ずるとされている（過労死防止法第 14 条）。

3）過労死等の防止のための大綱

　国がこれらの措置を効果的に推進するため，厚生労働大臣は，過労死等の防止のための対策に関する大綱（以下「大綱」という）を作成しなければならない（過労死防止法第 7 条）。大綱の案を作成しようとするときは，関係行政機関の長と協議するとともに，過労死等対策推進協議会の意見を聴かなければならない（過労死防止法第 7 条 3 項）。過労死等対策推進協議会は，過労死等の当事者や遺族の代表，労働者の代表，使用者の代表，専門家から構成される組織である（過労死防止法第 12〜13 条）。そして，厚生労働大臣は大綱について，閣議の決定を求め（過労死防止法第 7 条第 2 項），国会に報告し，インターネットなどで公表しなければならない（過労死防止法第 7 条第 4 項）。大綱には，①これまでの取り組みや現状と課題のほか，②過労死等の防止のための対策の基本的な考え方，③国が取り組むべき重点対策，④国以外の個人や団体（地方公共団体・事業主・労働組合・民間団体・国民）が取り組む重点対策と，⑤過労死等防止対策の数値目標などが記載されている。

　2021 年 7 月 30 日付の大綱では過労死等防止対策の数値目標として，次の 6 つがあげられている。

　1　労働時間については，週労働時間 40 時間以上の雇用者のうち，週労働時間 60 時間以上の雇用者の割合を 5％以下とする（令和 7 年まで）。
　2　勤務間インターバル制度について，労働者数 30 人以上の企業のうち，
　(1) 勤務間インターバル制度を知らなかった企業割合を 5％未満とする（令和 7 年まで）。
　(2) 勤務間インターバル制度（終業時刻から次の始業時刻までの間に一定時間以上の休息時間を設けることについて就業規則又は労使協定等で定めているものに限る）を導入している企業割合を 15％以上とする（令和 7 年まで）。
　　　特に，勤務間インターバル制度の導入率が低い中小企業への導入に向けた取組を推進する。
　3　年次有給休暇の取得率を 70％以上とする（令和 7 年まで）。
　4　メンタルヘルス対策に取り組んでいる事業場の割合を 80％以上とする（令和 4 年まで）。

数値目標が達成されたか否かについては，本章の 4 節でみていくこ
とにする。

4）年次報告

政府は毎年過労死等の概要や施策の状況を国会に報告しなければな
らない（過労死防止法第 6 条）。その内容は，概ね大綱に掲げられた事項に
沿ったものとなっている。この報告書は，「過労死防止対策白書」と
して公刊され，インターネットでダウンロードもできる。

2. 過労死等防止に対する取り組み

過労死防止法および「過労死等の防止のための対策に関する大綱」
に基づき，以下のような取り組みが行われている。

（1）過労死等をめぐる調査・分析

独立行政法人労働者健康安全機構の労働安全衛生総合研究所に設置
されている過労死等調査研究センターで，大綱において重点業種とさ
れている，自動車運転従事者・教職員・IT 産業・外食産業・医療・
建設業およびメディア業界の 7 業種を中心に，事案の分析，過労死等
と関連性を有する基本的なデータの収集や，企業，労働者などに対す
るアンケートが実施されている。

そして，労働時間，仕事のストレス，睡眠時間などの要因と健診結
果などとの関連を長期間（10 年程度）にわたって調査し，どのような要
因が過労死等のリスク要因として影響が強いか分析を行ったり（職域コ
ホート研究），職場の環境を改善するための取り組みをセンターが介入し
て実施し，その効果を継続的に測定し検証している（実証実験）。

調査研究の研究報告書などについては，厚生労働省や労働者健康安全機構労働安全衛生総合研究所の web サイトで公表されている。

（2）過労死等の防止のための対策
1）長時間労働削減
① 労働時間の制限
本書の第 1 章で紹介した通り，労働基準法では労働時間の制限・時間外労働の限度・上限が規定されている。

② 指導
長時間労働が行われている事業場に対しては，労働基準監督署により監督指導などが行われている。2016 年 4 月から，対象が月 100 時間の時間外労働が行われている事業場から，月 80 時間の時間外労働が行われている事業場に拡大された（令和 4 年過労死防止対策白書）（2020 年度の監督指導は，36 協定なしに時間外労働をさせたものが 1 万 9,493 件，36 協定の限度時間・上限時間を違反したものが 592 件，労働者から労働時間について申告があったものが 227 件である）（令和 2 年労働基準監査年報）。また，2017 年 1 月から，事業場単位で指導を行うだけでなく，違法な長時間労働を複数の事業場で行う企業については本社に対し全社的な改善を図る指導が実施されている。そして，2015 年から，違法な長時間労働が複数の事業場で行われた企業について，経営トップに対して指導が行われるとともに，企業名の公表が実施されている。

2）労働者の健康管理
① 一般的な健康管理
事業者は，一般健康診断・特殊健康診断^{メモ}や異状所見者に対する事後措置を行わなければならず（労安衛第 66 条），また，必要に応じて保健指導を行うよう努めなければならない（労安衛第 66 条の 7）。

> ✎メモ
>
> **特殊健康診断**
>
> 放射線業務や特定化学物質業務，石綿業務など有害とされる業務に従事する労働者や特定の物質を取り扱う労働者を対象とした健康診断であり，定期的な実施が労働安全衛生法第 66 条第 2 項・第 3 項で義務づけられている。

② 過重労働者の健康管理
以上のような労働者の一般的な健康管理の枠組みに加えて，過重労

働による脳・心臓疾患を防止するため，長時間労働者の面接指導の制度を設けている。

　これは，長時間の時間外労働など過重な労働によって疲労が蓄積している場合には，脳血管疾患および虚血性心疾患などの発症リスクが高まるとの医学的知見を踏まえたものである。そのような状況となった労働者の健康の状態を把握し適切な処置を講ずるため，2005年に，事業者は長時間労働者について，医師の面接指導を受けさせなければならないものと規定された（労安衛第66条の8第1項）。この面接指導については，労働者にも受ける義務があるとされている（労安衛第66条の8第2項）。

　医師による面接指導の対象者は，2018年の働き方改革で長時間労働者にも拡大され，現在は図6-1の通りとなっている（労安衛第66条の8の2～4）。

③ メンタルヘルス対策

　大綱において，精神障害の発病をしてから短期間で自殺につながっ

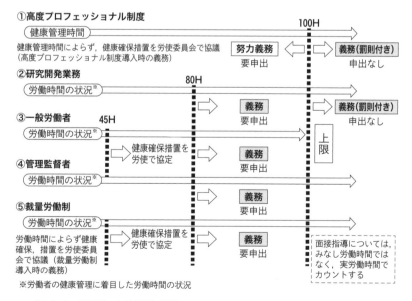

図 6-1　医師による面接指導（厚生労働省都道府県労働局労働基準監督署，2019）

た労働者が多かったことが報告されている。そこで，事業場における
メンタルヘルスケアの取り組みを進めるとともに，労働者が相談しや
すい環境の整備が必要とされている。その内容は，第2章で紹介され
ている通りである。

④ ハラスメント防止対策

ハラスメントは労働者のメンタルヘルスの不調の原因にもなり得る
ことから，その防止に向けた取り組みを進めることが重要とされてい
る。その内容は，第5章で紹介されている通りである。

3）若年労働者，高年齢労働者，障害者である労働者等への取り組みの推進

① 若年労働者への取り組み

若年労働者は，業務における強い心理的負荷による精神障害の労災
支給決定（認定）件数が多い。そこで，労働者健康安全機構が全国の都
道府県に設置する産業保健総合支援センターにおいて，若年労働者に
対してセルフケアを中心としたメンタルヘルス教育が実施されてい
る。また，若年労働者のメンタルヘルスケアにあたっては，労働者の
家族の支援を受けながら進めることが重要であることから，働く人の
メンタルヘルス・ポータルサイト「こころの耳」において，事業場と
労働者の家族が連携して行ったメンタルヘルスケアの取り組み事例が
掲載されるなど周知・啓発が行われている。

② 高年齢労働者への取り組み

高年齢労働者は，脳・心臓疾患の労災支給決定（認定）件数が相対的
に多い。そこで，2020年3月に「高年齢労働者の安全と健康確保のた
めのガイドライン」（エイジフレンドリーガイドライン）が策定され，高齢者の
身体機能の低下を補う設備・装置の導入や予防的観点からの労働者の
筋力強化等の身体機能向上のための健康づくりなどが促されるととも
に，2020年度に高年齢労働者の安全衛生確保対策に取り組む中小企
業等を支援する補助金（エイジフレンドリー補助金）が新設された。

③ 障害者である労働者や傷病を抱える労働者への取り組み

障害者である労働者については，個々の特性に応じた雇用管理を求

められることが相対的に多い。そこで,「事業場における治療と仕事の両立支援のためのガイドライン」(2016年2月策定)や,ガイドラインの参考資料として疾患別留意事項および企業・医療機関連携マニュアルが作成され,シンポジウムなどにより企業や医療機関などへの普及啓発が行われている。また,障害者である労働者を支援し医療機関と事業者の連携を行う両立支援コーディネーターの養成も行われている。

そのほか,各都道府県に設置されている地域障害者職業センターにおいて,うつ病などによる休職者の職場復帰支援(リワーク支援)が実施されている。また,全国の主要なハローワークなどにおいて,就職に関連したさまざまな生活支援などを必要とする求職者に対し,公認心理師・臨床心理士等の専門家による巡回相談が実施されている。

4) ウィズコロナ・ポストコロナの時代におけるテレワークなどの新しい働き方への対応

2021年3月に改定された「テレワークの適切な導入及び実施の推進のためのガイドライン」で,コロナ禍をきっかけに広まったテレワークについて,労働時間の把握の仕方,所定労働時間の設定の方法,長時間労働抑制の方法,長時間労働者の面接指導,メンタルヘルス対策,ストレスチェックなどの方法が定められた。

また,2020年9月「副業・兼業の促進に関するガイドライン」が改定され,コロナ禍に広まった副業・兼業について,副業先での労働時間の把握や,労働時間を通算した場合の時間外労働の上限や割増賃金負担のモデル,健康診断・長時間労働者に対する面接指導・ストレスチェックやこれらの事後措置の方法が提示されている。

(3) 啓発

過労死等には,労働時間や職場環境だけでなく,その背景となる企業の経営状況や商取引上の慣行のほか,睡眠を含めた生活時間など,さまざまな要因が関係している。また,過労死等を防止するためには,職場のみでなく,職場以外においても,周囲の「支え」が重要である。このため,過労死等を職場や労働者のみの問題と捉えるのでは

なく，国民一人ひとりが，自身にも関わることとして過労死等に対する理解を深めるとともに，過労死等を防止することの重要性について自覚し，過労死等の防止に対する関心と理解を深めることが必要である。

　そこで，長時間労働削減やメンタルヘルスケア・ハラスメント防止の実施について，国民一般に向けたポスター・パンフレットや広告などによる啓発や，大学・高等学校でのセミナーの開催・講師の派遣・教材の配布，各種のキャンペーンや取り組み事例の紹介などが行われている。

(4) 相談体制の整備等

　労働条件や健康管理に関する電話相談や，メンタルヘルス不調や健康障害について，SNS・メール・電話による相談が行われている。また，フリーランスと発注者のトラブルについての電話相談も行われている。

　また，産業保健総合支援センターにおいて，産業医などの産業保健スタッフや，衛生管理者・人事労務担当者などに対して研修が行われている。

3. 労災補償

(1) 労働災害

　労働者は労働災害（労働者が就業している業務に起因して，労働者が負傷し，疾病にかかり，又は死亡すること [労働安全衛生法第 2 条第 1 号]）によって損害を被った場合，使用者に損害賠償を求めることができる（民法 709 条・同 715 条 [不法行為責任] 又は民法 415 条 [安全配慮義務，最高裁 S55.12.18 判決（民集 34-7-888)]）。この場合，不法行為・使用者責任の場合は使用者に故意または過失があることを，安全配慮義務の場合は安全配慮義務の特定とその義務違反の事実を労働者が立証しなければならないが（最高裁 S56.2.16 判決（民集 35-1-56)，個人である労働者が立証することは困難である。そこで，労災保険制度が制定され，すべての労働者が労災保険に加入して保険金

を支払い，労働災害が発生した場合，保険給付を受けることができるものとされている（労働者災害補償保険法第1条）。

　労働災害と認められ保険給付を受けることができるのは，業務が原因で怪我をしたり病気になったりした場合のみである。身体上の障害であれば業務が原因か否かは判定しやすいが，脳血管疾患もしくは心臓疾患の原因が業務による疲労であるかどうか，あるいは，メンタルヘルスが失調し精神障害が発生した原因が業務によるストレスであるかどうかの判定は難しいものとなる。そこで，これらについての認定基準が厚生労働省により公表されている。

(2) 過労死等の認定基準

　過労死等についての労災認定は，「血管病等を著しく増悪させる業務による脳血管疾患及び虚血性心疾患等の認定基準」（厚生労働省労働基準局長令和3年9月14日基発0914第1号）に基づいて行われている。

1) 基本的な考え方

　脳・心臓疾患は，その発症の基礎となる動脈硬化，動脈瘤などの血管病変などが，主に加齢，食生活・生活環境などの日常生活による諸要因や，遺伝などによる要因により形成され，それが徐々に進行・憎悪して発症するものである。しかし，仕事が特に過重であったために血管病変が著しく憎悪し，その結果，脳・心臓疾患が発症することがある。このような場合には，仕事がその発症にあたって相対的に有力な原因となったものとして，労災補償の対象となる。

2) 対象疾病

　労災認定の対象となる疾患は，脳血管疾患（脳内出血［脳出血］・くも膜下出血・脳梗塞・高血圧性脳症），虚血性心疾患等（心筋梗塞・狭心症・心停止［心臓性突然死を含む］・重篤な心不全・大動脈解離）である。

3) 要件

　過労死が労災として認められる要件は，下記のいずれかにあたる場

合である。

① 長時間の過重業務

まず，発症前の概ね 6 か月に長期間にわたって著しい疲労の蓄積を
もたらす特に過重な業務に就労をした場合である。

①発症前 1 か月間に，概ね 100 時間または発症前 2 か月間ないし 6
か月間にわたって 1 か月当たり概ね 80 時間を超える時間外労働が認
められる場合（発症前の 2 か月間・3 か月間・4 か月間・5 か月間・6 か月間のいずれか
の期間で概ね 80 時間を超える場合）は，業務と発症との関連性が強いと評価
される。②発症前 1 か月間ないし 6 か月間にわたって，1 か月当たり
概ね 45 時間を超えない場合は，業務と発症との関連性が弱いと評価
される。③これが概ね 45 時間を超えて長くなればなるほど，業務と
発症との関連性が徐々に強まると評価でき，この場合は，拘束時間の
長い勤務・休日のない連続勤務・勤務間インターバルが短い勤務・不
規則な勤務・交替制勤務・深夜勤務・出張の多い業務・心理的負荷を
伴う業務・身体的負荷を伴う業務・作業環境（温度・騒音）等の負荷要
因について十分検討して，業務と発症の関連性が強いかどうかが判断
される。この長時間の荷重勤務の基準は「過労死ライン」と呼ばれて
いる。

② 短期間の過重業務

また，発症に近接した時期において，特に過重な業務に就労した場
合も労災として認められる要件となる。

これは，発症直前から前日までの間に特に過度の長時間労働が認め
られる場合や，発症前概ね 1 週間継続して深夜時間帯および時間外労
働を行うなど過度の長時間労働が認められる場合である（いずれも，手待
ち時間が長いなど特に労働密度が低い場合を除く）。

労働時間の長さのみで過重負荷の有無を判断できない場合は，労働
時間と労働時間以外の負荷要因を総合的に考慮して判断される。

③ 異常な出来事

発症直前から前日までの間において，発生状態を時間的および場所
的に明確にし得る異常な出来事に遭遇した場合も要件のひとつとなっ
ている。

たとえば，業務に関連した重大な人身事故や重大事故に直接関与し著しい精神的負荷を受けた場合や，事故の発生に伴って救助活動や事故処理に携わり著しい身体的負荷を受けた場合，あるいは，屋外作業中，極めて暑熱な作業環境下で水分補給が著しく阻害される状態や，特に温度差のある場所への頻回な出入りなど，急激で激しい作業環境の変化にさらされた場合がこれにあたる。

（3）過労による精神障害・過労自殺の認定基準

メンタルヘルスが失調し精神的障害となったり自殺してしまったりした場合の労災認定については，「心理的負荷による精神障害の認定基準」（厚生労働省労働基準局長平成 23 年 12 月 26 日基発 1226 号）に基づいて行われている。

1）基本的な考え方

精神障害は，外部からのストレスと，ストレスへの個人の対応力の強さとの関係で発病に至ると考えられている。発病した精神障害が労災認定されるのは発病が仕事による強いストレスによるものと判断できる場合に限られる。

2）対象疾病

認定基準の対象となる精神障害は，ICD-10メモの第Ⅴ章「精神および行動の障害」に分類される精神障害のうち，F0・F1 を除いたものである。F3（うつ病など），F4（急性ストレス反応など）が代表的である。

> ✒メモ
>
> **ICD-10**
> 世界保健機構（WHO）が作成した「疾病及び関連保険問題の国際統計分類」の略称であり，現在は第 10 版が使用されている。第 11 版（ICD-11）が 2019 年に WHO 総会で正式に承認された。

3）要件

発病前概ね 6 か月の間に起きた業務による出来事について，心理的負荷の強度が「強」と評価される場合，労働災害と認定される。

① 特別な出来事

認定基準の「業務による心理的負荷評価表」の「特別な出来事」に

該当する事実があれば，強度が「強」と認められる。たとえば，業務に関連して生死に関わる怪我をした場合や，発病前1か月に概ね160時間を超えるか同程度（3週間に120時間など）の時間外労働を行った場合があげられる。

② **具体的出来事**

「特別な出来事」がなくても，「業務による心理的負荷評価表」の「具体的出来事」にあてはまるものがある場合，同表に基づいてその強度を評価する。

たとえば，長期間（概ね2か月）の入院を要する，もしくは現職への復帰ができなくなる後遺障害を残すような業務上の病気や怪我をした場合などについては，「強」と判断される。この程度に至らない場合は「弱」から「中」と評価される。

また，1か月に80時間以上の時間外労働を行った場合については，原則として「中」と判断されるが，発病直前の連続した2か月間に1月当たり概ね120時間以上の時間外労働を行った場合や，発病直前の連続した3か月間に1か月当たり概ね100時間以上の時間外労働を行ったような場合は「強」と判断される。

いじめやセクハラは，出来事が繰り返されるので，発病の6か月よりも前から始まっていた場合は，始まった時点からの心理的負荷を評価する。

「具体的な出来事」が複数ある場合は全体評価を行う。たとえば心理的負荷の程度が「中」と判断される出来事が複数ある場合，それらの近接の程度・出来事の数・内容を考慮して全体を「強」または「中」と判断する。

4）業務以外の心理的負荷・個体側要因の評価

業務による心理的負荷が「強」と判断される場合でも，強度な業務以外の心理的負荷があるかどうか確認が行われる。「業務以外の心理的負荷評価表」の「具体的出来事」にあてはまるものがある場合，同表に基づいてその強度（Ⅰ～Ⅲ）を評価する。たとえば，離婚または夫婦が別居したり，多額の財産を損失したまたは突然大きな支出があっ

たり，天災や火災などにあった，または犯罪に巻き込まれた場合は，強度が「Ⅲ」とされる。

また，個体的要因による発病でないかどうかの確認が行われる。個体側要因による発病かどうかは，精神障害の既往歴や，アルコールの依存状況などの有無と，その内容の確認が行われる。

そして，強度の業務外の心理的負荷や，個体的要因がある場合は，これらが発病の原因かどうかの判断がなされる。

5) 自殺

業務による心理的負荷によって精神障害を発病した人が自殺を図った場合は，精神障害により故意が欠如していると推定されることから，原則としてその死亡は労災と認定される。

6) 業務外の精神障害の悪化

業務以外の心理的負荷により発病した精神障害が業務による心理的負荷を受けたあとに悪化した場合（発病後の悪化）については，直ちにそれが悪化の原因であるとは判断されない。しかし，「特別な出来事」に該当する出来事がありその後6か月以内に病状が著しく悪化した場合は，悪化した部分について労災の対象となる。

(4) 労災補償の手続き

労災補償の支給を受けようとする場合，まず，被災者またはその遺族が請求書に所定の事項を記載して所轄の労働基準監督署長に申請を行う（労働者災害補償保険法第12条の8第2項）。申請が受理されると，労働基準監督署が職権で調査を行うが，当事者も独自に調査し資料を提出することができる。これらの調査や資料に基づき労働基準監督署長は保険給付の支給・不支給を決定する（労働者災害補償保険法施行規則第1条第3項）。

労働基準監督署長が行った保険給付に関する処分（原処分）に不服がある場合，被災者またはその遺族は都道府県労働局の労働者災害補償保険審査官に対して審査請求を行うことができる（労働者災害補償保険法第

38条第1項)。審査の決定に不服がある場合は，労働保険審査会に再審査請求を行うこと（労働者災害補償保険法第38条第1項）も，国を被告として，労働基準監督署長の決定（原処分）の取り消しを求める行政訴訟を管轄の地方裁判所に提起することもできる（行政事件訴訟法第8条第1項，労働者災害補償保険法第40条）。再審査請求の裁決に不服な場合も，同様に原処分の取消訴訟を提起できる（行政事件訴訟法第8条第1項）。また，審査請求後3か月以内に労働者災害補償保険審査官の決定が行われない場合には棄却決定したものと見なして取消訴訟を提起することができる（労働者災害補償保険法第38条第2項，行政事件訴訟法第8条第2項）。

(5) 労災補償の内容

　労災認定がなされた場合，療養補償給付（診察・薬剤の支給・治療等の現物給付または療養費用），休業補償給付（賃金の給付基礎日額の60%相当の金銭の支給），休業特別支給金（給付基礎日額の20%相当の金銭）が支給される（労働災害補償保険法第12条の8第1項）。

　そして，業務上の傷病が療養開始後1年6か月を経過しても治癒せず，かつ，その傷病による障害の程度が一定程度に達している場合，休業補償給付は停止され傷病補償年金が支給される。また，負傷・疾病が治癒したとき身体に障害が存する場合に，障害の程度に応じて障害補償年金または障害補償一時金が支給される（労働災害補償保険法第12条の8第3項）。

　そのほか，業務災害により死亡した場合，遺族補償年金・遺族一時金と遺族特別支給金・遺族特別年金が支給され（労働災害補償保険法第16条），業務上の死亡者の葬祭を行う者には，葬祭料が支給される（労働災害補償保険法第17条）。

4．過労死等防止対策の現状

　ここでは，2021年7月30日付の大綱で過労死等防止対策の数値目標としてあげられた項目について，達成されているのか確認していくことにする。

図 6-2　週労働時間 60 時間以上の雇用者の割合の状況（厚生労働省労働基準局過労死等防止対策推進室，2022）

資料出所：総務省「労働力調査」（平成 23 年は岩手県，宮城県および福島県を除く）をもとに作成

（1）労働時間

　大綱では，2025 年までに，週労働時間 40 時間以上の雇用者のうち，週労働時間 60 時間以上の雇用者の割合について数値目標が設定されている。これはフルタイム労働者のうち特に長時間労働を行う労働者の割合を減らすことを意味している。

　週労働時間 60 時間以上の雇用者の割合は，2003 年の 17.9％をピークに，2010 年の微増を除き緩やかな減少傾向を示し，2021 年に 8.8％まで減少している。目標は 2025 年に 5％以下とされている（図 6-2）。

（2）勤務間インターバル制度

　大綱では勤務間インターバル制度（終業時刻から次の始業時刻までの間に一定時間以上の休息時間を設けることについて就業規則または労使協定などで定めているものに限る）を導入している企業割合についても数値目標を設定している。

　勤務間インターバル制度を導入している企業の割合は増加を続けており，2021（令和 3）年で 4.6％に達している。目標は 2025（令和 7）年までに 15％以上とされている（図 6-3）。

　勤務間インターバル制度の導入の予定がなく，検討もしていない企

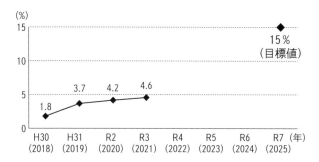

図 6-3　勤務間インターバル制度の導入企業割合の推移（厚生労働省労働基準局過労死等防止対策推進室，2022）

資料出所：厚生労働省「就労条件総合調査」をもとに作成

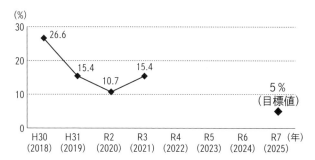

図 6-4　勤務間インターバル制度について「制度を知らない」と回答する企業割合の推移（厚生労働省労働基準局過労死等防止対策推進室，2022）

資料出所：厚生労働省「就労条件総合調査」をもとに作成

業のうち，導入していない理由として最も多いのは「超過勤務の機会が少なく，当該制度を導入する必要性を感じないため」というもの（57.4%）であるが，2番目に多いのは「制度を知らなかったため」というものである（19.2%）。そこで大綱では，労働者数30人以上の企業のうち，勤務間インターバル制度を知らない企業割合について通知目標が設定されている。

　勤務間インターバル制度の認知度は相当高くなっており，2025（令和7）年に勤務間インターバル制度を知らない企業割合を5%未満とする目標に迫ってきている（図6-4）。

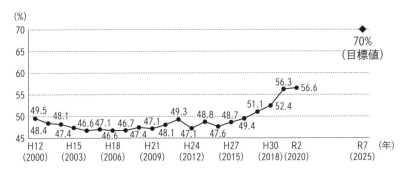

図 6-5　年次有給休暇取得率の推移（厚生労働省労働基準局過労死等防止対策推進室, 2022）
資料出所：厚生労働省「就労条件総合調査」をもとに作成

（3）年次有給休暇

　大綱では年次有給休暇の取得率を 2025（令和7）年までに 70％以上とすることを目標としている。

　年次有給休暇の取得率は，2000（平成12）年以降 50％を下回る水準で推移していたが，2017（平成29）年には 50％を上回り，2020（令和2）年は 56.6％と増加している（図6-5）。

（4）メンタルヘルス対策

　大綱では，メンタルヘルス対策に取り組んでいる事業場の割合を 2022（令和4）年までに 80％以上とすることを目標としている。

　ストレスチェックが義務化される 2 年前の 2013（平成25）年に増加したあとは横ばい状態となっており，2021（令和3）年は 59.2％となっている（図6-6）。

（5）メンタルヘルスについての相談

　大綱では，仕事上の不安，悩みまたはストレスについて，職場に事業場外資源を含めた相談先がある労働者の割合を，2022（令和4）年までに 90％以上とすることを目標としている（図6-7）。

　現在の自分の仕事や職業生活でのストレスについて「相談できる人がいる」とする労働者の割合は 92.1％となっているが，相談相手は

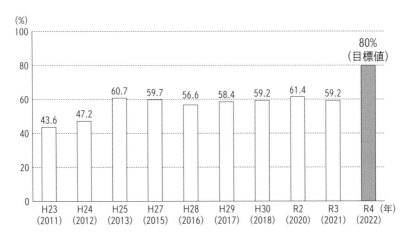

図 6-6　メンタルヘルス対策に取り組んでいる事業所割合の推移（厚生労働省労働基準局過労死等防止対策推進室，2022）

資料出所：厚生労働省「労働安全衛生調査（実態調査）」をもとに作成（ただし，平成23年は厚生労働省「労働災害防止対策等重点調査」，平成24年は厚生労働省「労働者健康状況調査」）

「家族・友人」が最も多く，これを除いた，職場に事業場外資源を含めた相談先がある労働者の割合は 2021（令和3）年にはやや減少し 70.3％となっている（厚生労働省労働基準局総務課，2022）。

（6）ストレスチェック

　大綱では，ストレスチェック結果を集団分析し，その結果を活用した事業場の割合を 2022（令和4）年までに 60％以上とすることを目標としているが，この目標はすでに達成されている（図6-8）。

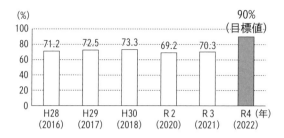

図6-7　仕事上の不安，悩みまたはストレスについて，職場に事業場外資源を含めた相談先がある労働者割合の推移（厚生労働省労働基準局過労死等防止対策推進室，2022）

資料出所：厚生労働省「労働安全衛生調査（実態調査）」をもとに作成

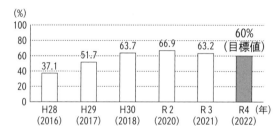

図6-8　ストレスチェック結果を集団分析し，その結果を活用した事業所割合の推移（厚生労働省労働基準局過労死等防止対策推進室，2022）

資料出所：厚生労働省「労働安全衛生調査（実態調査）」をもとに作成（平成28年は特別集計）

長時間労働者を支援する

　オンラインゲーム制作会社でゲームプログラマーとして働く田畑さん（男性，31歳）は，会社でのストレスチェックで高ストレス者と認定された。実施された職業性ストレス簡易調査を確認したところ，仕事の量的な負担や身体的な負担を感じており，疲労感や抑うつ感を抱いていることがわかった。また，自分で仕事のペースややり方を決めることはできておらず，上司からのサポートも少なかった。一方，仕事の質的な負担は感じておらず，自身の仕事に対する適性を感じ，技能も活用できていると思っているようであった。田畑さんの上司である木村さんが産業医との面談を勧めたため，田畑さんは産業医と面談を行った。その際，次々に納期がやってくるため残業や休日出勤などの長時間労働が半年くらいに及んでいること，常にゲームのことで頭がいっぱいでほとんど眠れておらず，寝ていても夢にゲームのことが出てきて熟睡感が得られていないこと，仕事をしていないと罪悪感を覚えてしまい，食事を含め仕事以外のことに関心をもてないでいることなどを訴えた。

　田畑さんが働く会社には心理職がいないため，産業医は外部 EAP 機関に連絡をし，そこでカウンセラーの内藤さんと連携をすることとした。産業医と内藤さんの間では，慢性的な長時間労働状態にあり，過労死等のリスクが高いこと，うつ病を発症している可能性があるため，精神科の受診と休職を考えるように進言することなどで意見が一致した。しかし，田畑さんは，今自分が休むと他の社員に迷惑がかかるし，自分の居場所がなくなるので休職することはできないと助言を拒否した。上司の木村さんは，タイムカードなどを用いた労働時間の把握を行っていないため，実際に田畑さんがどの程度働いているのかわからないと言った。また，木村さんから残業や休日出勤をするよう指示したことはなく，あくまで田畑さんが自主的に行ったことであるから，それを理由に休まれるのは困るとも言った。

STEP1：労働者の心理状態を把握する

　田畑さんは長時間労働によって過労死等のリスクが高くなり，うつ病も発症している可能性が指摘されている。それにもかかわらず，休職の助言を拒否し，働き続ける意思を示している。その背景には，仕事をしていないと罪悪感を抱くという思いがある。

　労働者の心理状態に関する用語として，ワーク・エンゲイジメント，ワーカホリズム，バーンアウトなどがある。Schaufeli ら (2002) はワーク・エンゲイジメントを「仕事に関連するポジティブで充実した心理状態であり，活力，熱意，没頭によって特徴づけられる。エンゲイジメントは，特定の対象，出来事，個人，行動などに向けられた一時的な状態ではなく，仕事に向けられた持続的かつ全般的な感情と認知である」と定義している。ワーク・エンゲイジメントは仕事に対する活力，熱意，没頭という 3 つの要素がそろった状態であるとされている。活力は「仕事から活力を得て生き生きしていること」，熱意は「仕事に誇りややりがいを感じていること」，没頭は「仕事に熱心に取り組んでいること」である。ワーク・エンゲイジメントの状態とは，仕事に対する活動水準が高く，また仕事に対してもポジティブな態度・認知を有している状態であり，仕事を楽しんでいる状態 (I enjoy to work) あるいは自ら進んで仕事をしている状態 (I want to work) であると言える。

　これに対し，ワーカホリズム (仕事中毒) とは家庭や個人の健康を顧みないほど過剰に仕事をする状態のことであり，仕事への関与が高く，仕事をしなければならないという内的な衝動も強いが，仕事を楽しんではいないのが特徴である。また，仕事をしていないと罪悪感や不安が生じるため，これらを回避するために強迫的に仕事をしなければならない (I have to work) 状態になっている。そのため，ワーカホリズムは長時間労働や過労死等につながりやすいとされている。

　バーンアウトは「長期間にわたり人に援助する過程で心的エネルギーが絶えず過度に要求された結果，極度の心身の疲労と感情の枯渇を主とする症候群であり，自己卑下，仕事嫌悪，関心や思いやりの喪失を伴う症状」とされている (Maslach & Jackson, 1981)。バーンアウトの特徴には，情緒的な力を消耗しきってしまった情緒的消耗感，相手に無情で非人間

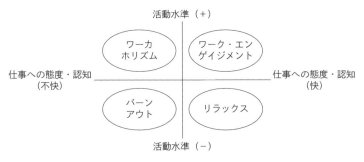

図 6-9　ワーク・エンゲイジメントと関連する概念の関係性（島津，2010 をもとに作成）

的な対応をする脱人格化，仕事による有能感や達成感が得られない個人的達成感の低下などがある。ワーク・エンゲイジメントやワーカホリズムでは，仕事に対する意欲や実際の活動水準が高い状態であるが，バーンアウトの状態は意欲も活動水準も低い（I can't work）状態であり，仕事に対してもネガティブな態度・認知を有している。

　これらに，適切な休息状態を意味するリラックスを含めた関係図が図 6-9 である。これらの用語・概念を理解し，ストレスチェックや面談で得られた情報を含めて，労働者の心理状態を把握することは，労働者の支援を適切に行ううえで重要な端緒となるのである。

STEP2：ワーカホリズムを「見える化」する

　田畑さんの長時間労働にはワーカホリズム，つまり仕事から離れることへの罪悪感や不安，仕事に対する強迫的な取り組みがあることが考えられる。ワーカホリズムにある労働者に対して，長時間労働なので休養しましょうと言っても効果がみられないことが多い。それは，罪悪感や不安のほうが先に立って，労働者が自分の心身の状況や働き方などについて，客観的に理解することが難しくなっているからである。そのためにも，まず行うべきはワーカホリズムであることを「見える化」することである。

　事前に行ったストレスチェックも「見える化」のひとつの方法である。ストレスチェックによって，ストレス要因やストレス反応，周囲か

らのサポートなどを数値化することで，自分の心身の状態や働き方が適切ではないことを知ることができる。

　また，1週間の仕事の時間や睡眠時間などを図に描き出してみることも有効である。ストレスチェックではストレス要因やストレス反応などが多いか少ないかでしか示されない。実際の仕事の時間や睡眠時間などを図示することで，自分の生活の大部分が仕事に埋め尽くされており，睡眠時間や自分のための時間が十分にとれていないことを客観的に把握することができる。仕事の時間とそれ以外の時間を色分けするなど，図をつくる際に工夫をすると，より効果的に読み取ることができるようになる。

　同時に，理想とする生活や働き方についても，同様に図示してみる。本当は睡眠時間はこれくらいとりたい，何時くらいには帰宅したい，週末は自分のためにこういうことに時間を使いたいなど，理想の生活を図示し，現在の生活と比較することで，今の生活のままでは心身ともによくないことを知るきっかけになる。

　これら以外にも，血液検査などの生理的・医学的な検査や抑うつに関する心理検査などを行うことで，身体面・心理面の状態を数値化し，伝えていくことが必要となる。本人が「働かなければならない」「働かないと迷惑がかかる」と思っていても，これらの数値をもとに心身ともに働ける状態ではない，休養しなければならない状態であることを確認することが必要である。

　このようにワーカホリズムを多面的に数値化・見える化することで，自分の働き方や生活の問題点を労働者と共有していくことが，働き方を変え，心身の健康を回復・維持することに有効である。また，ワーカホリズムの場合，「自分が休むと周りに迷惑がかかる」や「この仕事は自分がやらなければならない」のような思い込み（信念）をもっていることもある。しかし，実際には，本人が休むことで，本人が心配するほど大きな迷惑や損害が生じることは少なく，本人以外の人でも行うことができる仕事も多い。あるいは1日2日程度休んだところで，支障がなかったり，他の方法で代替できたりすることもある。このような思い込み（信念）についても，ひとつひとつ書き出して，その真偽を検討し，変えてい

くことも必要になってくるのである。

STEP3：会社全体で働き方を考える

いくら田畑さんのワーカホリズムを見える化し，またその背景にある思い込み（信念）を変えたとしても，会社として現在の働き方や労働環境を変えなければ，田畑さんは再びワーカホリズムとなり長時間労働をするであろうし，他の労働者にも同様のことが起こる可能性がある。長時間労働やその先にある過労死等を防ぐためにも，会社全体で働き方を考え，変えていく必要がある。

まずは，労働時間の適切な把握が必要となる。田畑さんの会社ではタイムカードなどを用いた労働時間の把握が行われていない。しかし，「労働時間の適正な把握のために使用者が講ずべき措置に関するガイドライン」において，使用者には始業・終業時刻を，使用者自らの現認もしくはタイムカード，IC カード，パソコンの使用時間のような客観的な記録などに基づいて把握することが求められている。タイムカードなどを使っていないから労働時間がわからないではなく，労働時間がわかるようにしなければならないのである。

また，労働者が適切に休憩や休日をとっているか，有給休暇を取得しているかなどを把握することも重要である。労働者がメンタルヘルスの不調によって休業することは，会社にとっても損失が大きいものである。一時的には残業や休日出勤などで対処することができたとしても，それが積み重なり，複数の労働者がメンタルヘルス不調で休業や退職を余儀なくされれば，いずれ会社は立ち行かなくなってしまう。労働時間と休憩・休業などはあわせて把握し，またそのバランスをとっていく必要がある。

そのためには，会社としても仕事について考え直す必要がある。田畑さんは次々に納期が来るため休めないと訴えている。これは田畑さんや他の労働者の能力の問題ではなく，仕事を受け，また配分する使用者の問題である。仕事の受注から納期までの期間は適切か，複数の仕事を受注した場合にその仕事が重複しているときの仕事量がどの程度か，一人ひとりが担っている仕事量は適切かなど，改めて仕事量やスケジュール

について検討することが求められる。

　このような会社全体の働き方や労働者の管理などについて，産業医やカウンセラーのような産業保健スタッフが直接的に何かを行うことは難しい。このような事態に産業保健スタッフが行うべきことは，事業者・使用者や管理監督者に対して，労働者の心理状態やメンタルヘルスの重要性を説明したり，メンタルヘルスに関する研修などを行い，事業者などに労働時間の管理などを適切に行ったり，しっかりと休日や休暇をとらせなければならないという意識づけを行うことであろう。

事　例

　杉本さん（25歳，女性）は，私設のカウンセリングルームを開業しているカウンセラーの別所さんのところに相談に訪れた。杉本さんは大学卒業後ある企業に就職したが，その企業はいわゆる「ブラック企業」で，心身ともに負担の大きい仕事，残業や休日出勤の強制，残業代の未払いなどが当たり前のように行われており，給与も最低限の生活をするギリギリの額であった。それでも，就職活動で苦労したなかでようやく得られた就職先である。また，杉本さんは日々の仕事に疲れ果てており，転職先などを考えたりする余力もないまま働き続けていた。しかし徐々に，朝起きられない，意欲が湧かない，集中できない，仕事のことを考えると腹痛が生じる，月経周期が乱れるなどの問題が生じてきた。そのため，会社に仕事を休みたいと相談したところ，「働けないやつは会社にはいらない」と言われ，一方的に解雇された。その後，杉本さんは精神科を受診し，うつ病であるとの診断を受けた。

　今では会社を辞められてよかったと思っており，再びその会社とは関わりたくないため，未払いの残業代などの請求も行うつもりはない。うつ病の症状も徐々に軽減している。しかし，いざ再就職をしようと考えると，自分は役に立たない人間なのではないか，就職してもまた苦しい思いをするのではないかという不安が生じ，それとともに，自分をこのような状態にした会社に対する怒りも湧いてくる。自分一人ではどうしてよいかわからないため，カウンセリングを受けようと思い立って，来談した。

　別所さんは杉本さんの経緯やこれまでの状況を理解し，継続的なカウンセリングを行っていくことにした。

考えてみよう！

　長時間労働が，労働者の身体面・心理面・社会面（対人面）に及ぼす影響にはどのようなものがあるか，調べてみましょう。

話し合ってみよう！

　杉本さんのように働くことがつらくてもなかなか辞められない／辞めない労働者は一定数います。どうしてつらいのに辞められない／辞めないのでしょう。さまざまなケースを想定して，辞められない／辞めない背景にある心理について話し合ってみましょう。

ロールプレイをしてみよう！

　①杉本さん，②カウンセラーの別所さんになって，杉本さんが再就職に向けて意欲を取り戻せるようにするためのカウンセリングについてロールプレイをしましょう（5回くらいを想定し，各回の狙いや目標を設定するとよい）。

教師の過重労働

2022 年は，教員免許の更新制廃止をきっかけに，教師の過重労働と教員不足がクローズアップされた年であった。

教員の過重労働は戦前からみられる現象といわれている。当時はほかにも過重労働の業種が多かったことや，教員の給与が比較的高かったことからさほど問題とはされていなかったが，1950 年代になり他の業種で労働基準法が適用され，給与も上昇してきたため，教師側から勤務負担過重の声が高まってきた。このころ行われた調査では，学校事務・接客・家庭訪問・会議などの本務以外の仕事に時間が費やされ，教材研究・指導案の作成・授業の諸準備といった教員の本務ほど時間外に行われる傾向を示していた。1960 年代後半になり各地で超過勤務手当の支払いを求めて訴訟が提起された結果，いわゆる給特法が制定され，1971 年から時間外勤務手当や休日勤務手当を支給しない代わりに，給与月額の 4％に相当する教職調整額が支給されることとなり，問題は沈静化した。

1980 年代には仕事の絶対量が増え教員のなかに過労死とみられる事案が報告されるようになったが，教員側からの要求は，35 人学級の実現，過大規模校の解消や施設設備の充実といった方向に向かっていた。2000 年代に入ると仕事の量の面で超過勤務が常態化するだけでなく，仕事の質の面でストレスのかかる仕事が増えたことにより精神的健康を損ない病気休職をする教員の急増が指摘されるようになった。

平成 31（2019）年 3 月 18 日の文部科学省「学校における働き方改革に関する取組の徹底について」（通知）では，このような事態を受けてさまざまな取り組みが提案されているが，そのなかで注目されるのは，これまで学校・教師が担ってきた 14 の業務について，「基本的には学校以外が担うべき業務」「学校の業務だが，必ずしも教師が担う必要のない業務」「教師の業務だが，負担軽減が可能な業務」に振り分けを行ったことである。「基本的には学校以外が担うべき業務」としては，①登下校に関する対応，②放課後から夜間などにおける見回り，児童生徒が補導されたときの対応，③学校徴収金の徴収・管理，④地域ボランティアとの連絡調整があげられている。また，「学校の業務だが，必ずしも教師が担う必要のない業務」として，⑤調査・統計等への回答等，⑥児童生徒の休み時間における対応，⑦校内清掃，⑧部活動があげられている。そして，「教師の業務だが，負担軽減が可能な業務」として，⑨給食時の対応，⑩授業準備，⑪学習評価や成績処理，⑫学校行事の準備・運営，⑬進路指導，⑭支援が必要な児童生徒・家庭への対応があげられている。

そして，学校教育法施行規則（以下，学教規）では，教師に代わりこれらの業務を担う学校職員として，部活動指導員（学教規第 78 条の 2），教員業務支援員（学教規第 65 条の 7）などが追加された。

また，スポーツ庁は，2021 年 9 月に翌年度からの休日の部活動の地域移行を打ち出し，2022 年 6 月には，部活動の地域化に向けての方法や，全国大会の開催回数の適正化，部活動の成績が高校入試の評価とされていることの見直しを提言している。

第7章

労働者の職場復帰を支援する

職場復帰支援

　産業分野に関わる医療・福祉・心理職などにとって事業所内でメンタルヘルス不調を起こした労働者の職場復帰支援を学ぶことは大変重要である。ここでは「心の健康問題により休業した労働者の職場復帰支援の手引き」（厚生労働省労働基準局安全衛生部労働衛課・独立行政法人労働者健康安全機構, 2020）を中心に事業所内でメンタルヘルス不調を起こした労働者への職場復帰の支援の流れについて知り，現場経験から得た知識も含めて記載してあるため現場に従事した際に生かしてほしい。

1. 心の健康問題における職場復帰支援

　厚生労働省は心の健康問題で休業する労働者のための**職場復帰支援**について 2004 年に「**心の健康問題により休業した労働者の職場復帰支援の手引き**」（以下「手引き」）を発表した。事業者はこの手引きを参考にして衛生委員会などで審議し，職場復帰支援に関する体制を事業場内で整備し，規則化し，遂行していくことに努めなければならない。また，教育の実施等により労働者へのメンタルヘルス対策の一環として，職場復帰支援について労働者に周知させて実行していくことが示されている。この章ではその「手引き」を中心に説明する。

(1) 職場復帰支援の流れ

「手引き」では，心の健康問題により休業する労働者の職場復帰支援の流れを第1ステップから第5ステップで示している（図7-1）。第1ステップから第5ステップについて現場の状況を踏まえて説明する。

① 第1ステップ：病気休業開始および休業中のケア

第1ステップには，（ア）病気休業開始時の労働者からの診断書の提出，（イ）管理監督者によるケアおよび事業場内産業保健スタッフ等によるケア，（ウ）病気休業期間中の労働者の安心感の醸成のための対応，（エ）その他が記載されている。

心の健康問題で休業する場合は，労働者が管理監督者に主治医の作成した**休業診断書**を提出し，休業をとることになる。これは心の健康問題に限らず怪我や身体の病気などで休業する場合も同様である。休業診断書に記載されている事項はあくまでもめどであり変更はあり得ることである。第1ステップで重要なことは，労働者が休業する際に

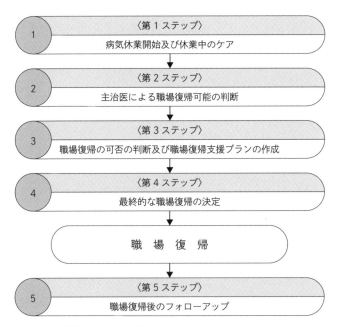

図 7-1　職場復帰支援の流れ（厚生労働省労働基準局安全衛生部労働衛生課・独立行政法人労働者健康安全機構，2020）

安心して休業できるように支援することである。

「手引き」には病気療養中の労働者の安心感を醸成するために休業中の社員への接触が望ましい結果をもたらすことがあることを示している。これには本人が不安に感じることに対しての適切かつ十分な情報提供が重要である。たとえば，経済的な問題ならば病気休業中の助成金の説明をしたり，薬のことで不安ならば通院している病院に確認するように伝えることなどが安心感につながる。しかし，実際の現場においては，休業中の労働者にゆっくり療養をしてもらうため，なるべく連絡を入れないような体制をとることが多い。メンタルヘルス不調になった労働者のストレスは職場にあることがほとんどである。そのような職場からの連絡は休業する労働者にとって大変なストレスになる。また，うつ病の場合は連絡を入れても返信する気力がなかったり，連絡に対応する気力がなかったりするため，休業当初は社員との接触をなるべく控える体制をとることで，職場のことを考える機会を少なくしストレスの軽減につなげることができる。加えて，休業する労働者から他の社員に知られたくないため心の健康問題によって休業していることを内緒にしておいてほしいとの要望が出ることも少なくない。休業中の接触の仕方については，休業する労働者に確認することが大切である。また，休業する労働者への連絡の窓口は一本化し，産業保健スタッフや医療・福祉・心理などの精神保健分野に詳しい専門職が対応することが望ましい。これは，主治医や産業医とも連携しなければならないことや，一般企業の従業員が精神保健分野の専門的な知識をもっていることは多くないことから，産業保健スタッフや医療・福祉・心理などの精神保健分野の専門的な知識のある人のほうが状況を理解して対応しやすいからである。企業に産業保健スタッフのような専門職が存在する場合は，その人たちに関わってもらうことで対応していけるが，専門職が存在していない場合は外部の EAP などを利用することがスムーズな職場復帰支援につながることも多い。休業している労働者にとっても，産業保健スタッフや精神保健分野の知識のある専門職のほうが話をしやすいことが多く，また，専門職から療養中のアドバイスをしてもらえることで安心して休養できる。

前段で窓口の一本化について述べたが，休業中に複数の人たちが関わることは休業する労働者の心身の負担になる。関わる人を一人に選定し，その人が休業中の労働者やその家族と関わり，企業の管理監督者や担当者たちにその情報を伝達していくことが望ましい。この際，窓口として関わる人がその人でよいのか必ず休業者本人に確認し，同意をとってから支援していくことが重要である。なかには誰とも関わりたくないという労働者もいる。その場合は同居している家族がいるならば家族と連絡をやりとりする方法をとったり，一人暮らしの場合はメールやLINEなどを活用し，返信がなければ訪問するというルールをつくって対応を図るなど，休業する労働者の状況に合わせて工夫していく必要がある。また，関わった人が休業している労働者から得た情報について，他者に情報提供する場合も，必ず同意を得てから伝達および連携することを忘れてはならない。職場復帰支援においては，休業している労働者以外の人との関わりも多いため，常に休業している本人の同意を得ることを念頭に置いて行動することが大切である。

　休業中における職場や給与のことなどは休業する労働者にとって心配の種である。休業中の心配事については休業中の労働者の体調をみながら説明することが大切である。休業開始時は体調が悪く，イライラしていたり，落ち込んでいたりと，人によってさまざまな症状が出ていることが多い。そのようなときに給与や業務の話をしても理解できないこともある。少し休業して体調が落ち着いたところでそのような話をすることが望ましいのである。場合によっては，家族が心配している場合もあるため，休業開始時に家族に休業中の生活や仕事，通院などについて説明しておくこともある。休業している労働者の状況を包括的にアセスメントして臨機応変に対応していく姿勢が必要である。加えて，休業開始時は体調が悪くしっかりした判断ができないことも多いので，重大な決断や判断はさせないようにすることも大切である。たとえば，メンタルヘルス不調により会社を辞めたいという人もいる。会社を辞めることは重大な決断になる。休業中に早まって決断したことがあとで後悔するようなことになりかねないので，慎重に

対応していかなければならないのである。

　休業中は，**休業診断書**を精神科病院や精神科クリニックで作成してもらうため通院が必須になる。その際に職場復帰支援に関わる者は主治医と連携しながら療養中のサポートをしていくことになる。精神科の主治医以外にも，50人以上の企業であれば産業医が存在するため産業医との連携も欠かせない。企業の担当者や管理監督者との連携もしていかなければならない。このような人たちとの連携において心理職の知識や技法を提供しながら職場復帰支援をしていくことが心理職には求められている。

　休業中の様子については，外来に同行して主治医から状況を聞いたり，自宅訪問したり，本人や家族と面談，電話，メール，LINEを通じて確認していくことで情報収集ができる。休業している労働者本人もどのような生活をすればよいのか困っていたり，一緒に住んでいる家族が休業中の労働者への対応に困惑していることも多く，職場復帰支援に関わっている者は休業している労働者や家族の困りごとについてアドバイスをしたり，**心理教育**を行うことも多いものである。実際の現場において，休業している労働者の日常生活を把握するためには，休業している労働者に**行動記録表**^{メモ}を書いてもらうのもひとつの方法である。休業中の面談時に記録表を見ながら話してもらうことにより休業中の様子が理解できることも多い。

> **✎メモ**
> **行動記録表**
> エクセルなどの表を利用して一日の行動の時間帯と活動内容について記録してもらう方法である。

　休業中の労働者と関わる者は必ず記録をとっておくことが必要である。記録の方法は，**SOAP**^{メモ}が有用である。記録を企業内で書くのかどうかなど，休業中の労働者に対してどのような対応を図っていくかは企業ごとに異なるため，企業ごとにおける職場復帰支援のルールについては，あらかじめ企業側から確認しておくことが必要である。

> **✎メモ**
> **SOAP**
> 医療・看護現場におけるカルテの記録方式である。主観的情報（Subjective）・客観的情報（Objective）・評価（Assessment）・計画（Plan）について記載しておく方法であり，職場復帰支援にも活用できる。SにはメンタルヘルスBス不調者の状況，Oには管理監督者や主治医・産業医の意見など，Aにはその時点での復帰可能かどうかの判断や評価・職場での評価など，Pには今後の方向や計画について記載しておくことで，メンタルヘルス不調者の状況を客観的に整理しやすい書き方である。

② 第2ステップ：主治医による職場復帰可能の判断

　第2ステップでは，（ア）労働者からの職場復帰の意思表示と職場復帰可能の判断が記された診断書の提出，（イ）産業医等による精査，（ウ）主治医への情報提供が示されている。

　主治医が**職場復帰可能診断書**を作成し，休業した労働者は事業所にその診断書を提出することになる。職場復帰可能診断書は，病院やクリニック，社内規定で決まったものなどがある。どのような書式であってもその時点での休業している労働者の状態と，職場復帰にあたっての主治医の意見などが記載されている。主治医がこの診断書に書かなければならない主な事項は，①診察された時間・時期・頻度，②日常生活を問題なく送れるくらいに病状が回復しているか，③職場復帰が問題なくできるくらいに回復しているかである。また，休業中の労働者の態度もその診断書には反映されており，休業中に会社との約束事があった場合に約束を守れなかったり，旅行に行くなどといった休業中に不適切な行動のある社員の場合は職場復帰できないこともある。これ以外にも職場復帰に対しての療養中の行動などが記載されている場合がある。これは**リハビリ出勤**したことや**生活リズム**を整えるように努力していたことなどである。この診断書にはその時点での主治医の意見が記載されているが，主治医の判断と実際に職場で仕事ができるのかどうかは一致しておらず，遂行能力が必ずしも回復しているとは限らないのである。50人以上の企業であれば産業医がいるため産業医からも業務遂行能力については精査してもらい意見を聞きながら対応をしていくことになる。

　休業して何か月か経過するとメンタルヘルス不調が徐々に回復してくることが多い。休業開始時に比べると表情が明るくなったり，言葉も多くなって話もするようになったり，職場に戻って仕事をしたい気持ちも少しずつ出てくる。外来でも主治医に職場復帰可能の判断がなされるようになる。休業中の労働者の回復具合で，しっかり話ができるようになって現実的な判断ができるようになっている場合は，休業している労働者本人の意思や職場に復帰する際の希望を聞いたりして，職場との調整を行い，復帰しやすい状況をつくっていくことも必

要である。たとえば，仕事が合わないことがストレスであった場合は仕事内容を変更できるのかどうか，人間関係がストレスであった場合はストレスになる社員との接触をさせない部署に異動できるのかどうかを産業医や主治医，管理監督者などと話し合って，職場の環境調整も視野に入れなら職場復帰支援をしていくことになる。休業した労働者がどんなストレスで休業に至ったのかを考えて環境調整を図ることで，本人は安心して職場復帰をしていけるのである。

　主治医や産業医は復帰可能の判断をしているにもかかわらず，本当に出勤できるのかどうかは休業している労働者自身には自信がない状況である。療養中に体力が衰えたり，生活リズムを崩したりする人も多いので，体力づくりをしたり，仕事に行ける時間に起きるようにするなどして生活リズムを整えたりできるように支援していくことも大切である。また，職場復帰への本人の動機づけや自信を高めていくことも必要である。しかし，無理をして体調が悪くなる恐れもあるため主治医や産業医と連携して慎重に職場復帰支援をしていかなければならない時期である。休業している労働者はまだ万全の体調ではなく，心もデリケートな状態である。主治医や産業医，企業と連携してどのように職場復帰させていくのかをよく話し合いながら慎重な対応をしていかなければならない。主治医，産業医，休業している労働者，事業所の判断が整ってから本格的な職場復帰となるため，第2ステップではまだ本格的に職場復帰が決定されたわけではないのである。

　③ 第3ステップ：職場復帰の可否の判断および職場復帰支援プランの作成

　第3ステップの（ア）情報の収集と評価では，①労働者の職場復帰に対する意思の確認，②産業医等による主治医からの意見収集，③労働者の状態等の評価，④職場環境等の評価，⑤その他，（イ）職場復帰の可否についての判断（ウ）**職場復帰支援プラン**の作成では，⑥職場復帰日，⑦管理監督者による就業上の配慮，⑧人事労務管理上の対応，⑨産業医等による医学的見地からみた意見，⑩フォローアップ，⑪その他，が示されている。

　実際の現場では第2ステップと第3ステップが混在してしまうこと

が多い時期である。第２ステップはあくまでも主治医の職場復帰可能の判断と本人の職場復帰への意思表示がポイントである。そして，休業している労働者から管理監督者に職場復帰可能診断書を提出されるまでが第２ステップである。第３ステップでは，職場復帰可能診断書が提出されたあとに，事業者によって職場復帰の可否が判断され，職場復帰支援プランが作成されて，いよいよ現実的に職場復帰に近づいてくる。

　第２ステップから第３ステップにかけては休業している労働者の情報の収集をしていくことが重要である。それらの情報と企業内の状況などをあわせて，事業者側が，休業中の労働者が元の部署に戻れるのか，どの部署に戻すのかを決めていかなければならないのである。原則は休業する前の部署に戻すことであるが，休業している労働者の状況や意志，主治医や産業医の意見，部署の状況で決定されることになる。また，主治医や産業医，管理監督者，休業している労働者本人などと連携し，職場復帰支援プランを作成する時期でもある。職場復帰支援プランの作成は，企業内に産業保健スタッフがいる場合はその人が作成する場合が多い。企業内に産業保健スタッフがいない場合は外部の EAP が作成することもある。また，通院している病院やクリニックの主治医が作成したり，**リワークプログラム**を実施している病院やクリニックに通院している場合は，病院やクリニックの専門職が作成してくれることもある。

　職場復帰支援に関わる者は，職場復職支援プランを作成するスキルを有していることが望ましい。上記に示した職場復職支援プランの⑥から⑪の内容に類似したようなプランを心がけて作成していくようにする。職場復帰支援プランの作成にあたっては，衛生委員会などが設置されている企業では衛生委員会で話し合うことになる。衛生委員会などが設置されていない場合は，主治医や産業医の意見を反映させながら管理監督者や休業している労働者とよく話し合ってプランを決めていくことになる。プラン作成においては，休業している労働者の体力や作業能力が休業前に比べて衰えてしまっていることが多いため，そのことを考慮しながら管理監督者と話し合うことが大事である。回

復の仕方には個人差があるため，休業している労働者本人ともよく話し合って，本人のやる気や提示よりも勤務時間や作業量を少なめに見積もっておくことが大切である。プランは週単位で決めておくことが多く，段階的に作業量や勤務時間を増やしていき，通常通りに戻していく。実際のプラン作成では，最初の何週間かは出勤することだけを目標に職場復帰プランを組んでおくことや，時間を短縮して軽作業をさせるなど，負担を軽くしておくことが多い。1か月で通常勤務に戻るプランの人もいれば，3か月や6か月という期間でプランが作成される人もいる。仮プランとして作成したあとに，通院している主治医や産業医に確認してもらい，プランに対する柔軟性をもっておくことが大切なことである。実際に職場復帰した際にはプラン通りに遂行していくことが望ましいが変更可能であることを休業している労働者本人や管理監督者，戻る部署の人たちにも承知しておいてもらうことも必要である。

④ 第4ステップ：最終的な職場復帰の決定

第4ステップは，（ア）労働者の状態の最終確認，（イ）**就業上の配慮等**に関する意見書の作成，（ウ）事業者による最終的な職場復帰の決定，（エ）その他である。

第3ステップを踏まえて本人の職場復帰への意思や心身の状態の最終確認，産業医や主治医による就業上の配慮などの最終的な意見書の作成，事業者による最終的な職場復帰の決定がなされる時期である。この時期には職場復帰への自信もつけていくためにリハビリ出勤を行うことも多い。**リハビリ出勤**には，**模擬出勤**や**通勤訓練**，**お試し出勤**などがある。企業に関わっている産業医や通院している主治医と連携して，これらのリハビリ出勤をする時期や結果についても検討していきながら，休業している労働者本人への情緒的なサポートをすることで自信をつけていくことが大切である。

また，休業している労働者に信頼できる職場の先輩や仲のよい同僚などがいる場合は，休業している労働者本人の状況をみながら同意を得て，それらの人たちから連絡を入れてもらうことでスムーズに職場復帰につないでいけることも多いものである。職場の仲のよい友人や

先輩から職場復帰への誘いの連絡が入れば，モチベーションが高まったり，職場復帰に対する安心感につながるため，職場の人間関係を活用してサポートしていくことも職場復帰支援の工夫のひとつになる。

　本人の体調や意思の確認，**リハビリ出勤**の成功の有無，職場の環境調整，最終的な主治医や産業医の職場復帰の判断がなされて，職場復帰可能のすべての条件が整えば最終的な職場復帰の決定がされる。職場復帰する労働者は，長期的および短期的に休業していることにより体力が低下していたり，他の社員の目を気にして職場復帰することをためらっていたり，作業の仕方を忘れてしまっていたり，さまざまである。休業している労働者に対して職場復帰への不安を傾聴することや，自信をつけるような情緒的なサポートをしていくことが必要になる。また，なるべく休業している労働者にプレッシャーをかけないような対応していくことも心がけることが大切である。職場復帰日に出勤できるのかどうかも，管理監督者や仲のよい先輩，同僚たちが出勤日初日に待ち合わせするなどして，企業ごとにさまざまな工夫を凝らして実際に職場復帰させることまでが第4ステップである。

⑤ 第5ステップ：職場復帰後のフォローアップ

　第5ステップでは，（ア）疾患の再燃や再発・新しい問題の発生等の有無の確認，（イ）勤務状況および業務遂行能力の評価，（ウ）職場復帰支援プランの実施状況の確認，（エ）治療状況の確認，（オ）職場復帰支援プランの評価と見直し，（カ）職場環境等の改善等，（キ）管理監督者・同僚等への配慮等があげられている。

　職場復帰してから間もないころは，まだ職場の雰囲気に慣れていなかったり，作業内容についていけないことも多く自信をつけてあげることや情緒的なサポートが必要である。主治医や管理監督者と連携して本人が出勤しやすい状況をつくり出し，復帰してもまた出勤できない状況にならないようにサポートしていくことが大切である。

　職場復帰支援をする者は面接において上記の（ア）から（キ）の内容を中心に話を聴いていくことになる。面接では情緒面のサポートもしながら職場復帰支援プラン通りにできているのかどうかや体調に異変がないかどうかなども確認していき，プラン内容が実際に心身に負

担がある場合は主治医や管理監督者に相談して負担を軽くするなど，プラン内容を変更しながら仕事し続けられるように支援していくのである。体調に異変がある場合は，病院受診を勧めたりして主治医につなげながら，なるべく休まないように，再燃させないようにサポートしていくことが職場復帰支援に関わる者に求められている。

　また，仕事場でメンタルヘルス不調の労働者に関わる社員は対応に負担がかかりストレスを抱えてしまうことが多いものである。メンタルヘルス不調を起こしている労働者以外の社員への配慮も必要になる。たとえば，実際に職場復帰をした労働者を支える社員がメンタルヘルス不調者への対応がわからなかったり，気をつかいすぎてストレスを抱えてしまうことがたびたびある。企業に関わる心理職がメンタルヘルス不調者への対応の仕方や**ストレスマネジメント**，**セルフケア**などの**ストレス対処法**を社員に伝えていくことでストレスの軽減につながることが多いため，教育や研修も取り入れていきたい事項である。

　実際の現場では，職場復帰支援プランを作成したもののまったくプラン通りに進まないことや，現場の状況によりプラン通りに進められないことも多いが，支援する者はゆっくり焦らず，休業していた労働者の体調が崩れないようにフォローアップしていく姿勢が大切である。フォローアップの期間には個人差があり，プラン通りに順調に進められればプラン終了後に何回か面接していき，完全にもとの状態に戻ったときにはフォローアップを一旦終了することになる。プラン通りにいかない場合は，修正変更したりしながら長期的に職場復帰支援に関わることもある。メンタルヘルス不調は手術して治るようなものではなく完治ということよりも病気と共存しながら仕事をしていくというような視点で関わっていくことが大切であり，その関わり方全般を通して**心理的支援**が非常に必要なことである。

（2）プライバシーの保護への配慮

　メンタルヘルス不調で休業する労働者の**プライバシーの保護**は大変重要である。職場復職支援に関わる者には，産業保健スタッフや医療・福祉・心理の専門職が多いものである。これらの専門職の倫理要

綱には必ず守秘義務や信用失墜行為についての明記がある。関わる専門職には規定があると同様に企業においても個人情報に関する慎重な取り扱いを規定している法律がある。

　まず「**個人情報の保護に関する法律**」においては，個人情報の適正な取り扱いに関した基本理念や施策について明記されている。目的は個人の有用性に配慮しつつ，個人の権利利益を保護することである。そして，個人情報は個人の人格尊重の理念の下に慎重に取り扱われるべきものであり，その適正な取り扱いが図られなければならないとされている。

> デジタル社会の進展に伴い個人情報の利用が著しく拡大していることに鑑み，個人情報の適正な取り扱いに関し，基本理念及び政府による基本方針の作成その他の個人情報の保護に関する施策の基本となる事項を定め，国及び地方公共団体の責務等を明らかにし，個人情報を取り扱う事業者及び行政機関等についてこれらの特性に応じて遵守すべき義務等を定めるとともに，個人情報保護委員会を設置することにより，行政機関等の事務及び事業の適正かつ円滑な運営を図り，並びに個人情報の適正かつ効果的な活用が新たな産業の創出並びに活力ある経済社会及び豊かな国民生活の実現に資するものであることその他の個人情報の有用性に配慮しつつ，個人の権利利益を保護することを目的とする。(個人情報保護法　第1条)

　2000年に入りIT化が進み，情報の開示や漏洩が広まり個人情報について保護していかなければ個人の損害が脅かされる状況になっているため2022年に改正された。改正では，①個人の権利の強化，②事業者の責務の強化，③罰則の強化，④データの利活用の強化（仮名加工情報^{メモ}の新設），⑤認定団体制度の見直し，⑥外国事業者に対する規定の変更，などが

> **✎メモ**
> **仮名加工情報**
> 個人を識別することができないように個人情報を加工した情報。

設けられ個人情報の保護の強化が行われた。このような個人情報保護法は，以下に取り上げる法律の根拠となっている。

　また，「**個人情報の保護に関する法律についてのガイドライン（通則編）**」（個人情報保護委員会，2022）が発表されている。このガイドラインは，事業者が個人情報の適正な取り扱いの確保に関して行う活動を支援す

表7-1　ガイドラインにおける個人情報（個人情報保護委員会，2022）

個人情報に該当する事例
①本人の氏名
②生年月日，連絡先（住所・居所・電話番号・メールアドレス），会社における職位または所属に関する情報について，それらと本人の氏名を組み合わせた情報
③防犯カメラに記録された情報等本人が判別できる映像情報
④本人の氏名が含まれる等の理由により，特定の個人を識別できる音声録音情報
⑤特定の個人を識別できるメールアドレス（kojin_ichiro@example.com 等のようにメールアドレスだけの情報の場合であっても，example 社に所属するコジンイチロウのメールアドレスであることがわかるような場合等）
⑥個人情報を取得後に当該情報に付加された個人に関する情報（取得時に生存する特定の個人を識別することができなかったとしても，取得後，新たな情報が付加され，または照合された結果，生存する特定の個人を識別できる場合は，その時点で個人情報に該当する）
⑦官報，電話帳，職員録，法定開示書類（有価証券報告書等），新聞，ホームページ，SNS（ソーシャル・ネットワーク・サービス）等で公にされている特定の個人を識別できる情報

ることや当該支援により事業者が講ずる措置が適切かつ有効に実施されることを目的とし，具体的な指針を定めたものである。

　表7-1 はガイドラインにおける「個人情報」に該当する例である。産業分野の心理職は企業と関わることも多いため雇用管理に関する個人情報に該当する内容については知っておいたほうがよいであろう。職場復帰支援をする際に扱う個人情報は，ガイドラインにおける個人情報に該当する。これらの個人情報の取り扱いには特別な配慮が必要となってくる。

　加えて，労働者のメンタルヘルスに関しての情報は健康情報に該当するため「雇用管理分野における個人情報のうち健康情報を取り扱うに当たっての留意事項」（厚生労働省労働基準局，2017）が定められている。

　ここには，産業保健業務従事者に対しても，健康情報の適正な取り扱いについて事業者が留意すべき事項が示されている。労働者のメンタルヘルスに関する情報については個人の健康情報であるため機微な情報である。このような健康情報は，厳格に保護されるべきものであることから，職場復帰支援に関わる者は取り扱いに細心の注意を払って対応していかなければならないのである。

　そして，「**心の健康問題により休業した労働者の職場復帰支援の手引**

き」（厚生労働省労働基準局安全衛生部労働衛生課・独立行政法人労働者健康安全機構，2020）によれば，（ア）情報の取集と労働者の同意等，（イ）情報の集約・整理，（ウ）情報の漏洩等の防止，（エ）情報の取り扱いルールの策定を掲げている。つまり，他者への情報提供の目的をしっかり伝えて同意を得ることと，情報収集は必要最低限とし，情報の漏洩に細心の注意を払いながら対応していくことが規定されている。取り扱いについてのルールは企業ごとに異なるためメンタルヘルス不調者の健康情報の取り扱いについては衛生委員会などで審議し，規則化を図っていくことも大変重要である。職場復帰支援に関わる際には（ア）から（エ）の事項を念頭に置きながら行動するように心がけることが大切である。

（3）健康情報による労働者への不利益な扱いはしないこと

　個人情報，特に健康情報についての労働者への**不利益な扱い**をしないことを規定しているのは，「**労働者の心身の状態に関する情報の適正な取扱いのために事業者が講ずべき措置に関する指針**」（厚生労働省，2018）や「**事業場における労働者の健康情報等の取扱規程を策定するための手引き**」（厚生労働省，2019）である。前者は働き方改革実行計画を踏まえた今後の産業医や産業保健機能の強化として，産業医による面接などで得た健康情報について，事業者は労働者に対して不利益な扱いをしないよう，労働者が不安なく安心して産業医の面接が受けられるように，適切な取り扱いが必要であることが記載されている。したがって，職場復帰支援の際に心理職は産業医と連携し休業している労働者の健康情報を得ることも多いため，その情報により休業している労働者が不利益な扱いにならないように気をつけなければならないのである。

　後者は，**労働安全衛生法**による健康診断の結果などの**要配慮個人情報**^{メモ}である健康情報について，労働者が不利益な扱いを受けないように慎重な取り扱いが必要であることが記載されている。実際

> ✎メモ
>
> **要配慮個人情報**
>
> 本人の人種，信条，社会的身分，病歴，犯罪の経歴，犯罪により害を被った事実その他本人に対する不当な差別，偏見その他不利益が生じないようにその取り扱いに特に配慮を要する個人情報のことを指す。（個人情報保護法第2条）

に現場において健康情報の漏洩により不利益な扱いを受ける事態もあり，個人情報の保護への配慮や，健康情報による労働者への不利益な扱いが生じないよう，職場復帰支援に関わる心理職は休業している労働者の情報については慎重な対応をしていかなければならないのである。

2. 休職・退職・職場復帰の現状

表7-2は，2021年における過去1年間にメンタルヘルス不調により連続して1か月以上休業した労働者または退職した労働者がいた事業所の割合および労働者の割合（厚生労働省，2021，2022a）である。

2021年においては，連続して1か月以上休業した労働者がいた事業所は8.8%（2020年は7.8%）であり，全体の1割弱の事業所にメンタルヘルス不調で休業している労働者がいる現状にある。また，2021年の退職した労働者がいた事業所の割合は4.1%（2020年は3.7%）である。連続して1か月以上休業した労働者と退職した労働者がいる事業所の割合は10.1%（9.2%）であり，全体の1割程度であった。

表7-3は休業している労働者がいた事業所の規模ごとの割合であり，表7-4は退職した労働者がいた事業所の規模ごとの割合である。2020年および2021年の労働安全衛生調査の実態調査（厚生労働省，2021，2022a）でわかることは，事業所の規模が大きければ大きいほどメンタルヘルス不調で休業または退職する労働者の割合が高く，企業の規模が大きければ大きいほど職場復帰支援の必要性もあるといえる。

表7-2　連続して1か月以上休業した労働者と退職した労働者がいた事業所の割合（%）（厚生労働省，2021，2022aをもとに作成）

	2020年	2021年
①連続して1か月以上休業した労働者がいた事業所	7.8	8.8
②退職した労働者がいた事業所	3.7	4.1
①②該当者がいた事業所	9.2	10.1

表 7-3 休業している労働者がいた事業所の規模ごとの割合(%)（厚生労働省, 2021, 2022a をもとに作成）

事業所規模	2020 年	2021 年
1000 人以上	88.9	92.5
500〜999 人	82.5	77.0
300〜499 人	63.8	65.0
100〜299 人	39.3	36.5
50〜99 人	20.1	22.1
30〜49 人	7.1	8.2
10〜29 人	3.3	4.4

表 7-4 退職した労働者がいた事業所の規模ごとの割合(%)（厚生労働省, 2021, 2022a をもとに作成）

事業所規模	2020 年	2021 年
1000 人以上	64.4	68.6
500〜999 人	47.6	49.3
300〜499 人	27.4	33.2
100〜299 人	15.3	13.9
50〜99 人	8.8	12.9
30〜49 人	3.0	2.9
10〜29 人	2.0	2.0

　表 7-5 は 2020 年および 2021 年において業種別におけるメンタルヘルス不調により休業している労働者と退職した労働者のいる事業所の割合である。業種別においては，①電気・ガス・熱供給・水道業，②情報通信業，③複合サービス事業の順でメンタルヘルス不調で連続して 1 か月以上休業する労働者がいる事業所および該当する事業所の割合が多い現状である。また，多忙で作業内容が複雑であり，時間外労働もあり得るような業種が上位を占めている。

　近年，電気・ガス・熱供給・水道業の業種においてメンタルヘルス不調者が一番多い。これらの業種には特殊な配慮を要する物質やエネルギーおよび技術を扱うことが多いため，心身への負担が大きい。また，これらのインフラのトラブルや故障は市民生活に多大な影響を及ぼす。停止してしまえば集中的な復旧作業が必要となるため，過酷な労働時間を強いられる可能性があり，メンタルヘルス不調を起こしやすいことが考えらえる。

　2 番目に多い業種は情報通信業である。この業種は進化のスピードが速く，難しい技術を仕事にしている場合が多い。IT の進化についていける社員はよいが，そうでない社員もいる。能力が伴わなくなるとストレスになる。また，過酷な労働時間を強いられる場合も多くメンタルヘルス不調を起こしやすい業種である。

　3 番目に多い業種は複合サービス業[メモ]

✎メモ

複合サービス業

信用事業・保険事業・共催事業など，あわせて複数の各種サービスを提供する事業のことを指す。

表7-5　業種別における休業している労働者と退職した労働者がいた事業所の割合（%）（厚生労働省，2021，2022a をもとに作成）

	2020 年		2021 年	
	休業	退職	休業	退職
（a）農林・林業（林業に限る）	7.0	3.9	6.9	6.1
（b）鉱業・採石業・砂利採取業	3.2	2.3	1.8	1.3
（c）建設業	6.6	3.0	3.3	3.2
（d）製造業	11.6	5.0	13.3	6.4
（e）電気・ガス・熱供給・水道業	21.6	3.9	33.5	6.9
（f）情報通信業	24.5	12.1	26.7	11.7
（g）運輸業・郵便業	7.8	1.8	7.9	2.5
（h）卸売業・小売業	4.5	2.0	8.5	3.9
（i）金融業・保険業	12.4	4.6	15.9	6.3
（j）不動産業・物品賃貸業	8.3	3.0	8.7	2.8
（k）学術研究・専門／技術サービス業	13.8	4.2	14.6	5.9
（l）宿泊業・飲食サービス業	4.1	2.3	0.7	0.2
（m）生活関連サービス業・娯楽業	5.2	3.8	5.4	0.7
（n）教育・学習支援業	9.6	3.2	9.8	6.2
（o）医療・福祉	9.2	6.1	9.7	5.2
（p）複合サービス業	17.9	5.3	20.6	7.3
（q）サービス業（他に分類されないもの）	8.0	5.6	8.8	4.6

注1）休業：メンタルヘルス不調により休業している労働者のいる事業所の割合
注2）退職：メンタルヘルス不調により退職した労働者のいる事業所の割合

である。この業種は複数のサービスを同時にこなしている業種である。したがって，心身の負担になりやすいのでメンタルヘルス不調を起こしやすいことが考えられる。

　表7-5 をみると，どのような業務なのかが推測できる業種と，まったく業務内容が推測できない業種が存在する。業種によってメンタルヘルス不調になる理由もそれぞれ異なるものである。産業分野の心理職として仕事をしていく場合には，この業種はどのような業務内容なのか，どういうことがこの企業にはストレスになることなのかなどの特徴や特色を知っておくことが，職場復帰支援をする際に大変役に立つ。

　図 7-2 は，2013 年に実施された実態調査である。事業所においてメンタルヘルス不調による休業から職場復帰した労働者がいる事業所の

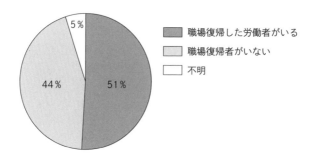

図 7-2　職場復帰した労働者がいる事業所といない事業所
の割合（％）（厚生労働省，2014）

割合は 51％であり，職場復帰者がいない事業所の割合が 44％であった。過半数の事業所においてメンタルヘルス不調による休業から職場復帰した労働者がいることから，過半数の事業所にメンタルヘルス不調者が存在することがわかる。表 7-6 は図 7-2 の職場復帰した労働者がいる事業所におけるその後の復職率である。10 割（全員）復帰している事業所の復職率は約 30％で

表 7-6　休業から復職した従業員の割合と復職率（％）（厚生労働省，2014）

休業から復職した 従業員の割合	復職率
10 割	29.6
9 割台	3.0
7〜8 割台	6.3
4〜6 割台	8.5
2〜3 割台	3.2
1 割台	0.5

ある。7〜8 割台以上である場合は約 40％弱程度の復職率である。4〜6 割台以下の場合は約 10％強程度であるが，復職率が低いということは休業から復帰したが再発して再び休業中の労働者がいるか，休業から復帰したあとに何らかの理由で退職してしまった労働者がいることが考えられる。

職場復帰支援の際に重要なことを学ぶ

　従業員数200人程度のIT企業に入社20年目のシステムエンジニアの佐藤さんは，今年4月から管理職に昇格した。同時期に大きなプロジェクトのマネージャーになり，仕事量と責任が増大した。6月ごろから佐藤さんは朝に身体的なつらさを感じたり，休日に仕事のことが頭から離れないようになった。7月ごろには思考力・集中力・意欲も低下し，朝に気分の落ち込みも出現した。また，夜間に起きてしまったり，月曜日になると会社に行くのがつらくなったりするようになったため，企業内の公認心理師の原田さんのもとを訪れた。佐藤さんは原田さんに4月からの状況を話した。原田さんは佐藤さんの状況を傾聴し，精神科クリニックへ行くように佐藤さんに伝えたが，佐藤さんが一人で精神科に行くことに抵抗したため，原田さんも一緒に病院へ行くことになった。翌日，精神科の秋山先生のもとへ連れていき，これまでの佐藤さんの状況を説明した。秋山先生は佐藤さんには休養が必要と判断し，休業診断書を書いてくれることになった。佐藤さんは休業をして体調を改善させてから職場復帰していきたい気持ちをもっていたが，休業することで周りに迷惑をかけてしまうことを心配して休業するべきかどうか悩んでいた。佐藤さんの体調は仕事ができる状態ではないことと，精神科の秋山先生の判断の結果から，原田さんが休職を勧めると，佐藤さんは仕方なく休職することに同意した。原田さんと佐藤さんは一旦会社に戻り，佐藤さんは会社に休業診断書を提出し，自分の業務とデスクの片づけや整理をして休業に入ることにした。

STEP1：早期発見・早期対応　普段からの情報収集と観察が重要—メンタルヘルス不調になる前兆は必ずある

　企業に勤める心理職もしくは企業に関わる心理職にとって，日ごろからの**情報収集**は必須の仕事である。たとえば，「○○さんは最近表情が暗くて話もしなくなった」などの情報は，メンタルヘルス不調の前兆であ

るかもしれないのである。また，仕事にミスが多くなったとか，集中力がなくなったなども，メンタルヘルス不調の前兆かもしれないのである。企業内の人間関係を知り，誰からそういう情報が入ってきやすいのか，誰に聞けば現場の状況を教えてくれそうなのかなどを把握して動いていくことで，メンタルヘルス不調者を早く発見することができるのである。心理職が企業内で各部署などを巡回できれば，よりそういう情報を視覚的に捉えることができるので，企業内で心理職の巡回（声かけなどの活動）などを検討してもらうこともよい方法であろう。

　この人はこういう人であるという情報をもっていれば，久しぶりに会ったとき何かが変わったとか違和感があると気づける。現場の人に聞いてみると最近遅刻が多くなったとか欠勤することが多くなったとか，メンタルヘルス不調の前兆らしき情報を得られることがある。このようなとき，その人の残業時間や作業量などをみて**過重労働**になっていないかなどを確認したうえで面接してみると，悩みを抱えていたり，月曜になると出勤したくない気持ちが出てくるが嫌々ながらなんとか出勤している状況であると知ることができたりする。

　メンタルヘルス不調の前段階の時点で，管理監督者に作業量の見直しや職場の人間関係の観察をしてもらうなどして，さらなる情報を収集しながら**早期発見・早期対応**をしていくことが重要である。そのためには日ごろから管理監督者や企業内のさまざまな人たちとコミュニケーションをとり，よい関係性をつくっておくことが必要である。特に，管理職の立場にある人たちは，部下を管理したりして部署全体をよくみていることも多く，最新の現場の情報をもっていることが多いため，現場の管理監督者との関係性づくりは重要になる。

　管理監督者には，いつもと違う様子の社員を見かけたら，心理職なり担当者にすぐに声をかけるようにお願いしておくことで，メンタルヘルス不調の前兆をいち早く発見し，早期対応につなげることができる。管理監督者自身がメンタルヘルス不調になることも多いため，管理職と話をする機会が多ければそのメンタルヘルス不調に気づけることもある。日ごろからの情報収集や観察，企業の人たちとの関係性づくりは，企業に関わる心理職が早期発見・早期対応するために重要なことである。

事例では管理職になったばかりの佐藤さんがメンタルヘルス不調に陥ったが，公認心理師の原田さんが日ごろから社員への声かけや巡回をしていれば早期発見・早期対応につなげることができたかもしれない。また管理職がメンタルヘルス不調になる前兆としては，判断力が衰えたり，仕事にミスが出てきたりすることが多く，部下や，横のつながりのある別の管理職から情報が入ってくることもある。早期発見・早期対応を図ることでメンタルヘルス不調を悪化させず，また休業期間も短期間で済ませることができる。心理職自身が積極的に人間関係づくりをし，企業の人たちとコミュニケーションをとるなかで，早期発見・早期対応を心がけ，仕事に取り組む姿勢が大切である。

STEP2：主治医や産業医との連携―その人の休業に至るまでの状況をよく理解することが大切である

　休業する労働者は，前もってさまざまな症状を呈することが多いものである。どんな精神疾患が潜んでいるのかはどんな症状が出ているのかでわかることもある。表情が暗く，話をしないのならばうつ状態が考えられるし，同じミスを繰り返すのは発達障害の可能性もある。休業する労働者にはうつ病が多いため，職場復職支援においては**うつ病**を想定することが多いであろう。しかし，実際の現場では**適応障害，発達障害，パーソナリティ障害**などさまざまである。うつ病だけでなくさまざまな精神疾患に対応することになるため，精神疾患についての症状をDSM-5^{メモ}で一通り理解しておくことが役立つ。

　日常生活のなかでは，精神症状が出ていても，そうと気づかれることは少なく，そういう性格の人なんだと差別的な目で見られたり，関わられなかったり，対応されないことも多く，**二次障害**^{メモ}を招いてしまう恐れや，悪循環に陥ってしまうことも多い。わかりやすい症状であれば周りの社員などもうつ病なんじゃないかと気づくこともあるが，本当に

> **✎メモ**
>
> **DSM-5**
> 米国精神医学会が発行している精神疾患の診断・統計マニュアルである（Diagnostic and Statistical Manual of Mental Disorders）。

> **✎メモ**
>
> **二次障害**
> 精神疾患などの一次障害を原因として周囲からの理解を得づらい環境になり，うつや不安などの症状が発生している状態のことを指す。

うつ病なのか確かではないため言いづらいものである。企業に関わっている心理職ならばすぐに気づいて医療につなげていくことが大切である。

　しかし，精神科に行くことに抵抗する社員もいる。体調が悪くて一人で病院に行けない社員もいる。しっかり判断ができなかったり，話もできなくなってしまう社員もいる。その場合は，職場復帰支援に関わる者が精神科に連れて行かなければならないときもある。病院ではこれまでの経緯について主治医に説明することが求められる。主治医が最も知りたいのは「いつごろからどんな状況で，どのような症状が出てこの状況になった」という経過である。職場復帰支援に関わる者は，メンタルヘルス不調になるまでの様子を把握して主治医に説明できるように情報収集をしておく必要がある。主治医や産業医は医師であるため，先にも述べた DSM-5 を理解していることで話をしやすくなることも多い。

　また，産業医と関わることもあるため，主治医と同様に，メンタルヘルス不調になるまでの経過の説明ができることが望ましい。産業医は現場における業務遂行能力なども判断していかなければならないため，業務内容や現場での様子も把握しておくことが望ましい。現場の様子がわからない場合は，現場の管理監督者を交えて産業医や主治医と話すことも必要である。

　佐藤さんのこれまでの経過をみると，うつ病であることがわかりやすいが，現場でこれだけわかりやすい症状を呈することは少なく，仕事でのミスが多くなるなどは誰にでも起こり得ることなので，最初は誰も気づけないものである。判断力の衰えや集中力のなさという思考回路については，本人に聞いてみないとわからないことである。ちょっとした症状に気づき，本人に確認をとって面談をしていくことは，STEP1 においても説明した通り，早期発見・早期対応のために重要なことである。

STEP3：企業は病院や福祉施設とは異なる場所である―それぞれがどんな気持ちなのかを理解する

　病院や施設には心理等の専門職が常駐していることが多いので，職員の不調にも対応しやすい。一方，企業というところは病院等とは異なり，心理等の専門職がいることは少なく，また，企業利益を目標として

忙しく働いているので，メンタルヘルス不調者の出現はさまざまな問題を生む。企業および一般社会においては，未だにメンタルヘルス不調者は受け入れられがたい**マイノリティ**の人たちなのである。職場復帰支援に関わる者は，そのマイノリティの人たちの**人権を擁護**したり，気持ちを代弁したりして守っていかなければならないのである。また，企業側にメンタルヘルス不調についての説明をすることで理解を得ることも必要になってくる。

　企業内でメンタルヘルス不調になった労働者は，会社に申し訳ないというような思いを抱えていることが多いが，一方で，会社の周りの人たちはメンタルヘルス不調者に対して，仕事でミスして困るとか，表情が暗くて周りが気をつかうなどと言うこともある。企業の人たちがメンタルヘルス不調者に対して不満を漏らすことがあるかもしれないが，それぞれの気持ちを傾聴し，中立性を保った立ち位置で対応することが望ましい。企業の人たちは専門職のような知識をもっていないことが多いため，わかりやすく説明し，理解を得ながら，連携をとってメンタルヘルス不調者の職場復帰支援に対応していかなければならないのである。

　また，家族がいる場合は家族の気持ちも考えて行動しなければならない。休業することになった場合，協力的な家族とそうでない家族がいる。心理職の説明を聞いてくれる家族もいるし，そうでない家族もいる。休業することになった場合，家族に協力を仰がなければメンタルヘルス不調は改善していかないことは多い。心理職はできるだけ，休業中に安心して休める環境を家族につくってもらえるよう，協力を求めなければならない。個々のケースにより対応は異なるため，包括的にアセスメントをして休業する労働者が安心して療養できるように調整することが必要である。

　この事例には，佐藤さん，公認心理師の原田さん，精神科クリニックの秋山先生しか登場していない。しかし，実際の現場には佐藤さんの上司も，職場の同僚も，部下もいる。また，佐藤さんが家族と一緒に住んでいるならば家族のことも考えなければならない。佐藤さん自身の心配を取り除き，安心して療養できるように支援することも必要である。企業内に衛生委員会が設置されている場合は衛生委員会に佐藤さんの状況

について説明し，どういう対応を図っていくのか話し合うことも重要である。他の職場復帰支援に関わる人たちとも連携し，休業中の現場の管理や佐藤さん自身のことについて他の社員にどのように説明していくかということも個人情報に配慮しながら考えていかなければならないのである。

事 例

　本章（第7章）「事例を読む」の佐藤さんの休職診断書には「うつ状態」と記載され，休職期間は3か月であった。佐藤さんは妻と子ども（中学2年生）の3人暮らしであった。家族は，休職に戸惑いながらも対応をしていくことになった。休職中も公認心理師の原田さんと月に1回ずつ面談をしていくことになった。最初の1か月は服薬量が多く寝てばかりの日々だったが，2か月目になると薬の量が少し減り，日中に少し活動もできるようになってきた。しかし，まだ睡眠障害があり，生活リズムを整えたいと本人は話している。家族はうつ状態の佐藤さんの病状や生活にどう対応すればよいのかわからず困っていたため，原田さんは心理教育をすることなった。その結果，家族もうまく対応していけるようになり，佐藤さんは休職3か月目には日中の活動もできるようになった。体力をつけるために歩く時間もつくり，職場復帰への準備をしていった。3か月目の外来では主治医の秋山先生からそろそろ職場復帰をしていってもよいと言われ，公認心理師の原田さんにもその旨を伝えた。佐藤さんは管理監督者に職場復帰可能診断書を提出し，産業医にも業務遂行の精査をしてもらった。職場復帰前にリハビリ出勤をしてみることになり，無事に終えることができた。佐藤さん本人に職場復帰する意思が出てきて4か月目には，職場復帰支援プログラムを作成し，主治医と事業所の最終判断が決定されて職場復帰可能と判断された。職場復帰後も再発しないように，公認心理師の原田さんはフォローアップをしながら継続的な支援をしていくことになった。

考えてみよう！

　「事例を読む」からワークを読み，職場復帰支援の流れの第1ステップから第5ステップについてあてはまる部分を考えてみよう。

話し合ってみよう！

　「事例を読む」から，ワークにおける第1ステップから第5ステップまでの流れで留意しなければならないこと（気をつけなければならないことなど）を，ステップごとに話し合ってみよう。

ロールプレイをしてみよう！

　佐藤さん，佐藤さんの妻，公認心理師の原田さんの3名で休業する佐藤さんの家族が病状や生活についてどう対応していけばよいのか困っていることに対しての心理教育をロールプレイしてみよう。

これからの産業分野における
心理職の活躍への期待

　「事業場における労働者の健康保持増進のための指針（THP指針）」（厚生労働省，1988）が策定され，働く人の心と身体の健康づくりが注目されるようになった。当時は労働者の健康に対して医療の専門職（看護師や保健師）が対応している時代であった。メンタルヘルス対策は注目されていたものの心理職の活躍の場は少なかったといえる。しかし，2004年に職場復帰支援が推進され，加えて2015年にはストレスチェックも制度化されたことにより，産業分野における心理職の活躍の場が少しずつ拡大しつつある。そのなかで，2020年には世界中で新型コロナ感染症が流行り，今もなお人々を脅かしている。これにより企業内の仕事のやり方が変化し，リモートワークや時間短縮など産業分野においてもさまざまな変化が起こっている。産業分野全体が大きく変化している過渡期の今，これからの産業分野における心理職の活動はどうなるのであろうか。

　職場復帰支援やストレスチェック制度は企業において定着はしていくだろう。一方，メンタルヘルス不調者や高ストレス者は少なくなると考えられる。職場復帰支援を専門的に実施している病院やクリニックが多くなり早期に病院で対応ができるようになったことや，リモートワークや時間短縮を利用して体調改善が図れるようになったことが理由にあがる。ストレスチェック制度においても職場で仕事をしない状況であるならば，項目において高得点にあてはまる社員も少なくなると考えられる。コロナ禍による社会の変化により産業分野で求められる心理職の活躍の場も変化していくことになる。

　これからの産業分野に関わる心理職には，企業への心理教育が期待される。健康経営や予防という概念を視野に入れ，企業にセルフケアやラインケア，心理に関する教育をすることである。また，超少子高齢時代になり労働人口が減少していくなかで，シニア世代や障害のある人たちの産業・労働への参加に焦点が当たっている。引きこもりの人たちも，日本の労働人口として生かしていくことが重要である。今まで就労しないでいられた人たちを日本の産業分野にどう生かしていくのかを考えることも心理職の課題であると考えられる。「事業場における治療と仕事の両立支援のためのガイドライン」（厚生労働省，2022b）も発表され，病を持ちながら仕事をする人々に対する心理的支援は心理職に期待されていることである。これからの産業分野で働く心理職には今までなかった仕事を発見して活動していく課題発見能力や開拓能力および実行力と，それを定着させる力が必要であり，活躍を期待したいものである。

産業・労働分野で働くために
知っておくべきこと

1. はじめに

　「産業・労働分野の心理職を目指すなら，社会人経験がないと難しい」といわれることがある。その是非はさておき，こうした言説は，「会社勤め」の厳しさをわかっていないと働く人の心の問題をサポートすることはできないだろう，という考えを示唆するのであろう。

　心理職を目指してから職を得て職務を果たせるようになるまでにもかなりの厳しさがあるし，一般的な「会社勤め」にもさまざまあり，ひとくくりにすることはできない。しかし今日公認心理師を目指す人の多くは，大学から大学院とまっすぐに進むであろうし，一般的な「会社勤め」がどのようなものかをイメージすることはきっと困難に違いない。この補論は，このような趣旨により設けられたものである。働く個人の視点だけでなく，働く人を管理する企業側の視点もところどころ盛り込んだ。両方を意識して読んでいただきたい。

　ここで紹介した文献には，大手就職情報サイト企業など民間によるものもあれば，官公庁による調査や学術研究もある。しかし，若者や企業の現実を記述するには不足もあり，筆者の見聞や私見も交えた。

　以下，本論では，①主に大学の新規学卒者（以下，新卒）の就職活動，②入社当初の初期適応，③離職や転職の大きく3つに分けて話を進める。大学新卒に焦点を当てるのは，18歳人口の半数以上が大学に進学するという日本の現況を踏まえたためである。

2. 大学生の就職活動と採用活動

(1) 活動は卒業のどれくらい前から始まるのか

　まずは基本的事項として，民間企業を志望する大学生が，どのようなスケジュールで就職活動に取り組むのかを説明したい（公務員という進路も大学生においては人気であるが，日本の就労人口に占める公務員の割合はわずか数％に過ぎず，紙幅の都合でここでは説明を控える）。

　図1では，2022年時点における2024年卒大学生の一般的な就職活動スケジュールを示した。このような定期**一括採用**スケジュールは，日本に独自のものであり，2021年卒の採用からは政府の指針「就職・採用活動日程に関する関係省庁連絡会議」による。この指針に足並みを揃える企業は多いが，その一方で，より早く独自に採用活動を行う企業も少なくない。

　この図が示すように，3年次の3月から，企業へのエントリーが開始される。ここで学生たちは，多くの数の企業説明会に参加する（図中⑤）。あわせて，ESと呼ばれるエントリーシートを提出し，それに通れば筆記試験や面接など，選考が進んでいく（図中⑥）。そして4年次6月ごろから**内々定**（図中⑦）が出始める。内々定とは，正式な契約である内定よりも前に，企業が応募者に示す採用意向のことである（ただ

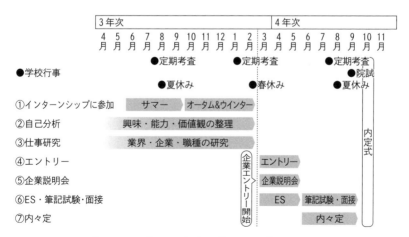

図1　マイナビにおける「2024年卒の就活スケジュール」（マイナビ, 2022a）

し，学生などが俗称的に「内定」と呼ぶことも多々ある）。正式な内定が出るのは，多くの企業で内定式が行われる4年次10月1日である。以上が第一次募集（春採用）における活動期間であり，そこで就職活動が終わらない学生は10月から始まる第二次募集（秋採用）にトライすることになる。なお，短大生や専門学校生の就職活動でも，卒業の前年次3月から本格的に開始，卒業年次の10月で第一次募集の内定期を迎えるという大枠は同様である。

このように，「本格的な」就職活動は3年次年度末から4年次夏の終わりまでとなるわけだが，実質的にはそれよりずいぶん前から進行している。なかでもポイントとなるのは，3年次を中心とした**インターンシップへの参加**（図中①）である。

(2) プレ就職活動としてのインターンシップ

インターンシップとは就労体験のことで，3年次の夏休みに最も活発に行われる。期間や内容は，実施する企業によってさまざまである（表1）。文部科学省・厚生労働省・経済産業省（2022）は「インターンシップ」と呼べる取り組みの期間，対象，内容をかなり限定しているが，ここでは2022年の現状に鑑みて，学生を対象に企業が催す就労体験に類する取り組み全般をインターンシップとして扱う。

インターンシップ最大のメリットは，訪問先の企業や当該業界の仕事を理解することによって，社会についての知識を得られ，働くことのイメージがつかみやすくなることである。また，必ずではないが，

表1　**さまざまなインターンシップ**（マイナビ, 2022b をもとに作成）

期間	
・1日以下	・1週間程度
・2〜3日	・1か月以上
プログラム	
・**講義中心タイプ**：期間の短いインターンシップでよくみられる	
・**業務体験タイプ**：職場見学，業務体験など	
・**課題遂行タイプ**：企業側から課題が与えられ，グループワークやプレゼンテーションなどを行う	
・**長期実践タイプ**：学業の合間に企業に通い，現実の業務に従事する	

のちにその企業にエントリーすれば，選考プロセスで優遇される場合もある。インターンシップに応募する際も選考があったりして，いざ始まれば企業に対してアピールが必要な機会も多く，本格的な就職活動の練習にもなる。

　内々定をもつ学生を対象に行われた調査（マイナビ，2022c）では，インターンシップ経験をもつ学生は8割を超え，そのうち約半数の学生が6社以上のインターンシップに参加していた。インターンシップ経験は，すっかり当たり前になっているといえる。インターンシップが近年これだけ普及したのは，「1day（ワンデイ）」といわれるような一日だけ／半日だけのものが爆発的に増えたり，コロナ禍の影響でオンライン開催によってリモートで参加できるものが増えたためである。未経験者にとっては，「なぜ行かなかったのか」を説明しなければならないような事態であるといえる。

　今後増えると予想されるのは，大学1・2年生を対象にしたインターンシップである。産業界ではCSR（Corporate Social Responsibility：企業の社会的責任）を果たせる機会として，同時に，自社認知を高める策として有効と考えられているようである。また，大学でも，低学年インターンシップなど，低学年向けに情報の積極的な告知を行っているところが目立つ。これは，産業界や意識の高い学生からの要望に応じているというだけでなく，低学年から働くことやキャリア形成に関心をもってほしいという，大学運営側の切実な願いによるものと思われてならない。

（3）内定を得るまでに何社受けるのか

　言うまでもなく進路や就職のことは，大学生にとってとてもデリケートなことである。どの業界でいくつの企業を受け，どの程度進んでいるのか，身近な友人知人の状況は知りたくなるが，いざ自分のことを話すとなればたとえ親しい相手でも勇気がいるだろう。

　内々定を得た学生がどれくらいの数の企業にアプローチを行ったのか，マイナビ（2022c）の調査結果を図2に示した。個別企業セミナーに参加した社数は平均で16.0であった。エントリーシートを提出した

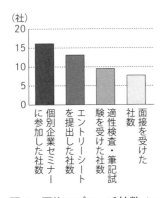

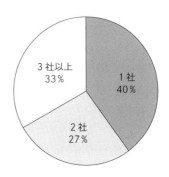

図2　平均アプローチ社数（マイナビ，2022c をもとに作成）

図3　内々定保有数（マイナビ，2022c をもとに作成）

社数，適性検査・筆記試験を受けた社数と，選考を経るごとに当然数は減っていく。面接を受けた社数になると平均は7.7であった。標準偏差は示されていないが，かなりの個人差があるものと考えられる（「100社以上アプローチした」というような猛者がごく稀におり，こうした事例が少数だがほうぼうの大学に存在すると考えられるので，実際の「相場」は平均より少なくなるであろう）。こうした数々のアプローチの結果として内々定を得られた社数は，大半の学生で1〜2社であった（図3）。ここから，「お祈りメール」といわれるような不採用通知（メールの最後に「あなたの今後の活躍をお祈り申し上げます」のような文があるのでこう呼ばれる）を何度も受け取った学生が多いものと推察できる。就職活動は，多大なエフォートを必要とし自尊心に大きく響き得るイベントなのである。

　そもそも一人の学生が多数の企業に接触できるのは，就職情報サイトの存在によるところが大きい。マイナビやリクナビのような大手サイトになれば，1〜3万の数の企業が情報を掲載している（キャリアマート，2022）。学生は膨大なリストのなかから，自身の基準に従って業種や企業を選び，エントリーすることになる。

　企業を絞る基準としては，業種や職種もわかりやすいが，待遇，働き方，自分の目指すものなど，多種多様な側面があり得る。そこで練っておくとよいとされるのが，「就活の軸」である。

　なお，近年は「ブラック企業」や**「働き方改革」**をキーワードに，

労働環境の「まともさ」を見極めることも，学生たちにとって課題となっている。

（4）企業選びに役立つ「就活の軸」とは何か

業種や企業を選ぶ基準となり得る就活の軸は，自分がどういう人間になりたいのか，どんなキャリアを積んでいきたいのかというような自分に関する基準と，どんな企業がいいのか，どんな仕事がいいのかのような自分以外に関する基準とに分けて考えることができる（リクナビ，2022a）。表2は，就活の軸とは具体的にどういうものなのか，架空の事例を示したものである。

心理職を目指す本書の読者は不思議に思われるかもしれないが，就活の軸では，明確な業種名や職種名があげられるとは限らない。日本における大卒（主に文系）の就職活動では，入社後の配属先や職種が限定されなかったり，具体的な仕事内容が企業側から明示されないことが多い。そのため，学生の側は業種や職種を限定し過ぎないほうが適応的であり，このことが反映されているのだろう。実際に，本格的な就職活動を目前にした学生があげた希望業種数の平均が，男子で4.44（*SD* 2.44），女子で5.42（*SD* 2.78）であったという調査（林・梅崎・田澤，2013）もある。

就活の軸は，さだめしアイデンティティのような機能をもつようである。リクナビ（2022b）の調査によれば，就職活動経験者の3人に2人が，就活の軸を考えておくことは必要であると回答している。企業選びの判断基準になるというほかに，面接での受け答えに困らない，入

表2　ある学生（架空）の「就活の軸」（リクナビ，2022b をもとに作成）

・自分の強みである○○○が発揮できる仕事
・関わった人を笑顔にする仕事
・顧客の困りごとを解決したい
・チームワークを大切にしたい
・企業規模にこだわらない
・家族との時間が十分にとれる仕事　　など

表3 就職活動のための自己分析の方法（リクナビ，2022bをもとに作成）

①**今の自分を振り返る**：どんなことで充実しモチベーションが高められてきたのかエピソードを思い出す・書き出す
②**「他己」分析**：家族や友人などから自分についてエピソードや評価を教えてもらう
③**性格診断や適性診断の受診**：情報サイト企業などが提供するものを用いる

社後の姿をイメージできるといったメリットがあったようである。

　就活の軸を定めるためには自己分析が必要になる。自己分析は，業界研究とならんで，就職活動のはじめに必ずやっておくこととして各所で推奨されている。自己分析をするための具体的方法は，表3の3つにまとめることが可能である。

　また，就活の軸には，事業内容や実際の仕事内容，働き方，社風，理念のような企業ファクターも含まれ得る。そのため，企業側にとっては大いに興味がそそられる。面接官が直接，就活の軸を学生に尋ねることもある。その学生が，業界と企業研究をどの程度できているのか，自分たちの企業や業界をどれくらい強く志望しているのかが測り得るものと考えられているためであるとされる（マイナビ，2019）。

(5) 企業へのエントリーと併願の苦労

　学生が企業にエントリーする際，ほぼ確実に必要になるのがエントリーシート，略してESである。ESでは，プロフィール写真，学歴や資格といった履歴書情報のほかに，自己PR，学生時代に力を入れたこと（通称「ガクチカ」），志望動機などのテーマからなる文章課題が課される。自己PRやガクチカは複数の企業に向け同じ内容を用いることが可能だが，志望動機となるとそうはいかない。エントリーする企業の数だけ改変の必要に迫られる。また，手書きでのESを求める企業もある。そのためES作成は，多くの学生にとって非常に骨の折れる作業となっている。

　これまでの内容が示すように，学生は同時にいくつも企業をかけもちしながら活動を行っていく。このときの企業の数を指す「持ち駒」は，選考に漏れる都度減っていく。内々定がないまま持ち駒がゼロになってしまうとスケジュール効率が悪くなるので，新たな企業や業種

を加えながらその数を維持することが重要である。そのときに，就活の軸，ガクチカ，自己PRを練り直す必要に迫られることがある。こうして，就職活動におけるタスク管理は，非常に難易度の高いものになる。

　この煩雑さを避けられる方法には，就活エージェントと呼ばれる職業紹介サービスの利用がある。これは，学生個々に担当のアドバイザーがつき，自己分析などの事前準備，企業選びの指南，面接対策，企業とのスケジュール調整など，手厚くサポートを行ってくれるサービスである。学生側の利用料は，就職情報サイトと同様に無料である（登録している企業側が利用料を負担する）。こうした就活エージェントの認知や利用の度合いは，学生たちの間で年々高くなってきているように思われる。

　学生にとって就職活動は，まさに一大プロジェクトである。学業以上に自律的に行わなければならない。とはいえ，大学のキャリアセンターなど担当部署では自大学の事例やノウハウが蓄積されており，心強いサポートが得られるはずである。こうした身近な資源に目が向くか，利活用できるかどうかも，就職活動の成否に影響をもたらすであろう。

（6）新卒を採用する側の現実

　ここまで学生の視点で就職活動を説明してきたが，ここで少し企業の視点で採用活動の現実に触れたい。

1）採用の意義と多大なコスト

　企業にとって採用活動は，存在と存続の根幹を支えるといってよい。新しい人材はその先長期にわたり，自社の価値観や使命を受け継ぎ，自社の価値や利益を生み出し，そしてさらなる後生を育てるものだからである。

　まず読者に知ってほしいのは，採用活動には多大な経費やマンパワーがかかっているということである。筆者の人事業務の経験をもとに考えられる必要経費の例を表4にあげてみた。

表 4　新卒採用の経費例（年間）

・就職情報サイトへの自社情報掲載と付加機能（1 サイトあたり）：数百万円
・合同企業説明会への出展（1 日あたり）：数万〜数十万円
・会社説明会を開催するホテルの宴会場（数時間）：数十万円
・適性試験の採点（学生 1 名あたり）：数千円
・紙面の会社案内（制作費・印刷費・郵送費）
・採用繁忙期に必要な臨時の人件費（アルバイトや派遣社員）　　　　など

　企業における採用経費は，実際の入社人数一人あたりに換算するとだいたい 40〜60 万円となるとされている（服部・矢寺, 2018）。たとえばその年の採用人数目標を 30 人とするなら，全体では 1,200〜1,800 万円の経費が見積もられるということである。

　採用には，人事スタッフ以外の出番も必要となる。一次面接，二次面接……最終面接と進むに従って，現場スタッフや役員・取締役が面接官として登場するのが定石である。これだけの経費やマンパワーをかけるのも，先に述べた通り，企業の本質は人材によるところが大きいからであるといえよう。

2) 選抜は適正になされているか

　日本の採用活動については，一括採用に象徴されるその独特さに端を発し，さまざまな問題が指摘されてきた。詳しくは服部（2016）などで広い範囲を捉えていただくのがよいが，ここではあくまでごく一端について，筆者の見解を述べたい。あらかじめ断っておくが，このような問題に触れるのは，企業の採用活動を貶めたいからではない。あくまで，現象の現実的側面に皆さんの注意を向けたいのである。

　企業が新卒一括採用活動の序盤で重視するのは，自社の候補者集団（応募者集団）である。よりよい人材確保を目指すなら，書類審査，筆記試験，一次面接から最終面接の各段階で，選抜ができる（＝よい人だけを「残す」）ということが不可欠となる。となれば，能力やスキルが正規分布すると仮定するなら，大きな集団であるほど優秀な人の数を期待することができるため，より大きな候補者集団を形成したくなる。そこで，大学生の多くが登録する就職情報サイトの力を借りることとな

る。大手サイトになれば，数十万の単位で就職活動中の学生たちが登録しているからである。

　サイト利用の結果，候補者集団のサイズが大きくなったとして，大きくなればなるほどに選抜の手間は大きくなっていくと考えられる。しかし予定外の経費や労働力を割くことは難しいため，選抜の手間をどこかで省かなければならない。経費や手間をセーブしながら行われる選抜では，その分，妥当性（よい人をちゃんと残せているか）が犠牲にされているはずである。

　大きくなり過ぎた候補者集団に対処する一方法として，「学歴フィルター」と呼ばれる大学名による足切りが，あくまでひそかに使われる可能性がある。膨大な応募者に対応するにはそうせざるを得ないという対処方略であり，妥当性に限界があるということも企業側は自覚しているのであろう。

3. 新卒社員の働く環境と初期適応

(1) 新人の配属と研修

　心理職という専門職を目指す読者にはピンとこないかもしれないが，日本における企業では，新卒者が入社後に何の仕事をするのか，どの部署に配属されるのか，内定や入社時にはまだ決まっていないことがめずらしくない。つまり雇用契約は具体的な職務内容によるのでなく，その企業のメンバーになることによるのである。こうした職務の定めのない雇用契約は，諸外国にない日本特有のものとして「**メンバーシップ型雇用**」と表現される（濱口，2011）。この枠組みは，定年制，年功賃金制度，異動による職務の大きな変化，新卒の一括採用などと密接に関連している（詳しくは濱口，2011）。

　新卒で入ってきた社員たちは，現場に向かう前にまずは新人が一斉に学ぶ Off-JT（Off-the-Job Training）型の新人研修を受けることとなる。形式には，講義もあれば，課題解決に向けたワークやプロジェクトなどもある。Off-JT による研修の次は，現場における OJT（On the Job Training）の段階となり，実務に近い状態で上司や先輩の指導を受ける

こととなる。

　研修の期間は企業によりさまざまである。その年の全新人を対象にしたものに始まり，配属後に行われる部署ごとの新人を対象としたものまで，長ければ数か月，あるいは1年以上にわたることもある。

　新卒新人に対する研修は，中途で入ってきた新人に対する研修よりも一般的に手厚いものである。なぜなら，社会人としての基本的スキルから訓練する必要があることに加えて，「はえぬき」の社員として，自社の事業知識や理念・価値観をしっかり身につけてほしいという思惑が企業にあるからである。しかし，研修に関わる経費や重みづけ，価値観は，企業によってさまざまであり，新人の不満の種になることがある。

　新人が初めて職場に配属されるとき，どの部署に何の職種でという決定内容は，人事部によることが一般的である。本人の希望や専門性も考慮され得るが，基本的には人事部が見定めた本人の適性・性格が最も大きな基準としてあげられる（小﨑, 2022）。

(2) 新人は何に幻滅するのか

　組織のメンバーになったばかりの人が経験する，期待と現実とのギャップによる幻滅体験は，**リアリティ・ショック**と呼ばれている。企業の新人にも起こり得る現象であり，研究の蓄積も厚い。以下に紹介するデータは，尾形（2020）からの引用である。

　リアリティ・ショックの対象は，同僚や同期，自分の仕事，給料や昇進機会，会社の雰囲気や将来性の4側面で捉えることが可能である。入社1～3年目の若年ホワイトカラー（頭脳労働がメインの職種のこと。事務職や販売職などが着用することの多い白いワイシャツの襟［white collar］がこの名の由来）を対象にした調査では，リアリティ・ショックは，仕事や組織になじむことに影響するわけではないが，企業に対する愛着を阻害し離職意思をもたらし得る。実際の離職をもたらすリアリティ・ショックの特徴は，インタビュー調査により3つに整理されている（表5）。

　他には，入社早期特有のストレスもある。インタビュー調査では，入社1年目には，職場で一番「下っ端」であることから自分に周りの

表5　離職者のリアリティ・ショックのカテゴリー名と事例の概要（尾形，2020 をもとに作成）

> **①自己完結性が低い**
> 「入社前はできると思っていた仕事が，実際にしてみたら自分にはまったく向いていなかった」
> 「会社の雰囲気が想像以上に悪く，自分ではどうにもならない」
>
> **②正当化可能性が低い**
> 「仕事に必要なツールの費用が自費負担だった。入社前には一切説明がなかったことだった」
> 「持病が悪くなったときに，健康管理がなっていないと叱責を受けたうえに，有休がとれず振替休日にするよう言われた」
>
> **③展望の遮断**
> 「雑用しかできず，学びがなかった」
> 「予想以上に雰囲気が悪く，希望を失った」

目が集まりやすいなどのストレスがある。2 年目には，職場がみえてくる分，不満が高じたり，未だ未熟な状態で手に余る仕事を与えられることにジレンマを感じやすいなどのことがある。

　リアリティ・ショックの軽減策として企業が行うと有効なのは，入社前から現実に即した情報を与えることである（鈴木, 2002）。今日企業がインターンシップなどの取り組みに力を入れているのは，リアリティ・ショックを小さくするよう，現実的情報を提供するという側面を意識しているからとも考えられよう。ただ，入社前にできることには限界があり，入社後のケアや教育，新人の再配置など施策の充実も求められる（尾形, 2020）。

（3）どうやって組織になじみ成長していくのか

　若者本人がリアリティ・ショックをどう克服すべきかについて，尾形（2020）は，リアリティ・ショックに遭遇した現状をネガティブに捉えず，成長機会として捉えることであると論じている。さらには，上司や先輩など他者からの援助が得られるように，良質な人間関係を構築しておくことも重要だとしている。リアリティ・ショックを経験するからこそ，職場に溶け込めるのだと捉えることもできよう。

　職場における人間関係の重要性は，たびたび指摘される。中原（2021）では，個人の能力を向上させ得る，上司・上位者・同僚や同期

からの支援が検討された。そこで明らかになったのは，個人に対する客観的な意見，自身を振り返る機会，新たな視点を与えてくれるといった内省支援や，安らぎや息抜きの存在になってくれたり楽しく仕事ができる雰囲気を与えてくれるといった精神支援の有効性であった。また，「お互いさま」の互酬性規範や信頼のような**職場風土**が，個人の能力を向上させる可能性も示されている。

　職場風土がもつ負の側面も認識しなくてはならない。それがよくわかるのは，中原・パーソル総合研究所 (2018) による残業についての検討である。先述した日本に独特の職務に定めのない雇用契約がもたらしやすいのは，仕事量や仕事時間の無制限化である。上司の裁量ひとつで優秀な部下に仕事が集中しがちとなる。そういうメンバーがいる職場内のプレッシャーや同調圧力により残業が感染する。若いころにそういう残業が当然だった上司が転職して組織を変わっても，やはり部下に残業を多くさせる。そういう悪循環が指摘されているのである。

4. 離転職とその先のキャリア

(1) 若いうちの離転職

　新卒者が就職後 3 年以内に離職する**早期離職**は，大卒の場合，30 年以上にわたり 3 割前後で推移している (図 4)。

　データでは，2 年目や 3 年目のそれぞれで辞める者よりも最初の 1 年目で辞める者の割合が多い傾向にある。各世代における数値の変動は，当該世代の就職活動の厳しさによることが明らかにされており (黒澤・玄田, 2001)，早期離職は，個人が十分に就職先を吟味できなかったために起きると示唆される。

　上記のように短期で離職し，転職活動をする若手の求職者は「第二新卒」と呼ばれ，企業によるニーズは高いといわれる。それは，新卒者や既卒者に比べ，前職での研修や職務の経験が多少なりともあるのが強みであるからである。また，前職歴の長い求職者に比べた場合では，社会経験が少ない分，柔軟性がある，職場風土に染まりやすい，能力開発の余地も非常に大きいということが，企業にとっては魅力と

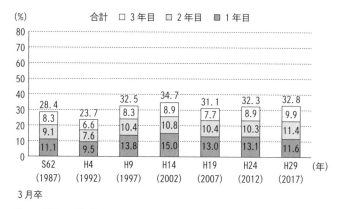

図4 学歴別就職後3年以内離職率の推移（大学卒）（厚生労働省, 2021 をもとに作成）

なるためである（マイナビ, 2021）。

　とはいえ，第二新卒市場より，通常の新卒市場が大きいことは想像にかたくない。また，新しい職場が見つかったとしても，前職歴の長い求職者より不利な条件・待遇になりやすく，新卒時のような手厚い研修が受けられない可能性も大きい。やはり，安易な離職は避けたいものだし，そもそも初職選びが重要であることに間違いはないのである。

(2) 後ろ向きで挑戦しないことのリスク

　転職が日本でも諸外国並みに当たり前になったように思えるが，国際調査をみると日本人の意識の独特さがわかる。中原・小林・パーソル総合研究所（2021）は，若年層（18～24歳）の転職意識について，日・韓・米・英・仏の5か国を比較した調査をみて，日本人の意識を特徴づけた。それは，長期安定雇用を前提とした「就職＝就社意識」が強い反面，「自分の能力を高められる場所を自分で選ぶ」というキャリア意識が希薄だというものであった。そして，転職した人の8割が，前職に対する不満をベースとしていたことを示した。日本人の転職は後ろ向きだという指摘である。

　他にも問題が指摘されている（中原ら, 2021）。日本では，働く人は複

数の不満をもっているものの，自分では何も対処していないか，対処していても不満が解消されていない。自己学習を行っていない人が諸外国に比べて目立つ。これまで日本の会社員の学びの中心であったOJTで学べるスキルや経験は，その後通用しなくなるという指摘もある。こうしたことを背景に，中原ら (2021) は，転職するか否かはともかくとして，学ばないマインドセット，挑戦しないマインドセットをもつ人は，どこからも必要とされなくなるリスクが非常に高いと指摘する (社会人だけでなく大学生にも通じると指摘する)。

　中原ら (2021) の主張は，転職をイベントとして捉えるのではなく，プロセスとして捉えることにある。転職するにあたっては，自分を振り返り，さまざまな選択肢について調べる。新しい組織に移ったあとは，信頼できる人間関係を組織の内外に築き，情報を得ようとする。彼らの論は，こうした一連の学習，学びの勧めでもある。

(3) キャリアにおける学び

　ここで少し心理職の話になるが，読者の多くは，憧れの心理職や公認心理師を目指し，学部でも大学院でも勉強に大きなエフォートを割いているだろう。就職活動をする友人，会社勤めをする友人をみるにつけ，未だ学生であろうとする自分に劣等感をもつことがこれまで多々あったのではないか。しかし，学びに専念できる時間が長いのは，その分とても贅沢なことではないだろうか。

　学習することは厳しく苦しいことだが，楽しさや喜びも味わえる。わかることやできることが増えて自分が変わり，ともに学ぶ人たちからも刺激を得られる。自分が想定しなかった偶然の出来事が，内省を深めてくれる。そういう過程を通して，具体的な知識やスキルも身についているが，学ぶ術そのものも身につき伸びていく。学びにエフォートをかける分，将来の学びはより実りあるものになるはずである。

　学びは職場に移ってからも続くものである。また，現場で起こる偶然の出来事こそ，振り返りを深める。そうした実践を積極的に繰り返すことで，より熟達に近づくことができる (坂井, 2022)。人生100年時

代のリスク回避的心構えと捉えてもらってもよいが，仕事を通して人生を楽しむ一方策と考えてもらえるとなお幸いである。

文　献

序　章

厚生労働省（2022）．令和 3 年「労働安全衛生調査（実態調査）」の概況　Retrieved from https://www.mhlw.go.jp/toukei/list/dl/r03-46-50_gaikyo.pdf（2023 年 2 月 10 日閲覧）

厚生労働省自殺対策推進室・警察庁生活安全局生活安全企画課（2022）．令和 3 年中における自殺の状況　Retrieved from https://www.npa.go.jp/safetylife/seianki/jisatsu/R04/R3jisatsunojoukyou.pdf（2023 年 2 月 10 日閲覧）

日本公認心理師協会（2021）．公認心理師の活動状況等に関する調査　Retrieved from https://www.mhlw.go.jp/content/12200000/000798636.pdf（2023 年 2 月 10 日閲覧）

坂井一史（2020）．産業・労働分野で働く　下山晴彦・佐藤隆夫・本郷一夫（監修）　下山晴彦・慶野遥香（編）　公認心理師スタンダードテキストシリーズ 1　公認心理師の職責（pp. 160-173）　ミネルヴァ書房

総務省統計局（2023）．労働力調査（基本集計）2022 年（令和 4 年）平均結果の概要　Retrieved from https://www.stat.go.jp/data/roudou/sokuhou/nen/ft/pdf/index.pdf（2022 年 4 月 30 日閲覧）

第 1 章

Holmes, T. H., & Rahe, R. H.（1967）. The Social Readjustment Rating Scale. *Journal of Psychosomatic Research, 11*（2）, 213-218. Retrieved from https://doi.org/10.1016/0022-3999(67)90010-4（2023 年 2 月 10 日閲覧）

厚生労働省（2022）．令和 4 年版過労死等防止対策白書　第 1 章労働時間やメンタルヘルス対策等の状況　1 労働時間等の状況　Retrieved from https://www.mhlw.go.jp/content/11200000/001001666.pdf（2022 年 12 月 25 日閲覧）

厚生労働省労働基準局労働条件政策課（2018）．「勤務間インターバル制度普及促進のための有識者検討会」報告書　Retrieved from https://www.mhlw.go.jp/content/11201250/000462016.pdf（2022 年 4 月 3 日閲覧）

厚生労働省労働基準局労働条件政策課（2002）．有給休暇ハンドブック　Retrieved from https://www.mhlw.go.jp/new-info/kobetu/roudou/gyousei/kinrou/dl/040324-17a.pdf（2022 年 3 月 6 日閲覧）

厚生労働省都道府県労働局労働基準監督署（2014）．1 か月単位の変形労働時間制　リーフレットシリーズ労基法 32 条の 2　Retrieved from https://www.mhlw.go.jp/new-info/kobetu/roudou/gyousei/dl/140811-2.pdf（2020 年 1 月 5 日閲覧）

厚生労働省都道府県労働局労働基準監督署（2019a）．時間外労働の上限規制　わかりやすい解説　Retrieved from https://www.mhlw.go.jp/hatarakikata/pdf/000463185.pdf（2021 年 2 月 5 日閲覧）

厚生労働省都道府県労働局労働基準監督署（2019b）．フレックスタイム制のわかりやすい解説 & 導入の手引き　Retrieved from https://jsitc.mhlw.go.jp/gunma-roudoukyoku/content/contents/000381471.pdf（2020 年 3 月 7 日閲覧）

内閣府男女共同参画局（2021b）．男女共同参画白書　令和 3 年版　Retrieved from https://www.gender.go.jp/about_danjo/whitepaper/r03/zentai/pdf/r03_print.pdf（2023 年 2 月 10 日閲覧）

リクルートマネジメントソリューションズ（2020）．「働き方改革」と組織マネジメントに関する実態調査 2019　Retrieved from https://www.recruit-ms.co.jp/research/inquiry/0000000833/（2022 年 3 月 21 日閲覧）

労働政策審議会労働条件分科会（2015）．今後の労働時間法制等の在り方について（報告）　Retrieved from https://www.mhlw.go.jp/file/04-Houdouhappyou-11201250-Roudoukijunkyoku-Roudoujoukenseisakuka/houkoku.pdf（2023 年 2 月 10 日閲覧）

総務省統計局（2023）．労働力調査（基本集計）2022 年（令和 4 年）平均結果の要約

Retrieved from https://www.stat.go.jp/data/roudou/sokuhou/nen/ft/pdf/index1.pdf
（2023 年 1 月 10 日閲覧）

第 2 章

Beck, A. T., Rush, A. J., Shaw, B. F., & Emery, G.（1979）. *Cognitive therapy of depression.* Guilford Press.（ベック，A. T., ラッシュ，A. J., ショウ，B. F., エ ミ リィ, G.（著）坂野雄二（監訳）（1992）. うつ病の認知療法 岩崎学術出版社）

Caplan, G.（1964）. *Principles of preventive psychiatry.* New York: Basic Books.（カプラン，G.（著）新福尚武（監訳）（1970）. 予防精神医学 朝倉書店）

Hurrell, J. J. Jr., & McLaney, M. A.（1988）. Exposure to job stress: A new psychometric instrument. *Scandinavian Journal of Work, Environment & Health, 14,* 27-28.

井上和臣（2006）. 認知療法への招待 改訂 4 版 金芳堂

Kabat-Zinn, J.（1994）. *Wherever you go, there you are: Mindfulness meditation in everyday life.* Hyperion.（カバットジン，J.（著）田中麻里（監訳）（2012）. マインドフルネスを始めたいあなたへ―毎日の生活でできる瞑想― 星和書店）

厚生労働省（2009）. うつ病の認知療法・認知行動療法治療者用マニュアル Retrieved from https://www.mhlw.go.jp/bunya/shougaihoken/kokoro/dl/01.pdf（2022 年 7 月 18 日閲覧）

厚生労働省（2019）. 平成 30 年 労働安全衛生調査（実態調査）

厚生労働省（2021）. 令和 2 年 労働安全衛生調査（実態調査）

厚生労働省（2022）. 令和 3 年 労働安全衛生調査（実態調査） Retrieved from https://www.mhlw.go.jp/toukei/list/r03-46-50.html（2022 年 7 月 18 日閲覧）

厚生労働省自殺対策推進室・警察庁生活安全局生活安全企画課（2022）. 令和 3 年中における自殺の状況 Retrieved from https://www.npa.go.jp/safetylife/seianki/jisatsu/R04/R3jisatsunojoukyou.pdf（2022 年 7 月 18 日閲覧）

厚生労働省労働基準局安全衛生部労働衛生課・独立行政法人労働者健康安全機構（2019）. Selfcare こころの健康気づきのヒント集 ストレスに気づこう Retrieved from https://www.mhlw.go.jp/content/000561002.pdf（2023 年 2 月 10 日閲覧）

厚生労働省労働基準局安全衛生部労働衛生課・独立行政法人労働者健康安全機構（2020）. 職場における心の健康づくり―労働者の心の健康の保持増進のための指針― Retrieved from https://www.mhlw.go.jp/content/000560416.pdf（2022 年 7 月 18 日閲覧）

厚生労働省労働基準局補償課（2022）. 令和 3 年度「精神障害に関する事案の労災補償状況」を公表します Retrieved from https://www.mhlw.go.jp/stf/newpage_26394.html（2022 年 7 月 18 日閲覧）

松崎一葉・笹原信一朗（2004）. 大学・研究所のメンタルヘルス 臨床精神医学, *33*（7）, 869-875.

Teasdale, J., Williams, M., & Segal, Z.（2014）. *The mindful way workbook.* Guilford Press.（ティーズデイル，J., ウィリアムズ，M., シーガル，Z.（著）小山秀之・前田泰宏（監訳）（2018）. マインドフルネス認知療法ワークブック 北大路書房）

第 3 章

中央労働災害防止協会（編）（2016）. ストレスチェック制度担当者必携―より良い効果を上げるために 河野慶三（監修） 中央労働災害防止協会

中央労働災害防止協会（編）（2018）. 総括安全衛生管理者の仕事 中央労働災害防止協会

中央労働災害防止協会（編）（2022）. 衛生管理（上）（下）（第 2 種用）改訂第 12 版 中央労働災害防止協会

ILO（1995）*Governing Body.* Committee on Sectional and Technical Meeting and Related Issues: Report of the Joint ILO/WHO Committee on Occupational Health.

厚生労働省（2015a）. ストレスチェック制度簡単導入マニュアル Retrieved from https://www.mhlw.go.jp/bunya/roudoukijun/anzeneisei12/pdf/150709-1.pdf（2022 年 7 月 20 日閲覧）

厚生労働省（2015b）. 労働安全衛生法に基づくストレスチェック制度実施マニュアル

Retrieved from https;//www.mhlw.go.jp/bunya/roudoukijun/anzeneisei12/pdf/150507-1.pdf（2022 年 7 月 20 日閲覧）

厚生労働省（2015c）．職業性ストレス簡易調査票（57 項目）　https://www.mhlw.go.jp/bunya/roudoukijun/anzeneisei12/dl/stress-check_j.pdf（2022 年 8 月 20 日閲覧）

厚生労働省（2017）．平成 28 年　労働安全衛生調査（実態調査）　Retrieved from https;//www.mhlw.go.jp/toukei/list/h28-46-50.html（2022 年 8 月 10 日閲覧）

厚生労働省（2018a）．第 13 次労働災害防止計画　Retrieved from https://www.mhlw.go.jp/file/06-Seisakujouhou-11200000-Roudoukijunkyoku/0000197907.pdf（2022 年 8 月 20 日閲覧）

厚生労働省（2018b）．平成 29 年　労働安全衛生調査（実態調査）　Retrieved from https://www.mhlw.go.jp/toukei/list/h29-46-50.html（2022 年 8 月 10 日閲覧）

厚生労働省（2019）．平成 30 年　労働安全衛生調査（実態調査）　Retrieved from https://www.mhlw.go.jp/toukei/list/h30-46-50.html（2022 年 8 月 10 日閲覧）

厚生労働省（2021）．令和 2 年　労働安全衛生調査（実態調査）　Retrieved from https://www.mhlw.go.jp/toukei/list/r02-46-50b.html（2022 年 8 月 10 日閲覧）

厚生労働省（2022）．令和 3 年　労働安全衛生調査（実態調査）　Retrieved from https://www.mhlw.go.jp/toukei/list/r03-46-50.html（2022 年 8 月 10 日閲覧）

厚生労働省労働基準局安全衛生部労働衛生課・独立行政法人労働者健康安全機構（2020）．職場における心の健康づくり―労働者の心の健康の保持増進のための指針―　Retrieved from https://www.mhlw.go.jp/content/000560416.pdf（2023 年 2 月 10 日閲覧）

WHO/ILO（1950）Joint Committee on Industrial Health: Report of a Joint WHO/ILO Committee on Industrial Hygiene.

第 4 章

東　清和・鈴木淳子（1991）．性役割態度研究の展望　心理学研究, *62*(4), 270-276.

Chong, M. S., Tay, L., Chan, M., Lim, W. S., Ye, R., Tan, E. K., & Ding, Y. Y.（2015）. Prospective longitudinal study of frailty transitions in a community-dwelling cohort of older adults with cognitive impairment. *MBC Geriatrics*, *15*(175). DOI: https://doi.org/10.1186/s12877-015-0174-1

岩谷舟真・村本由紀子（2017）．規範尊守行動を導く 2 つの評判―居住地の流動性と個人の関係構築力に応じた評判の効果―　社会心理学研究, *33*(1), 16-25.

国立社会保障・人口問題研究所（2021）．第 16 回出生動向基本調査　結果の概要　Retrieved from https://www.ipss.go.jp/ps-doukou/j/doukou16/JNFS16gaiyo.pdf（2023 年 2 月 10 日閲覧）

厚生労働省（2009）．要介護認定はどのように行われるか　Retrieved from https://www.mhlw.go.jp/stf/seisakunitsuite/bunya/hukushi_kaigo/kaigo_koureisha/nintei/gaiyo2.html（2023 年 2 月 10 日閲覧）

厚生労働省（2021a）．婚姻, 妊娠, 出産等を理由とする不利益取扱いの禁止等（第 9 条）　Retrieved from https://www.mhlw.go.jp/content/11900000/000839083.pdf（2023 年 2 月 10 日閲覧）

厚生労働省（2021b）．令和 3 年度「出生に関する統計」の状況　Retrieved from https://www.mhlw.go.jp/toukei/saikin/hw/jinkou/tokusyu/syussyo07/dl/gaikyou.pdf（2023 年 2 月 10 日閲覧）

厚生労働省（2021c）．令和 2 年雇用動向調査結果の概況　Retrieved from https://www.mhlw.go.jp/toukei/itiran/roudou/koyou/doukou/21-2/dl/gaikyou.pdf（2023 年 2 月 10 日閲覧）

厚生労働省（2022）．令和 2 年賃金構造基本統計調査の概況　Retrieved from https://www.mhlw.go.jp/toukei/itiran/roudou/chingin/kouzou/z2020/dl/13.pdf（2023 年 2 月 10 日閲覧）

厚生労働省雇用環境・均等局（2022）．中小企業のための「育休復帰支援プラン」策定マニュアル―円滑な育休取得から職場復帰に向けて―　令和 3 年度中小企業のための育児・介護支援プラン導入支援事業　Retrieved from https://www.mhlw.go.jp/content/11900000/000344772.pdf（2023 年 2 月 9 日閲覧）

厚生労働省雇用環境・均等局雇用機会均等課（2021）．「令和2年度雇用均等基本調査」の結果概要　Retrieved from https://www.mhlw.go.jp/toukei/list/dl/71-r02/07.pdf（2023年2月10日閲覧）

厚生労働省雇用環境・均等局職業生活両立課（2017）．「介護支援プラン」策定マニュアル—介護に直面した従業員への支援—　Retrieved from https://www.mhlw.go.jp/file/06-Seisakujouhou-11900000-Koyoukintoujidoukateikyoku/kaigo_1.pdf（2023年2月10日閲覧）

厚生労働省雇用均等・児童家庭局（2010）．男女間の賃金格差解消のためのガイドライン—その賃金・雇用管理，見直してみませんか？—　Retrieved from https://positive-ryouritsu.mhlw.go.jp/mieruka/files/pamphlet.pdf（2023年2月10日閲覧）

厚生労働省老健局介護保険計画課（2021）．介護保険事業状況報告（暫定）　令和3年12月　Retrieved from https://www.mhlw.go.jp/topics/kaigo/osirase/jigyo/m21/2112.html（2023年2月10日閲覧）

厚生労働省都道府県労働局（2021）．働きながらお母さんになるあなたへ　Retrieved from https://www.mhlw.go.jp/content/11900000/000563060.pdf（2023年2月10日閲覧）

厚生労働省都道府県労働局雇用環境・均等部（室）（2022a）．男女雇用機会均等法　育児・介護休業法のあらまし　Retrieved from https://www.mhlw.go.jp/content/11909000/000793178.pdf（2023年2月10日閲覧）

厚生労働省都道府県労働局雇用環境・均等部（室）（2022b）．育児・介護休業法　改正ポイントのご案内　Retrieved from https://www.mhlw.go.jp/content/11900000/000789715.pdf（2023年2月10日閲覧）

厚生労働省都道府県労働局雇用環境・均等部（室）（2022c）．育児・介護休業法のあらまし（育児休業，介護休業等育児又は家族介護を行う労働者の福祉に関する法律）—令和4年4月1日，10月1日，令和5年4月1日施行対応—　Retrieved from https://www.mhlw.go.jp/content/11909000/000355354.pdf（2023年2月10日閲覧）

九州経済連合会（2022）．九州ジェンダーギャップ指数（Kyushu Gender Gap Index 2021 rankings）　Retrieved from https://www.kyukeiren.or.jp/files/topics/achieve/22030709075021.pdf（2022年6月8日閲覧）

三菱UFJリサーチ＆コンサルティング（2017）．平成29年度老人保健事業推進費等補助金（老人保健健康増進等事業）介護離職防止の施策に資する在宅介護実態調査結果の活用方法に関する調査研究事業【報告書】　全国の在宅介護実態調査データの集計・分析結果の概要　Retrieved from https://www.murc.jp/uploads/2018/04/koukai_180418_c1.pdf（2023年2月10日閲覧）

内閣府男女共同参画局（2018）．男女共同参画白書　平成30年版　Retrieved from https://www.gender.go.jp/about_danjo/whitepaper/h30/zentai/index.html（2023年2月10日閲覧）

内閣府男女共同参画局（2021a）．共同参画，*144*（2021年5月号）．Retrieved from https://www.gender.go.jp/public/kyodosankaku/2021/202105/pdf/202105.pdf（2023年2月10日閲覧）

内閣府男女共同参画局（2021b）．I-2-14図　就業者及び管理的職業従事者に占める女性の割合（国際比較）　Retrieved from https://www.gender.go.jp/about_danjo/whitepaper/r03/zentai/html/zuhyo/zuhyo01-02-14.html（2023年2月10日閲覧）

内閣府男女共同参画局（2021c）．男女共同参画白書　令和3年版　Retrieved from https://www.gender.go.jp/about_danjo/whitepaper/r03/zentai/pdf/r03_print.pdf（2023年2月10日閲覧）

齋藤嘉宏・鳩野洋子（2019）．在宅認知症者の介護者がうつ状態に至る要因における性差　日本看護研究学会雑誌，*42*(1)，87-98．DOI: https://doi.org/10.15065/jjsnr.20181003037

統計センター（2022）．雇用動向調査　産業（中分類），企業規模（GT, E），性，年齢階級，就業形態，雇用形態，離職理由別離職者数及び構成比（2-1）　Retrieved from https://www.e-stat.go.jp/stat-search/files?stat_infid=000032232337（2023年2月10日閲覧）

渡邊寛（2019）．上司の男らしさ要求による男性の職場感情と精神的不健康への影響　心理学研究，*90*(2)，126-136．DOI: https://doi.org/10.4992/jjpsy.90.17061

安田宏樹（2013）．雇用主の性別役割意識が企業の女性割合に与える影響　日本労働研究雑誌，*55*(7)，89-107．

吉田　浩（2010）．日本における男女平等度指標の開発―ノルウェー統計局の男女平等度指標を参考に― *GEMC journal*，（3），82-92.

第5章

アカデミック・ハラスメントをなくすネットワーク（2001）．アカデミック・ハラスメントとは　Retrieved from http://naah.jp/index/harassment/（2022年6月7日閲覧）

浅野　博（1996）．フェイバリット英和辞書　東京書籍

石川洋明（2013）．セクシュアル・ハラスメントの構造的要因―大学教職員調査データの二次分析より―　名古屋市立大学大学院人間文化研究科人間文化研究，*19*，17-32.

厚生労働省（2017）．職場におけるハラスメント対策マニュアル―予防から事後対応までのサポートガイド―　Retrieved from https://www.mhlw.go.jp/file/06-Seisakujouhou-11900000-Koyoukintoujidoukateikyoku/0000181888.pdf（2023年2月10日閲覧）

厚生労働省（2018）．労働者の皆さまへ　職場のセクシュアルハラスメント妊娠・出産等ハラスメント防止のためのハンドブック　Retrieved from https://www.mhlw.go.jp/content/11900000/000474782.pdf（2023年2月10日閲覧）

厚生労働省（2020）．事業主が職場における性的な言動に起因する問題に関して雇用管理上講ずべき措置等についての指針（平成18年厚生労働省告示第615号）令和2年6月1日適用　Retrieved from https://www.mhlw.go.jp/content/11900000/000605548.pdf（2023年2月10日閲覧）

厚生労働省（2022a）．令和3年（2021）人口動態統計月報年計（概数）の状況　結果の概要　Retrieved from https://www.mhlw.go.jp/toukei/saikin/hw/jinkou/geppo/nengai21/dl/kekka.pdf（2023年2月10日閲覧）

厚生労働省雇用環境・均等局雇用機会均等課（2022）．カスタマーハラスメント対策企業マニュアル　Retrieved from https://www.mhlw.go.jp/content/11900000/000915233.pdf（2023年2月10日閲覧）

厚生労働省労働基準局補償課職業病認定対策室（2022）．令和3年度「過労死等の労災補償状況」別添資料2精神障害に関する事案の労災補償状況　Retrieved from https://www.mhlw.go.jp/content/11402000/000955417.pdf（2023年2月10日閲覧）

厚生労働省都道府県労働局雇用環境・均等部（室）（2017）．職場における妊娠・出産・育児休業・介護休業等に関するハラスメント対策やセクシュアルハラスメント対策は事業主の義務です!!　Retrieved from https://www.mhlw.go.jp/file/06-Seisakujouhou-11900000-Koyoukintoujidoukateikyoku/0000137179.pdf（2023年2月10日閲覧）

厚生労働省都道府県労働局雇用環境・均等部（室）（2020）．2020年（令和2年）6月1日より，職場におけるハラスメント防止対策が強化されました！　Retrieved from https://www.mhlw.go.jp/content/11900000/000683138.pdf（2023年2月10日閲覧）

厚生労働省都道府県労働局雇用環境・均等部（室）（2022）．職場におけるパワーハラスメント対策が事業主の義務になりました！　Retrieved from https://www.mhlw.go.jp/content/11900000/000611025.pdf（2023年2月10日閲覧）

小田貴子・丸野俊一・舛田亮太（2010）．アカデミック・ハラスメントの生起実態とその背景要因の分析　九州大学心理学研究，*11*，45-56.

四方由美（2003）．キャンパス・ハラスメントを可能にするシステム―ハラスメント構造を下支えする知（1）―　宮崎公立大学人文学部紀要，*10*（1），103-112.

東京海上日動リスクコンサルティング株式会社（2021）．職場のハラスメントに関する実態調査報告書　令和2年度厚生労働省委託事業　Retrieved from https://www.mhlw.go.jp/content/11200000/000775817.pdf（2023年2月10日閲覧）

第6章

厚生労働省労働基準局過労死等防止対策推進室（2022）．令和4年版過労死等防止対策白書［概要版］　Retrieved from https://www.mhlw.go.jp/content/11201000/001013544.pdf（2023年2月9日閲覧）

厚生労働省労働基準局総務課（2022）．令和3年度　我が国における過労死等の概要及び政府が過労死等の防止のために講じた施策の状況―令和4年版過労死等防止対策白書の概要

― Retrieved from https://www.mhlw.go.jp/content/11200000/001001664.pdf（2022 年 12 月 24 日閲覧）

厚生労働省都道府県労働局労働基準監督署（2019）．過重労働による健康障害を防ぐために Retrieved from https://www.mhlw.go.jp/content/11303000/000553571.pdf

Maslach, C., & Jackson, S. E.（1981）. The measurement of experienced burnout. *Journal of Occupational Behavior*, *2*, 99-113. Retrieved from https://doi.org/10.1002/job.4030020205 （2023 年 2 月 10 日閲覧）

Schaufeli, W. B., Salanova, M., Gonzalez-Roma, V., & Bakker, A. B.（2002）. The measurement of engagement and burnout: A two sample confirmatory factor analytic approach. *Journal of Happiness Studies*, *3*, 71-92. Retrieved from https://doi.org/10.1023/A:1015630930326 （2023 年 2 月 10 日閲覧）

島津明人（2010）．職業性ストレスとワーク・エンゲイジメント　ストレス科学研究, *25*, 1-6. Retrieved from https://doi.org/10.5058/stresskagakukenkyu.25.1（2023 年 2 月 10 日閲覧）

▌ 第 7 章

個人情報保護委員会（2022）．個人情報の保護に関する法律についてのガイドライン（通則編） Retrieved from https://www.ppc.go.jp/files/pdf/220908_guidelines01.pdf（2022 年 1 月 1 日閲覧）

厚生労働省（1988）．事業場における労働者の健康保持増進の指針公示第 1 号　Retrieved from https://www.mhlw.go.jp/content/000616337.pdf（2023 年 1 月 1 日閲覧）

厚生労働省（2014）．平成 25 年　労働安全衛生調査（実態調査）　Retrieved from https://www.mhlw.go.jp/toukei/list/h25-46-50.html（2022 年 8 月 10 日閲覧）

厚生労働省（2018）．労働者の心身の状態に関する情報の適正な取扱いのために事業者が講ずべき措置に関する指針　Retrieved from https://www.mhlw.go.jp/content/11303000/000343667.pdf（2023 年 2 月 10 日閲覧）

厚生労働省（2019）．事業場における労働者の健康情報等の取扱規程を策定するための手引き Retrieved from https://www.mhlw.go.jp/content/000497426.pdf（2023 年 2 月 10 日閲覧）

厚生労働省（2021）．令和 2 年「労働安全衛生調査（実態調査）」の概況　Retrieved from https://www.mhlw.go.jp/toukei/list/dl/r02-46-50_gaikyo.pdf（2023 年 2 月 10 日閲覧）

厚生労働省（2022a）．令和 3 年「労働安全衛生調査（実態調査）」の概況　Retrieved from https://www.mhlw.go.jp/toukei/list/dl/r03-46-50_gaikyo.pdf（2023 年 2 月 10 日閲覧）

厚生労働省（2022b）．事業場における治療と仕事の両立支援のためのガイドライン Retrieved from https://chiryoutoshigoto.mhlw.go.jp/guideline/（2023 年 1 月 3 日閲覧）

厚生労働省労働基準局（2017）．雇用管理分野における個人情報のうち健康情報を取り扱うに当たっての留意事項　Retrieved from https://www.mhlw.go.jp/file/06-Seisakujouhou-12600000-Seisakutoukatsukan/0000167762.pdf（2022 年 11 月 2 日閲覧）

厚生労働省労働基準局安全衛生部労働衛生課・独立行政法人労働者健康安全機構（2020）．改訂　心の健康問題により休業した労働者の職場復帰支援の手引き　Retrieved from https://www.mhlw.go.jp/content/000561013.pdf（2022 年 11 月 1 日閲覧）

▌ 補　論

キャリアマート（2022）．マイナビ・リクナビ都道府県別 23 卒春卒業予定者数比較資料 （2023 年 1 月 1 日現在）　Retrieved from https://www.careermart.co.jp/docments_post/rm-students/（2023 年 1 月 1 日閲覧）

濱口桂一郎（2011）．日本の雇用と労働法　日本経済新聞出版社

服部泰宏（2016）．採用学　新潮社

服部泰宏・矢寺顕行（2018）．日本企業の採用革新　中央経済社

林絵美子・梅崎　修・田澤　実（2013）．希望職種の男女間比較―4 年間の継続調査　梅崎　修・田澤　実（編）　大学生の学びとキャリア―入学前から卒業後までの継続調査の分析 （pp. 151-170）　法政大学出版局

小﨑敏男（2022）．人事異動—働く人のキャリア・パスはどのようになっているのか— 小﨑敏男・牧野文夫・吉田良生（編） キャリアと労働の経済学 第2版（pp. 175-193） 日本評論社

厚生労働省（2021）．新規学卒就職者の離職状況を公表します Retrieved from https://www.mhlw.go.jp/content/11652000/000845829.pdf（2022年9月11日閲覧）

黒澤昌子・玄田有史（2001）．学校から職場へ—「七・五・三」転職の背景— 日本労働研究雑誌，*43*（5），4-18.

マイナビ（2019）．就活の軸の見つけ方は？ 面接・ESで的確に答えるコツ＆回答例 Retrieved from https://gakumado.mynavi.jp/style/articles/51531（2022年9月11日閲覧）

マイナビ（2021）．2021年更新 第二新卒とは？いつまで？転職市場で求められているのは本当か？ Retrieved from https://mynavi-job20s.jp/guide/guide02.html（2022年9月11日閲覧）

マイナビ（2022a）．徹底解説 2024年卒 就活スケジュールと進め方 Retrieved from https://job.mynavi.jp/conts/2024/susumekata/（2022年9月11日閲覧）

マイナビ（2022b）．はじめてでもわかりやすいインターンシップ・仕事体験の基礎知識 Retrieved from https://job.mynavi.jp/conts/2024/is_basic/（2022年9月11日閲覧）

マイナビ（2022c）．マイナビ 2023年卒内定者意識調査 Retrieved from https://career-research.mynavi.jp/wp-content/uploads/2022/07/f14939c36ae2488cac4be436d7397031.pdf（2022年11月4日閲覧）

文部科学省・厚生労働省・経済産業省（2022）．インターンシップを始めとする学生のキャリア形成支援に係る取組の推進に当たっての基本的考え方 Retrieved from https://www.meti.go.jp/policy/economy/jinzai/intern/PDF/20220613002set.pdf（2022年9月23日閲覧）

中原 淳（2021）．職場学習論 新装版—仕事の学びを科学する— 東京大学出版会

中原 淳・小林祐児・パーソル総合研究所（2021）．働くみんなの必修講義 転職学—人生が豊かになる科学的なキャリア行動とは KADOKAWA

中原 淳・パーソル総合研究所（2018）．残業学—明日からどう働くか，どう働いてもらうのか？— 光文社

尾形真実哉（2020）．若年就業者の組織適応—リアリティ・ショックからの成長— 白桃書房

リクナビ（2022a）．「就活の軸」って何のこと？見つけ方，面接で聞かれたときの答え方の例を紹介 Retrieved from https://job.rikunabi.com/contents/howto/9956/（2022年9月11日閲覧）

リクナビ（2022b）．"自己分析"は就活でどうして必要なの？方法は？ Retrieved from https://job.rikunabi.com/contents/howto/247/（2022年9月11日閲覧）

坂井敬子（2022）．日々の職場実践における学びと偶然—仕事での成長・学びに偶然はどうかかわるか？— 半澤礼之・坂井敬子・照井裕子（編） 都筑 学（監修） 発達とは？ 自己と他者／時間と空間から問う生涯発達心理学（pp. 261-277） 福村出版

鈴木竜太（2002）．組織と個人—キャリアの発達と組織コミットメントの変化— 白桃書房

索引

法 令 一 覧

法令等の内容は刊行時点のものである。

育児休業，介護休業等育児又は家族介護を行う労働者の福祉に関する法律（育児・介護休業法）［平成三年法律第七十六号］　4, 5章
　公布日：平成三年五月十五日
　施行日：令和四年十月一日（令和四年法律第十二号による改正）
　https://elaws.e-gov.go.jp/document?lawid=403AC0000000076

・育児休業，介護休業等育児又は家族介護を行う労働者の福祉に関する法律施行規則［平成三年労働省令第二十五号］　4章
　公布日：平成三年十月十五日
　施行日：令和四年十月一日（令和三年厚生労働省令第百六十六号による改正）
　https://elaws.e-gov.go.jp/document?lawid=403M50002000025

医師法［昭和二十三年法律第二百一号］　Column 1
　公布日：昭和二十三年七月三十日
　施行日：令和四年八月二十日（令和四年法律第四十四号による改正）
　https://elaws.e-gov.go.jp/document?lawid=323AC0000000201

介護保険法［平成九年法律第百二十三号］　4章
　公布日：平成九年十二月十七日
　施行日：令和四年六月十七日（令和四年法律第六十八号による改正）
　https://elaws.e-gov.go.jp/document?lawid=409AC0000000123

学校教育法施行規則［昭和二十二年文部省令第十一号］　Column 6
　公布日：昭和二十二年五月二十三日
　施行日：令和四年十月一日（令和四年文部科学省令第三十四号による改正）
　https://elaws.e-gov.go.jp/document?lawid=322M40000080011

学校における働き方改革に関する取組の徹底について（通知）［30 文科初第 1497 号］　Column 6
　平成三十一年三月十八日
　https://www.mext.go.jp/a_menu/shotou/hatarakikata/__icsFiles/afieldfile/2019/03/18/1414498_1_1.pdf

過労死等防止対策推進法［平成二十六年法律第百号］　6章
　公布日：平成二十六年六月二十七日（平成二十七年八月一日（基準日）現在のデータ）
　https://elaws.e-gov.go.jp/document?lawid=426AC1000000100

感染症の予防及び感染症の患者に対する医療に関する法律［平成十年法律第百十四号］　3章
　公布日：平成十年十月二日
　施行日：令和四年六月十七日（令和四年法律第六十八号による改正）
　https://elaws.e-gov.go.jp/document?lawid=410AC0000000114

行政事件訴訟法［昭和三十七年法律第百三十九号］　6章
　公布日：昭和三十七年五月十六日
　施行日：令和四年六月十七日（令和四年法律第五十四号による改正）
　https://elaws.e-gov.go.jp/document?lawid=337AC0000000139

健康増進法［平成十四年法律第百三号］　3章
　公布日：平成十四年八月二日
　施行日：令和四年六月二十二日（令和四年法律第七十七号による改正）

https://elaws.e-gov.go.jp/document?lawid=414AC0000000103

公認心理師法［平成二十七年法律第六十八号］　序章
　　公布日：平成二十七年九月十六日
　　施行日：令和四年六月十七日（令和四年法律第六十八号による改正）
　　https://elaws.e-gov.go.jp/document?lawid=427AC1000000068

公立の義務教育諸学校等の教育職員の給与等に関する特別措置法［昭和四十六年法律第七十七号］　Column 6
　　公布日：昭和四十六年五月二十八日
　　施行日：令和三年四月一日（令和元年法律第七十二号による改正）

心の健康問題により休業した労働者の職場復帰支援の手引き［厚生労働省］　7章
　　令和二年七月九日
　　https://www.mhlw.go.jp/content/000561013.pdf

個人情報の保護に関する法律［平成十五年法律第五十七号］　3, 7章
　　公布日：平成十五年五月三十日
　　施行日：令和四年十月一日（令和三年法律第三十七号による改正）
　　https://elaws.e-gov.go.jp/document?lawid=415AC0000000057

雇用の分野における男女の均等な機会及び待遇の確保等に関する法律（男女雇用機会均等法）［昭和四十七年法律第百十三号］　4, 5章
　　公布日：昭和四十七年七月一日
　　施行日：令和四年六月十七日（令和四年法律第六十八号による改正）
　　https://elaws.e-gov.go.jp/document?lawid=347AC0000000113

雇用保険法［昭和四十九年法律第百十六号］　4章
　　公布日：昭和四十九年十二月二十八日
　　施行日：令和四年十月一日（令和四年法律第十二号による改正）
　　https://elaws.e-gov.go.jp/document?lawid=349AC0000000116

事業主が職場における優越的な関係を背景とした言動に起因する問題に関して雇用管理上講ずべき措置等についての指針（パワハラ指針）［令和二年厚生労働省告示第五号］　5章
　　公布日：令和二年一月十五日
　　適用日：令和二年六月一日
　　https://www.mhlw.go.jp/content/11900000/000605661.pdf

事業場における労働者の健康情報等の取扱規程を策定するための手引き［厚生労働省］　7章 ★
　　平成三十一年三月
　　https://www.mhlw.go.jp/content/000729524.pdf

仕事の世界における暴力及びハラスメントの撤廃に関する条約［国際労働機関］　5章
　　発効日：令和三年六月二十五日（日本：未批准）

障害者の雇用の促進等に関する法律［昭和三十五年法律第百二十三号］　2章
　　公布日：昭和三十五年七月二十五日
　　施行日：令和四年六月十七日（令和四年法律第六十八号による改正）
　　https://elaws.e-gov.go.jp/document?lawid=335AC0000000123

障害者の日常生活及び社会生活を総合的に支援するための法律［平成十七年法律第百二十三号］　4章
　　公布日：平成十七年十一月七日
　　施行日：令和四年六月二十二日（令和四年法律第七十七号による改正）

https://elaws.e-gov.go.jp/document?lawid=417AC0000000123

女子に対するあらゆる形態の差別の撤廃に関する条約 　4章
発効日：昭和五十六年九月三日（日本：昭和六十年七月二十五日）
https://www.gender.go.jp/international/int_kaigi/int_teppai/joyaku.html

心理的負荷による精神障害の認定基準［基発 0821 第 4 号］　6章
平成二十三年十二月二十六日（令和二年八月二十一日　改正）
https://www.mhlw.go.jp/stf/houdou/2r9852000001z3zj-att/2r9852000001z43h.pdf

第 13 次労働災害防止計画［厚生労働省］　3章
平成三十年四月
https://www.mhlw.go.jp/file/06-Seisakujouhou-11200000-Roudoukijunkyoku/
0000197907.pdf

日本国憲法［昭和二十一年憲法］　1, 4章
公布日：昭和二十一年十一月三日
施行日：昭和二十二年五月三日
https://elaws.e-gov.go.jp/document?lawid=321CONSTITUTION

保健師助産師看護師法［昭和二十三年法律第二百三号］　2, 4章
公布日：昭和二十三年七月三十日
施行日：令和四年六月十七日（令和四年法律第六十八号による改正）
https://elaws.e-gov.go.jp/document?lawid=323AC0000000203

民法［明治二十九年法律第八十九号］　1, 2, 6章
公布日：明治二十九年四月二十七日
施行日：令和四年六月十七日（令和四年法律第六十八号による改正）
https://elaws.e-gov.go.jp/document?lawid=129AC0000000089

労働安全衛生法［昭和四十七年法律第五十七号］　2, 3, 6, 7章
公布日：昭和四十七年六月八日
施行日：令和四年六月十七日（令和四年法律第六十八号による改正）
https://elaws.e-gov.go.jp/document?lawid=347AC0000000057

・**労働安全衛生規則**［昭和四十七年労働省令第三十二号］　2, 3章
公布日：昭和四十七年九月三十日
施行日：令和四年十月一日（令和四年厚生労働省令第百十二号による改正）
https://elaws.e-gov.go.jp/document?lawid=347M50002000032

・**労働安全衛生法施行令**［昭和四十七年政令第三百十八号］　2章
公布日：昭和四十七年八月十九日
施行日：令和四年三月一日（令和四年政令第四十三号による改正）
https://elaws.e-gov.go.jp/document?lawid=347CO0000000318

労働基準法［昭和二十二年法律第四十九号］　1-6章, Column 1, 6
公布日：昭和二十二年四月七日
施行日：令和四年六月十七日（令和四年法律第六十八号による改正）
https://elaws.e-gov.go.jp/document?lawid=322AC0000000049

・**労働基準法施行規則**［昭和二十二年厚生省令第二十三号］　1章
公布日：昭和二十二年八月三十日
施行日：令和四年四月一日（令和四年厚生労働省令第四十九号による改正）
https://elaws.e-gov.go.jp/document?lawid=322M40000100023

・**労働基準法第三十六条第一項の協定で定める労働時間の延長及び休日の労働につい
て留意すべき事項等に関する指針**［厚生労働省告示第三百二十三号］　1章

公布日：平成三十年九月七日

https://www.mhlw.go.jp/web/t_doc?dataId=00011010

労働組合法［昭和二十四年法律第百七十四号］ `1章`

公布日：昭和二十四年六月一日

施行日：令和四年六月十七日（令和四年法律第六十八号による改正）

https://elaws.e-gov.go.jp/document?lawid=324AC0000000174

労働契約法［平成十九年法律第百二十八号］ `1, 2章`

公布日：平成十九年十二月五日

施行日：令和二年四月一日（平成三十年法律第七十一号による改正）

https://elaws.e-gov.go.jp/document?lawid=419AC0000000128

労働時間等の設定の改善に関する特別措置法［平成四年法律第九十号］ `1章`

公布日：平成四年七月二日

施行日：平成三十一年四月一日（平成三十年法律第七十一号による改正）

https://elaws.e-gov.go.jp/document?lawid=404AC0000000090

労働施策の総合的な推進並びに労働者の雇用の安定及び職業生活の充実等に関する法律［昭和四十一年法律第百三十二号］ `5章`

公布日：昭和四十一年七月二十一日

施行日：令和四年六月十七日（令和四年法律第六十八号による改正）

https://elaws.e-gov.go.jp/document?lawid=341AC0000000132

労働者災害補償保険法［昭和二十二年法律第五十号］ `6章`

公布日：昭和二十二年四月七日

施行日：令和四年六月十七日（令和四年法律第六十八号による改正）

・**労働者災害補償保険法施行規則**［昭和三十年労働省令第二十二号］ `6章`

公布日：昭和三十年九月一日

施行日：令和四年十月一日（令和四年厚生労働省令第百二十六号による改正）

https://elaws.e-gov.go.jp/document?lawid=330M50002000022

労働者に対する性別を理由とする差別の禁止等に関する規定に定める事項に関し，事業主が適切に対処するための指針［平成 18 年厚生労働省告示第 614 号］ `4章`

公布日：平成十八年十月十一日

https://www.mhlw.go.jp/file/06-Seisakujouhou-11900000-Koyoukintoujidoukateikyoku/0000141985.pdf

労働者の心の健康の保持増進のための指針［厚生労働省］ `2章`

平成二十九年三月

https://www.mhlw.go.jp/file/06-Seisakujouhou-11300000-Roudoukijunkyokuanzeneiseibu/0000153859.pdf

労働者の心身の状態に関する情報の適正な取扱いのために事業者が講ずべき措置に関する指針［厚生労働省］ `7章`

公布日：平成三十年九月七日

適用日：平成三十一年四月一日（令和四年三月三十一日改正）

https://www.mhlw.go.jp/content/11303000/000343667.pdf

執筆者一覧（執筆順）　＊は編著者

髙坂　康雅＊（和光大学現代人間学部　教授）
　　　　はしがき，序章，第1章（ワーク），第6章（ワーク）

尾崎　一浩（尾崎一浩法律事務所　弁護士，大阪経済大学人間科学部　講師）
　　　　第1章（1〜3，コラム），第6章（1〜4，コラム），法律監修

若井　貴史（長岡病院／哲学心理研究所　公認心理師・臨床心理士）
　　　　第2章

岡部　雅枝（Office MASAE　公認心理師，社会福祉士，精神保健福祉士，
　　　　産業カウンセラー）
　　　　第3章，第7章

岩野　卓（認知行動コンサルティングオフィス　公認心理師，臨床心理士，
　　　　認定行動療法士）
　　　　第4章，第5章

坂井　敬子（和光大学現代人間学部　准教授）
　　　　補論

編 著 者 紹 介

髙坂　康雅（こうさか・やすまさ）
2009 年　筑波大学大学院人間総合科学研究科心理学専攻修了
現　在　和光大学現代人間学部教授（心理学博士），公認心理師

〈主著・論文〉
思春期における不登校支援の理論と実践―適応支援室「いぐお～る」の挑戦（共著）　ナカニ
　　シヤ出版　2016 年
恋愛心理学特論―恋愛する青年／しない青年の読み解き方　福村出版　2016 年
レクチャー青年心理学―学んでほしい・教えてほしい青年心理学の 15 のテーマ（共著）　風
　　間書房　2017 年
ノードとしての青年期（共著）　ナカニシヤ出版　2018 年
公認心理師試験対策総ざらい　実力はかる 5 肢選択問題 360　福村出版　2021 年
深掘り！関係行政論教育分野―公認心理師必携　北大路書房　2021 年
第 2 版　本番さながら！公認心理師試験予想問題厳選 200　メディカ出版　2022 年

深掘り！　関係行政論　産業・労働分野
――公認心理師必携――

2023 年 10 月 10 日　初版第 1 刷印刷　　　定価はカバーに表示してあります。
2023 年 10 月 20 日　初版第 1 刷発行　　　落丁・乱丁本はお取り替えいたします。

編著者　　　髙坂　康雅
発行所　　　㈱北大路書房

〒 603-8303　京都市北区紫野十二坊町 12-8
電話　（075）431-0361㈹　　振替　01050-4-2083
FAX　（075）431-9393

装幀／野田和浩
ⓒ 2023　検印省略　印刷・製本／創栄図書印刷（株）
ISBN978-4-7628-3228-4　　　Printed in Japan